Code Nederlands

Lehrwerk für Niederländisch

Code Nederlands

Lehrwerk für Niederländisch

Zusatzmaterialien zum vorliegenden Kursbuch:
Arbeitsbuch (Bestellnummer 797520)
2 Kassetten zum Kursbuch (Bestellnummer 797546)
CD-ROM (Bestellnummer 797597)

Redaktion: Rita Meijer, Amsterdam;
Toos de Zeeuw, Octopus Textproduktion, Bussum
Gestaltung: Rosemarie van Boxel, Haarlem;
Mark Hasson, Amsterdam
Bildredaktion: Eline Overkleeft, Amsterdam

http://www.cornelsen.de

1. Auflage ✔ Druck 5 4 3 2 Jahr 03 02 01 2000

Erfassung der deutschen Texte: Satzinform, Berlin

Druck: CS-Druck Cornelsen Stürtz, Berlin

ISBN 3-464-79751-1
Bestellnummer 797511

gedruckt auf säurefreiem Papier, umweltschonend
hergestellt aus chlorfrei gebleichten Faserstoffen

Code Nederlands

Lehrwerk für Niederländisch

Kursbuch 1

Erarbeitet von:
Alice van Kalsbeek
Folkert Kuiken
Erna van Bekhoven
Marijke Huizinga
Janneke van der Poel

Deutsche Bearbeitung:
Dieter Maenner

Inhaltsverzeichnis

1 Hoe heet u?

A 1 Op een feestje

– Jos de Beer.
– Arthur Prins.

– Hoe heet je?
– Linda. En jij?
– Harry.

– Dag, ik ben Anke de Graaf.
– Dag, Rob Jansen.

– Mag ik me even voorstellen?
Mijn naam is Witteman.

– Prettig met u kennis te maken.
Ik ben mevrouw Andersen.

– Veldman.
– Van Zetten.

– Bent u mevrouw Overmeer?
– Ja.

– Ben jij Mariska?
– Nee, Karin.

op	en	de naam
een	dag	prettig met u kennis te maken
het feest	zijn	de mevrouw
hoe	mag ik me even voorstellen?	
heten	mijn	

Sich vorstellen

Ik ben …
– Dag, ik ben Anke de Graaf.
– Dag, Rob Jansen.

Mijn naam is …
– Mijn naam is Witteman.
– Ik ben mevrouw Andersen.

… [naam]
– Jos de Beer.
– Arthur Prins.

– Veldman.
– Van Zetten.

Ja und nein sagen

Die Personalpronomen: *ik, u, je*

1	**ik**	– Dag, ik ben Anke de Graaf. – Dag, Rob Willems.
2	*formell:* **u**	– Bent u mevrouw Overmeer? – Ja.
	informell: **je**	– Hoe heet je? – Linda.
	informell mit Betonung: **jij**	– Ben jij Mariska? – Nee, Karin.

▲ **jij** = betonte Form, **je** = unbetonte Form:
Hoe heet je? – Ik heet Linda.
En jij, hoe heet jij? – Ik ben Karin.

in
de bar

spellen
o ja

B 2 In een bar

Hendrik-Jan Hoe heet je?
Anouschka Anouschka.
Hendrik-Jan Hoe heet je?
Anouschka Anouschka.
Hendrik-Jan Anouschka? Hoe spel je dat?
Anouschka A, N, O, U, S, C, H, K, A.
Hendrik-Jan O ja.

B 3 Aan het loket

mevrouw de Jong	Wat is uw naam?
Mark Fischer	Fischer.
mevrouw de Jong	Visser?
Mark Fischer	Nee, Fischer.
mevrouw de Jong	Kunt u het spellen?
Mark Fischer	Ja. F, I, S, C, H, E, R.
mevrouw de Jong	F, I, S, C, H, E, R?
Mark Fischer	Ja.

aan
het loket
wat
uw
kunnen

B 4 Das Alphabet

A a	E e	I i	M m	Q q	U u	Y y
B b	F f	J j	N n	R r	V v	Z z
C c	G g	K k	O o	S s	W w	
D d	H h	L l	P p	T t	X x	

Seinen Namen buchstabieren

Hoe spel je dat?
– Hoe spel je dat?
– A, N, O, U, S, C, H, K, A.

Kunt u het spellen?
– Kunt u het spellen?
– Ja. F, I, S, C, H, E, R.

Nach dem Namen fragen und Auskunft geben

Hoe heet je?
– Hoe heet je?
– Anouschka.

– Hoe heet u?
– Van Zetten.

Wat is uw naam?
– Wat is uw naam?
– Fischer.

– Wat is je naam?
– Arthur.

C 5 In een café

Marjolijn Waar woon je?
Willem In Utrecht.
Marjolijn Waar in Utrecht?
Willem In de Fabriekstraat.
En jij?
Marjolijn Ik woon in Lelystad.
In de Brugstraat.

het café	wonen
waar	de straat

C 6 Op een receptie

Ruud Geerts Woont u in Brussel?
Magda de Smet Ja.
Ruud Geerts Waar?
Magda de Smet In de Wetstraat.
Ruud Geerts Ah ja, ik ook. Op welk nummer woont u?
Magda de Smet Op drieëntwintig. En u?
Ruud Geerts Ik woon op achtendertig.

de receptie	welk
ah ja	het nummer
ook	

C 7 Op de Nederlandse les

Pamela Waar kom je vandaan?
Aicha Uit Marokko.
En jij?
Pamela Ik kom uit Engeland.
Kom jij ook uit Marokko?

Joao Nee, uit Brazilië.
Pamela En uit welk land kom jij?
Jamila Ik kom uit India.

de les	komen
Nederlands	uit
waar (...) vandaan	het land

Nach der Adresse fragen und Auskunft geben

Waar woon je?
- Waar woon je?
- In Utrecht.

Woont u in ...?
- Woont u in Brussel?
- Ja.

Op welk nummer woon je?
- Op welk nummer woon je?
- Op 23.

Reaktion

Ik woon in ...
- Waar woont u?
- Ik woon in de Wetstraat.

In/Op ...
- En op welk nummer woont u?
- Op 38.

Nach der Herkunft fragen und Auskunft geben

Waar kom je vandaan?
– Waar kom je vandaan?
– Uit India.

Uit welk land komt u?
– Uit welk land komt u?
– Uit Marokko.

Kom je (...) uit ...?
– Kom je ook uit India?
– Ja.

Reaktion

Ik kom uit ...
– En jij?
– Ik kom uit Engeland.

Uit ...
– Waar kom je vandaan?
– Uit India.

Zahlen

0	nul	**10**	tien	**20**	twintig	**30**	**der**tig
1	een	**11**	elf	**21**	eenentwintig	**40**	**veer**tig
2	twee	**12**	twaalf	**22**	tweeëntwintig	**50**	vijftig
3	drie	**13**	dertien	**23**	drieëntwintig	**60**	zestig
4	vier	**14**	veertien	**24**	vierentwintig	**70**	zeventig
5	vijf	**15**	vijftien	**25**	vijfentwintig	**80**	**t**achtig
6	zes	**16**	zestien	**26**	zesentwintig	**90**	negentig
7	zeven	**17**	zeventien	**27**	zevenentwintig		
8	acht	**18**	achttien	**28**	achtentwintig	**100**	honderd
9	negen	**19**	negentien	**29**	negenentwintig		
						200	tweehonderd

348 driehonderd achtenveertig
1000 duizend
1136 elfhonderd zesendertig
1000000 een miljoen

Der Aussage- und Fragesatz

1 Das Subjekt steht vor dem konjugierten Verb

Subjekt	*Verb*	
Ik	ben	Anke de Graaf.
Je	woont	in Lelystad.
U	komt	uit Engeland?
Marjolijn	woont	in de Brugstraat.
Mijn naam	is	Witteman.

2 Das Subjekt steht nach dem konjugierten Verb

	Verb	*Subjekt*	
Hoe	heet	je?	
Uit welk land	kom	jij?	
Hoe	spel	je	dat?
Waar	kom	je	vandaan?
	Bent	u	mevrouw Overmeer?
	Kom	jij	ook uit Marokko?
	Kunt	u	het spellen?
	Mag	ik	me even voorstellen?

C 8 Naam en adres

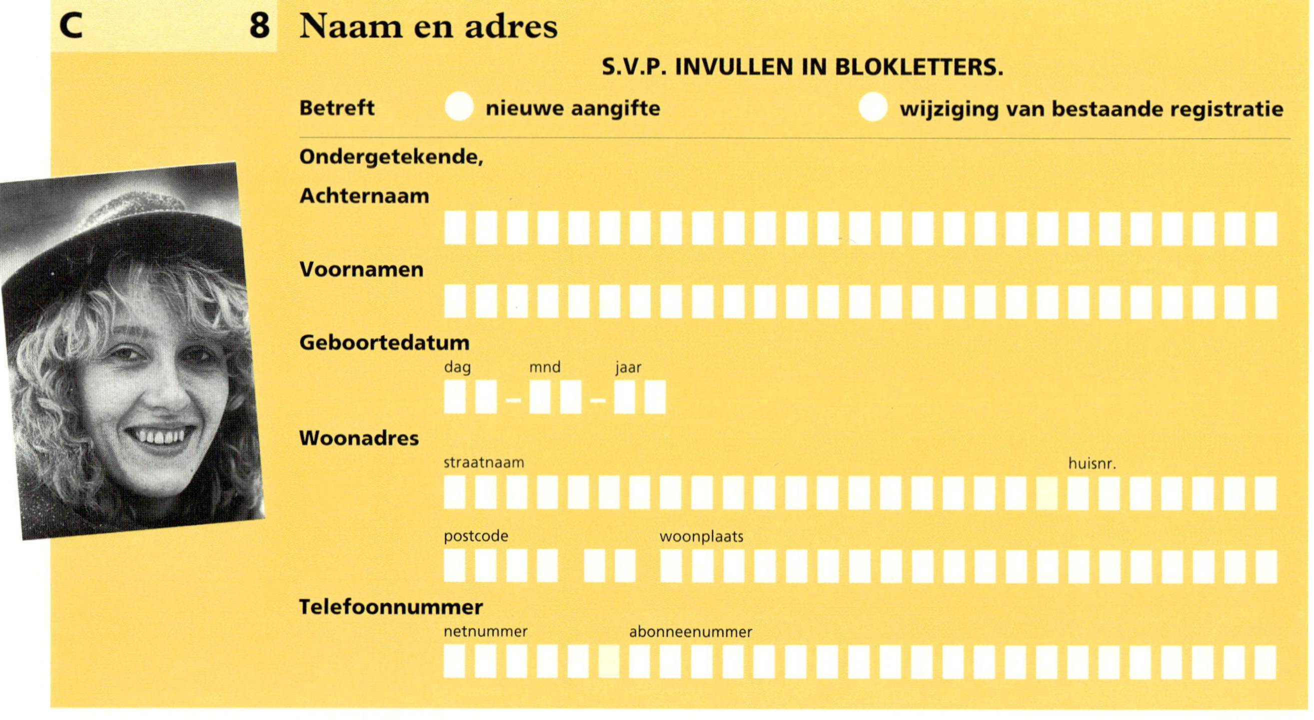

S.V.P. INVULLEN IN BLOKLETTERS.

Betreft ○ **nieuwe aangifte** ○ **wijziging van bestaande registratie**

Ondergetekende,

Achternaam

Voornamen

Geboortedatum
dag - mnd - jaar

Woonadres
straatnaam huisnr.
postcode woonplaats

Telefoonnummer
netnummer abonneenummer

het adres	de voornaam	de woonplaats	het telefoonnummer
de achternaam	de postcode	de geboortedatum	

D 9 Monique, Richard, Ramón en Angela

Ik ben Monique Mertens.
Ik kom uit Gent,
maar woon in Amsterdam.
Ik werk in een café.

En dit is Ramón López, een buurman.
Hij komt uit Spanje,
maar woont in Amsterdam.
Hij is student.

Dit is Richard van den Berg, een vriend.
Hij woont in Purmerend.
Hij is kapper,
maar hij is werkloos.

maar	de buurman
werken	de student
de vriend	best (<goed)
de kapper	de vriendin
werkloos	nog

En zij? Dat is Angela de Coo.
Angela is mijn beste vriendin.
Ze komt ook uit België.
Ze woont nog in Gent.

Eine Person identifizieren

Dit is ... Dit is Richard van den Berg, een vriend.
Dat is ... Dit is Ramón López, dat is Angela.

Die Personalpronomen: *hij, ze*

3 *männlich:* **hij**	Dit is Richard, een vriend. Hij is werkloos.
weiblich: **ze**	Angela is mijn vriendin. Ze komt uit België.
weiblich mit Betonung: **zij**	Hij is student. En zij? Zij werkt.

▲ Wie bei **jij/je** gilt auch für **zij/ze: zij** = betonte Form, **ze** = unbetonte Form.

Die Verben im Singular

		werken	
1	Ik	**werk**	– Ik werk in een café.
2	U	**werkt**	– In welk café werkt u?
	Je/jij	**werkt**	
		werk je	– In welk café werk je?
3	Hij	**werkt**	– Waar werkt hij?
	Ze/zij	**werkt**	– Ze werkt in Amsterdam.

		wonen	
1	Ik	**woon**	– Woon je in Purmerend?
2	U	**woont**	– Ja. Waar woon jij?
	Je/Jij	**woont**	
		woon je	
3	Hij	**woont**	– Ruud woont in Brussel.
	Ze/Zij	**woont**	– O, Magda woont ook in Brussel.

		heten	
1	Ik	**heet**	– Ik heet Rob.
2	U	**heet**	– Jos.
	Je/Jij	**heet**	
		heet je	
3	Hij	**heet**	– Hoe heet zij?
	Ze/Zij	**heet**	– Anna.

		zijn	
1	Ik	**ben**	– U bent mevrouw Overmeer?
2	U	**bent**	– Nee, ik ben mevrouw Andersen.
	Je/Jij	**bent**	
		ben je	– Ben je kapper?
			– Ja, maar ik ben werkloos.
3	Hij	**is**	– Angela is mijn beste vriendin.
	Ze/Zij	**is**	– Ze woont in Gent.

D 10 Adressen

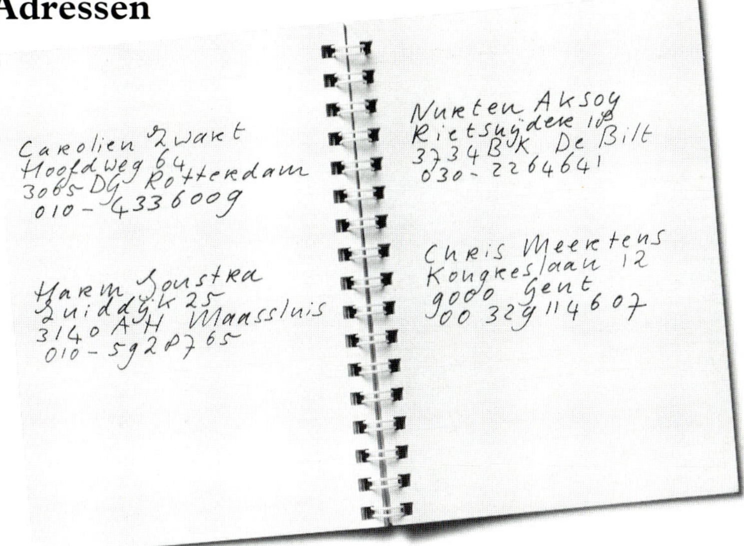

D 11 Woorden leren

Schrijf de woorden in uw schrift of maak kaartjes.

land
het land, landen
ülke, memleket
Uit welk land kom jij?
Turkije is een land.

woon
wonen, woonde, heeft gewoond
habiter
Waar woon je?
In Utrecht.
Op welk nummer woont u?
Op 23.
Ik woon
U woont
Je/jij woont
Woon je ook in Amsterdam?
Hij woont
Ze/zij woont

woon wonen
Waar woon je? In Utrecht
Op welk nummer woont u? Op 23.
Ik woon. U woont.
Je/jij woont - Woon je ook in Amsterdam?
Hij woont.
Ze/zij woont.

het woord	het schrift
leren	de kaart
schrijven	

E 12 Een formulier

Aanvraag Postbank Support Service

Gegevens aanvrager

Girorekening: 4004756

Naam: de Groot

Voorletters: R. ☐ Dhr ☒ Mw

Geboortedatum: 11/3/63

Adres: Bordineweg 86

Postcode en plaats: 8931 A.T. Leeuwarden

Telefoon overdag: 058-2882467

Telefoon 's avonds: 058-2676566

Soort abonnement

Individueel abonnement: ☒ Voor één jaar f 21,- (TC 01 LC 01) ☐ Voor drie jaren f 57,- (TC 01 LC 03)

Gezinsabonnement (maximaal 4 personen): ☐ Voor één jaar f 25,- (TC 00 LC 01) ☐ Voor drie jaren f 67,- (TC 00 LC 03)

Ondertekening

Ik machtig de Postbank tot het afschrijven van het abonnementsbedrag van mijn girorekening circa drie weken nadat de Postbank dit aanvraagformulier heeft ontvangen. Ik ontvang de handleiding, een vel met stickers en het registratieformulier waarmee passen, cards en andere belangrijke documenten geregistreerd kunnen worden. Bij een driejarig abonnement ontvang ik bovendien één sleutelhanger. Ik stuur het registratieformulier ingevuld terug en lees alle voorwaarden in de handleiding.

Datum: 29/8/96

Handtekening aanvrager:

Stuur dit formulier volledig ingevuld in een envelop zonder postzegel naar
Postbank Support Service, Antwoordnummer 30015, 3500 RC Utrecht.

2 Hoe gaat het ermee?

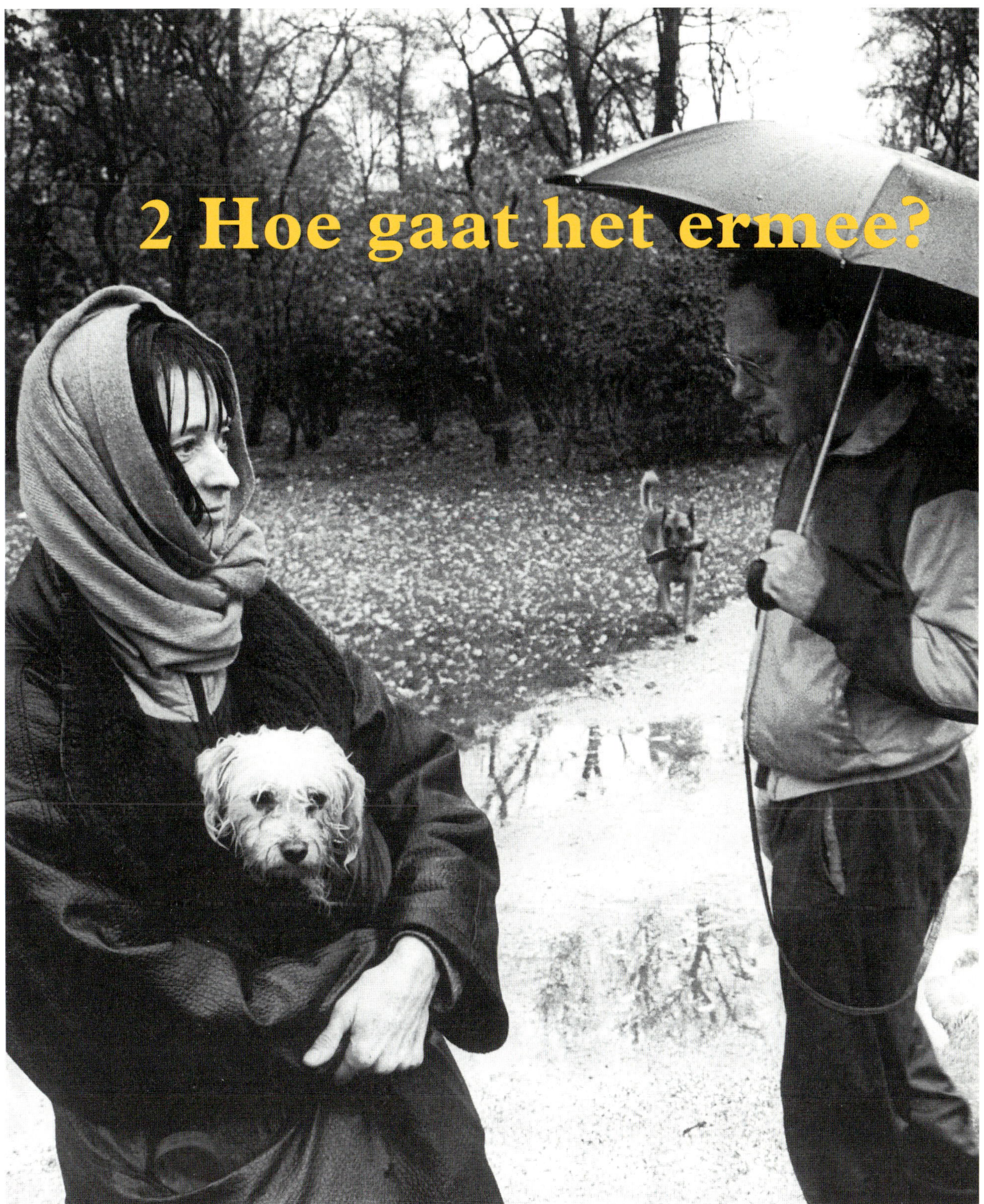

A 1 In het park

Meneer Klein	Goedemorgen, mevrouw Van Dale. Hoe gaat het met u?
Mevrouw Van Dale	Dag meneer Klein. Goed, en met u?
Meneer Klein	Uitstekend, dank u.

het park	goed
de meneer	uitstekend
gaan	danken

A 2 Op het werk

Meneer Vandenputte	Goedemiddag, mevrouw Vandijke.
Mevrouw Vandijke	Goedemiddag, meneer Vandenputte.
Meneer Vandenputte	Hoe maakt u het?
Mevrouw Vandijke	Goed, dank u. En u?
Meneer Vandenputte	Uitstekend, dank u.

het werk	hoe maakt u het?

A 3 Op straat

Meneer Potter	Dag Edwin.
Edwin	Dag meneer Potter. Hoe gaat het met u?
Meneer Potter	Goed, en met jou?
Edwin	Ook goed, dank u.

jou

A 4 Op school

Paul Hallo John.
Hoe gaat het ermee?
John O, lekker Paul.
Hoe is het met jou?
Paul Nou, het gaat wel.

de school	nou
lekker	wel

Jemanden begrüßen

Goedemorgen – Goedemorgen, Mariska.
Goedemiddag – Dag Bart.

Goedenavond – Goedenavond, mevrouw Vandijke.
– Goedenavond, meneer Vandenputte.

Dag – Dag Edwin.
– Dag meneer Potter.

Hallo *(informell)* – Hallo John.
– Dag Paul.

Nach dem Befinden fragen

Hoe is/gaat het met u? – Hoe gaat het met u, mevrouw Van Dale?
– Goed, en met jou, Bart?

Hoe is/gaat het ermee? – Dag Edwin, hoe is het ermee?
– O, het gaat wel.

Reaktion

Goed/... (hoor).
..., dank je.
..., en met u?
– Hoi Paul, hoe is het met jou?
– Goed hoor.

Het gaat wel. – Hallo, hoe gaat het met je?
– Uitstekend, dank je.

B 5 In de stad

Hassan Ik heb trek in een broodje.
Mirjam Ik ook.
Hassan Zullen we even een broodje kopen?
Mirjam Ja, goed.

de stad	zullen
trek hebben in	we
het broodje	kopen

B 6 Op de markt

Wilma Zullen we ergens koffie drinken?
Ellen Goed, maar waar?
Wilma Laten we naar café Bos gaan.
Ellen Okee.

de markt	drinken
ergens	laten
de koffie	naar

B 7 In de kantine

David Ga je mee naar de film?
Paula Ja, graag. Wanneer?
David Zaterdag.
Paula Okee.
David Zal ik dan de kaartjes bestellen?
Paula Graag.

de kantine	wanneer
meegaan	bestellen
de film	

B 8 Bij Wendy

Oscar Ik ben morgen jarig.
Heb je zin om te komen?
Wendy Ja, leuk. Wanneer? 's Morgens, 's middags, 's avonds?
Oscar 's Avonds.
Wendy Nodig je veel mensen uit?
Oscar Ja, heel veel.
Wendy Tot morgenavond dan.
Oscar Tot ziens.

bij	veel
morgen	de mens
jarig	heel
zin hebben (om … te …)	morgenavond
uitnodigen	dan

Etwas vorschlagen

Zullen we …?
– Zullen we even een broodje kopen?
– Ja, goed.

Hebt u zin om …?
– Hebt u zin om te komen?
– Ja, leuk.

Ga je … mee …?
– Ga je mee naar de film?
– Wanneer?

Einen Vorschlag annehmen

(Ja,) goed.	– Zullen we ergens koffie drinken? – Goed, maar waar?
(Ja,) graag.	– Gaat u mee naar de receptie? – Ja, graag.
(Ja,) leuk.	– Heb je zin om te komen? – Ja, leuk.
Okee.	– Laten we naar café Bos gaan. – Okee.

Sich verabschieden

Tot ziens.
Tot morgen/vanavond/volgende week, ...
Dag.

– Tot morgenavond dan.
– Tot ziens.

De dag, de nacht, ...

06.00 uur - 18.00 uur	de dag	vandaag	overdag
09.00 uur - 12.00 uur	de morgen de ochtend	vanmorgen/ vanochtend	's morgens/ 's ochtends
12.00 uur - 18.00 uur	de middag	vanmiddag	's middags
18.00 uur - 24.00 uur	de avond	vanavond	's avonds
24.00 uur - 06.00 uur	de nacht	vannacht	's nachts

Die Verben: *gaan, hebben, zullen*

		gaan	
1	Ik	**ga**	– Ik ga naar de film.
2	U	**gaat**	– Ja, tot vanavond.
	Je	**gaat**	
		ga je	– Gaat Oscar niet mee?
3	Hij	**gaat**	– Nee, hij gaat naar Wendy.
	Ze	**gaat**	
1	We	**gaan**	

		hebben	
1	Ik	**heb**	– Heb je trek in koffie?
2	U	**hebt/heeft**	– Ja!
	Je	**hebt**	
		heb je	– We hebben de kaartjes, hè?
3	Hij	**heeft**	– Eh, ja, ik heb de kaartjes.
	Ze	**heeft**	
1	We	**hebben**	

		zullen	
1	Ik	**zal**	– Ik zal broodjes bestellen.
2	U	**zal/zult**	– Graag.
	Je	**zal/zult**	
		zal/zul je	– Zullen we Ramón ook uitnodigen?
3	Hij	**zal**	– Ja, leuk.
	Ze	**zal**	
1	We	**zullen**	

C 9 Bij Stephan en Lucy

Stephan Wat zullen we in het weekend doen?
Lucy Ik weet het niet.
Stephan Zullen we naar Groningen gaan?
Lucy Nee, laten we maar thuisblijven.

het weekend	niet
doen	thuisblijven
weten	

C 10 Bij Hélène en Jacques

Hélène Zullen we vanavond uitgaan?
Jacques Nou, misschien.
Hélène Naar een concert?
Jacques Ik heb geen zin om naar een concert te gaan.
Hélène Wat wil je dan?
Jacques Laten we naar Lucy en Stephan gaan.
Hélène Goed.

uitgaan	geen
het concert	willen

C 11 Bij Maria

Maria Erik, zullen we vanmiddag naar de markt gaan?
Erik Nee, ik kan vanmiddag niet.
Maria En morgenochtend?
Erik Nee, dan kan ik ook niet.
Maria Volgende week misschien?
Erik Ja, misschien.
Ik zie wel.

morgenochtend	de week
volgend	zien

Einen Vorschlag ablehnen

(Nee,) ik kan … niet.

– Zullen we vanmiddag naar de markt gaan?
– Nee, ik kan vanmiddag niet.

(Nee,) ik heb geen zin (om) …

– Zullen we vanavond naar een concert gaan?
– Ik heb geen zin om naar een concert te gaan.

Ungewissheit ausdrücken

Ik weet het niet.	– Wat zullen we vanavond doen? – Ik weet het niet.
Misschien. **Ik zie wel.**	– Ga je morgen ook naar Maria? – Misschien. Ik zie wel.

Die Artikel: *de, het, een*

	bestimmt	*unbestimmt*
***de*-Wörter**		
Singular	de nacht	een nacht
Plural	de nachten	nachten
***het*-Wörter**		
Singular	het concert	een concert
Plural	de concerten	concerten

Bestimmt:

De film van vanavond heet 'Blue velvet'.
De Albert Cuypmarkt is in Amsterdam.
Zullen we in **de** kantine even wat drinken?

Heb je zin om naar **het** Kralingse Bos te gaan?
Het weekend van 9 en 10 april ga ik naar Parijs.
Ga je mee naar **het** concert van Youssou N'Dour morgenavond?

Unbestimmt:

Heb je trek in **een** broodje?
Zullen we even naar **een** café gaan?
Jacques heeft geen zin om naar **een** concert te gaan.

Zal ik kaartjes bestellen?
Wil je even broodjes kopen?
Ik heb zin in koffie, en jij?

conform

con'centrisch (koncentrisch) ⟨bijv. nw.⟩ *(van cirkels)* met hetzelfde middelpunt, in elkaar passend.
con'cept (koncept) ⟨het~; -en⟩ voorlopig ontwerp van iets dat je wilt maken ⇒ *plan, opzet.*
con'ceptie (konceptie) ⟨de~ (v.); -s⟩ bevruchting van een eicel door een zaadcel.
con'cern [kon'sùrn; Engels] ⟨het~; -s⟩ grote onderneming die uit verschillende bedrijven bestaat.
con'cert (koncert) ⟨het~; -en⟩ muziekuitvoering voor publiek • *ik ga vanavond naar een pop-concert.*
concer'teren (koncerteren) ⟨concerteerde, heeft geconcerteerd⟩ een concert* geven.
con'cessie (koncessie) ⟨de~ (v.); -s⟩ het voor een deel toegeven aan wat de ander van je wil ⇒ *tegemoetkoming*

Die Verneinung (1) mit *niet*

Achten Sie auf die Stellung von *niet*

1 *nach dem Verb*

Ik	werk	niet.
Je	komt	niet?
Zij	drinkt	niet.
Hij	wil	niet.

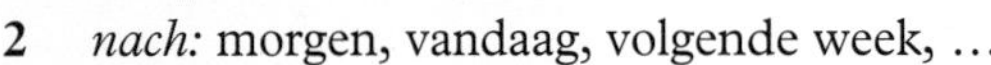

2 *nach:* morgen, vandaag, volgende week, …

Hij	kan	volgende week	niet.
Maria	werkt	vandaag	niet?
Ik	kom	morgen	niet hoor.
Je	gaat	4 april	niet mee?

Fragewörter

hoe	– Hoe heet je? – Monique.	– Hoe gaat het? – Goed.
waar	– Waar woon je? – In Utrecht.	– Waar kom je vandaan? – Uit Turkije.
wat	– Wat is je naam? – René.	– Wat zullen we doen? – Laten we naar de film gaan.
wie	– Wie is dat? – Dat is Wim de Bie.	– Wie zijn dat? – Malika, Dina en Ilana.
wanneer	– Wanneer ga je naar Parijs? – Volgende week.	– Wanneer gaan we naar Oscar? – Zaterdag.
welk(e)	– Welke dag is het vandaag? – Donderdag.	– Op welk nummer woon je? – Op nummer 186.

D 12 Dagen, maanden, seizoenen

dagen maandag dinsdag woensdag donderdag vrijdag zaterdag zondag

maanden januari februari maart april mei juni juli augustus september oktober november december

Er zijn vier **seizoenen** in Nederland:

de lente

de zomer

de herfst

de winter

de dag de maand het seizoen

E 13 Uitgaan

Kathakdans door Nahid Siddiqui

Concert van Bon Jovi

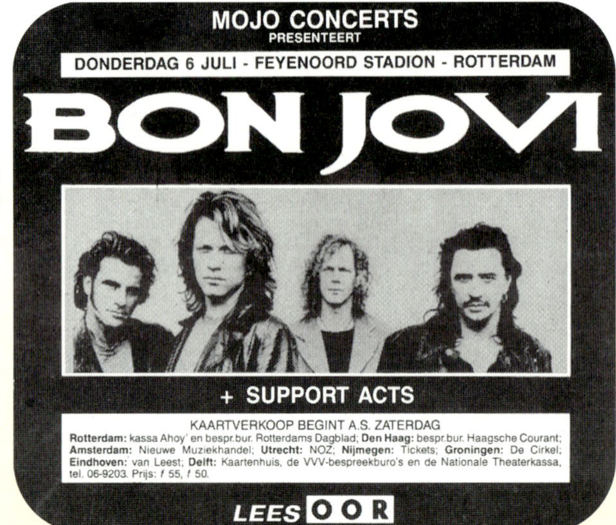

Jiddische muziek door Di Gojim en The Klezmer Conservatory Band

Chinese Opera "Koning Aap zet het Godenrijk op stelten"

Toneelgroep Amsterdam met 'Klaagliederen'

Ingezonden mededeling

TONEELGROEP AMSTERDAM

"Hij heeft mij in stukken gebroken"

'JEREMIA'

KLAAGLIEDEREN

REGIE GERARDJAN RIJNDERS

za 12 t/m di 15 november try-outs,
wo 16 première, do 17 t/m zo 27 november
(beh. zo 20 en ma 21)

KAARTVERKOOP VIA AUB TICKETSHOP, AUB UITLIJN 020 6211211
EN KASSA STADSSCHOUWBURG AMSTERDAM 020 6242311

E 14 Oote

Oote oote oote
Boe
Oote oote
Oote oote oote boe
Oe oe
Oe oe oote oote oote
A
A a a
Oote a a a
Oote oe oe
Oe oe oe
Oe oe oe oe oe
Oe oe oe oe oe
Oe oe oe oe oe oe oe
Oe oe oe etc.
Oote oote oote
Eh eh euh
Euh euh etc.
Oote oote oote boe
  etc.
  etc. etc.
Hoe boe hoe boe
Hoe boe hoe boe
B boe
Boe oe oe
Oe oe (etc.)
Oe oe oe oe
  etc.
Eh eh euh euh euh

Oo-eh oo-eh o-eh eh eh eh
Ah ach ah ach ach ah a a
Oh ohh ohh hh hhh (etc.)
Hhd d d
Hdd
D d d d da
D dda d dda da
D da d da d da d da d da da
da
Da da demband
Demband demband dembrand
dembrandt
Dembrandt Dembrandt Dembrandt
Doe d doe d doe dda doe
Da do do do da do do do
Do do da do deu d
Do do do deu deu doe deu deu
Deu deu deu da dd deu
Deu deu deu deu

Kneu kneu kneu kneu ote kneu eur
Kneu kneu ote kneu eur
Kneu ote ote ote ote ote
Ote ote oote
Ote ote
Boe
Oote oote oote boe
Oote oote boe oote oote oote boe

Jan Hanlo

Uit: *Domweg gelukkig in de Dapperstraat, de bekendste gedichten uit de Nederlandse literatuur*. Bijeengebracht en ingeleid door C.J.Aarts en M.C.van Etten. Amsterdam, Pockethouder 1994.

Oote oote oote boe
Klote regel zonder clou

Gerrit Komrij

Uit: R.Chamuleau en J.A.Dautzenberg, *Ik ben geboren in Apeldoorn. Groot Parodieënboek*. Nijgh & Van Ditmar, Amsterdam, 1994.

3 Ja, lekker!

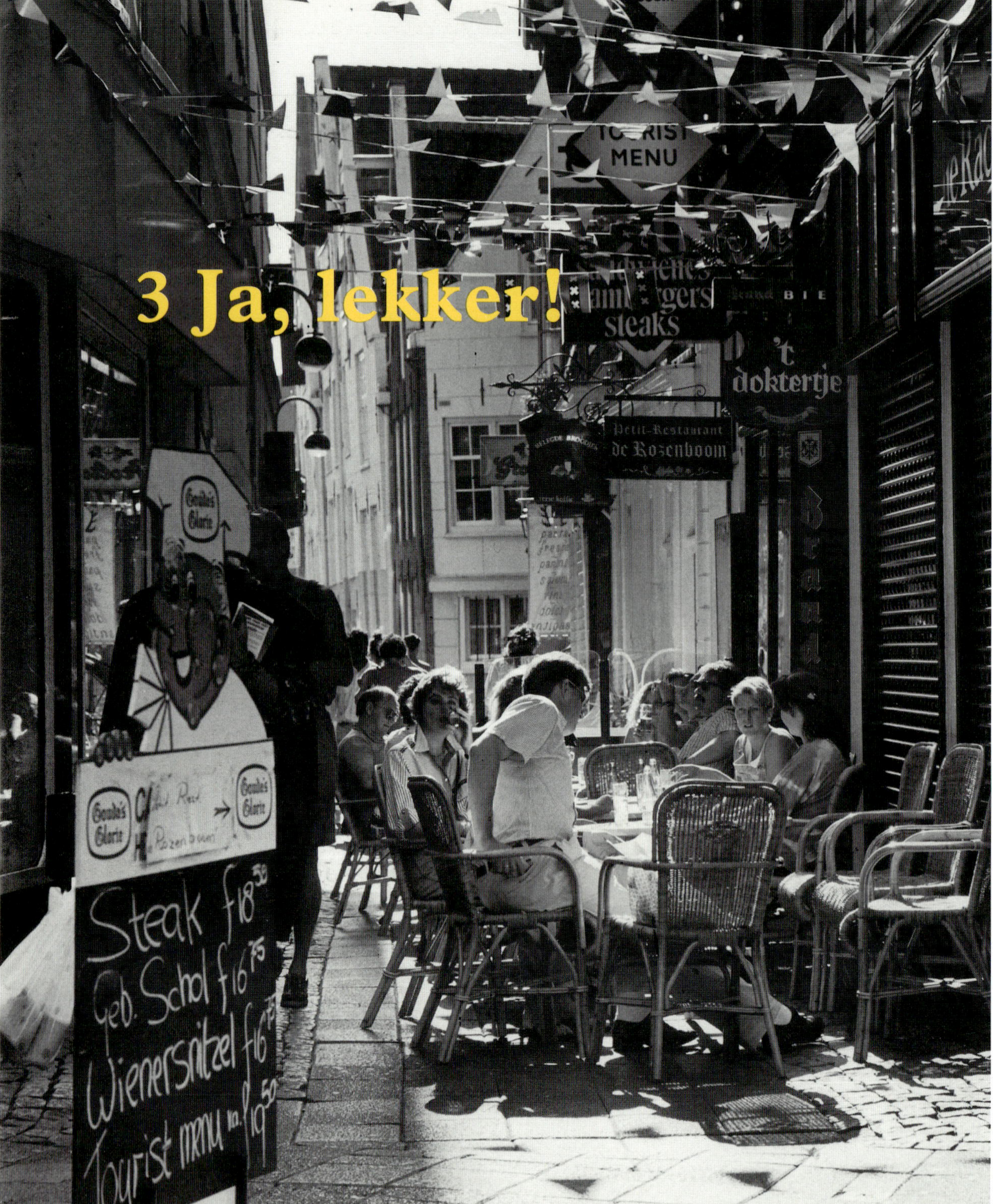

TOURIST
MENU
steaks
't
doktertje
Petit-Restaurant
de Rozenboom
Steak f18
Geb. Schol f16
Wienersnitzel f16
Tourist menu

A 1 Thuis

Joop Wil je iets drinken?
Mariska Ja, lekker.
Joop Wil je koffie of thee?
Mariska Ik heb liever een kopje koffie.
Joop Met melk en suiker?
Mariska Alsjeblieft.

thuis	liever (<graag)
iets	het kopje
of	de melk
de thee	de suiker

A 2 Op een terras

ober Meneer, mevrouw?
Juan Voor mij een tonic, graag.
ober Met ijs en citroen?
Juan Alstublieft.
ober En u?
Lies Hebt u appelsap?
ober Natuurlijk, mevrouw.
Lies Mag ik dan een appelsap van u?
ober Een tonic en een appelsap.

het terras	het ijs
de ober	de citroen
voor	het appelsap
mij	natuurlijk
de tonic	

A 3 In een café

Carla Mogen we bestellen?
ober Ik kom zo bij u, mevrouw.
Carla Wat nemen jullie?
Tineke Een spa.
Carla En jij?
Sjef Ik neem een broodje. Of nee, liever een tosti.
Carla Heb jij honger?
Sjef Ja, jij niet?
Carla Nee, ik heb dorst. Geef mij maar een pilsje.
ober Zegt u het maar.
Carla Een spa, een tosti en een pils, alstublieft.
ober Tosti ham/kaas?
Sjef Alstublieft.

ik kom zo bij u	de tosti	de pils	de kaas
nemen	de honger	zegt u het maar	
de spa	de dorst	zeggen	
het broodje	geven	de ham	

Nach Wünschen fragen

Wil je (iets) ...?
– Wil je iets drinken?
– Ja, lekker.

Wat wilt u ...?
– Wat wilt u, koffie of thee?
– Ik heb liever een kopje koffie.

En u?
– En u?
– Hebt u appelsap?

Etwas bestellen (1)

..., graag.
– Meneer, mevrouw?
– Voor mij een tonic, graag.

..., alstublieft.
– Zegt u het maar.
– Een spa, een tosti en een pils, alstublieft.

Mag ik ...?
– Mevrouw?
– Mag ik een appelsap van u?

Sätze mit mehreren Verben

	konjugiertes Verb			*Infinitiv*
	Kunnen	we		bestellen?
	Wil	je	iets	drinken?
Ik	zal		wel kaartjes	bestellen.
We	willen		graag iets	eten.
Wat	willen	jullie		drinken?
Wanneer	zullen	we	naar de film	gaan?

B 4 In een restaurant

Max Goedenavond, kunnen we hier eten?
ober Hebt u gereserveerd?
Max Nee.
ober Dan moet u even wachten.
Max Wat doen we?
Willy Het maakt mij niet uit. Zeggen jullie het maar.
Daan Zullen we wachten?
Olga Ja, goed.
ober Gaat u dan maar even aan de bar zitten.

het restaurant	moeten
hier	wachten
eten	zitten
reserveren	

B 5 Aan de bar

ober Wilt u misschien iets drinken?
Olga Zullen we een fles wijn nemen?
Willy Ja, lekker.
ober Rood of wit?
Olga Eh, wit, graag. Max, wit, hè?
Max Ja, dat is goed.
Olga Ja, doet u maar wit.
Daan En mogen we ook de kaart?
ober Alstublieft, de wijn en de menukaart.
Daan Dank u.

de fles	rood	hè?
de wijn	wit	de menukaart

Vorliebe ausdrücken

Ik … liever …
– Wil je koffie of thee?
– Ik heb liever thee.

– Wilt u vlees of vis bij de dagschotel?
– Ik heb liever vis.

Gleichgültigkeit ausdrücken

Het maakt (…) niet uit.
– Wat doen we?
– Het maakt mij niet uit.

– Zullen we vanavond naar de film gaan of morgen?
– O, dat maakt me niet uit.

Etwas bestellen (2)

Doet u maar …
– Rood of wit?
– Doet u maar rood.

Geef (…) maar …
– Heb je dorst?
– Ja, geef mij maar een pilsje.

Ik neem …
– En jij?
– Ik neem een broodje.

Die Verben: *kunnen, mogen*

		kunnen	
1	Ik	**kan**	– Goedenavond, kunnen we hier eten?
2	U	**kan/kunt**	– Hebt u gereserveerd?
	Je	**kan/kunt**	
		kan/kun je	– Zullen we vanmiddag naar de markt gaan?
3	Hij	**kan**	– Nee, vanmiddag kan ik niet.
	Ze	**kan**	
1	We	**kunnen**	

		mogen	
1	Ik	**mag**	– Mag ik een appelsap van u?
2	U	**mag**	– Natuurlijk.
	Je	**mag**	
		mag je	– Mogen we bestellen?
3	Hij	**mag**	– Ik kom zo bij u, mevrouw.
	Ze	**mag**	
1	We	**mogen**	

Die Position des Verbs im Aussagesatz

	konjugiertes Verb		
Dan	moet	u	even wachten.
Morgen	gaan	we	naar de film.
Daar	komt	het eten	aan.
Zaterdag	komt	Erika	bij ons eten.

C 6 Een menu kiezen

Max Proost!
Olga, Willy en Daan Ja, proost!
Willy Wat nemen jullie?
Daan Ik weet het niet. Hebben ze hier een dagschotel?
Olga Even vragen. Hebt u een dagschotel?
ober Ja, vis met friet en sla.
Max Wat voor vis?
ober Kabeljauw, heerlijk, meneer.
Max Zullen we dat doen?
ober Vier dagschotels?

het menu	de friet
kiezen	de sla
proost	wat voor ...
de dagschotel	de kabeljauw
vragen	heerlijk
de vis	

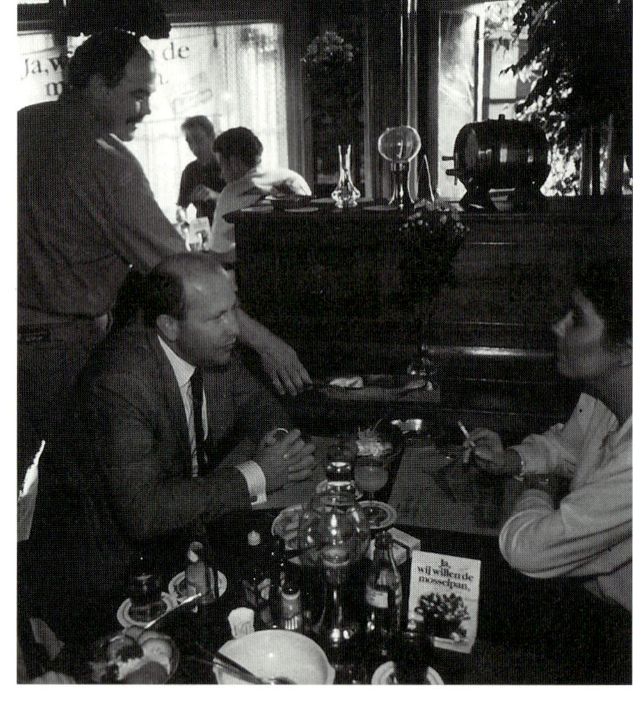

C 7 Aan tafel

Daan Wat vinden jullie van de wijn?
Max Zoet, vind je niet?
Daan Ja, ik vind hem te zoet.
Willy O, ik houd wel van zoet.
Olga Daar komt het eten aan.
ober Alstublieft, vier dagschotels.
Olga Dank u wel.
ober Eet u smakelijk.
Willy Bedankt.

aan tafel	zoet	aankomen	bedanken
de tafel	hem	het eten	
vinden	daar	eet smakelijk	

Vorliebe ausdrücken

Het is goed/heerlijk/...	– Kabeljauw met friet en sla, is dat lekker? – Dat is heerlijk.
Ik vind leuk/lekker/...	– Wat vind je van de wijn? – Ik vind hem lekker.
Ik houd van ...	– De wijn is zoet, hè? – Nou, ik houd wel van zoet.

Abneigung ausdrücken

Dat is niet (zo) ...	– De wijn is zoet. – O, dat is niet zo leuk.
Ik vind ... niet (zo) ...	– Hoe is de kabeljauw? – Ik vind de kabeljauw niet zo lekker.
Niet (zo) ...	– Hoe vind je het eten? – Niet zo lekker.
(Ik vind ...) te ...	– Wat vind je van de wijn? – Te zoet.
Ik houd niet van ...	– Drink je veel thee? – Nee, ik houd niet van thee.

Sich bedanken

Dank u.	– Alstublieft, de wijn en het menu. – Dank u.
Dank je wel.	– Vier dagschotels. Eet smakelijk. – Dank je wel.
Bedankt.	– Eet u smakelijk. – Bedankt.

Die Personalpronomen im Plural: *we, u, jullie, ze*

1	**we**	– Zullen we een fles wijn nemen?
	mit Betonung: **wij**	– Ja, lekker.
2	*formell:* **u**	– We wachten even. – Goed, gaat u maar even aan de bar zitten.
	informell: **jullie**	– Hebben jullie geen honger? – Nee, wij niet.
3	**ze**	– Hebben ze hier een dagschotel? – Even vragen.
	mit Betonung: **zij**	– Drinken jullie koffie? – Nee, wij drinken thee, zij koffie.

Die Verben im Plural

eten

1	We	**eten**	– Eten we friet?
2	U	**eet**	– Ja.
	Jullie	**eten**	
3	Ze	**eten**	– Ze eten kabeljauw. – O, lekker!

drinken

1	We	**drinken**	– U drinkt wijn?
2	U	**drinkt**	– Ja, graag.
	Jullie	**drinken**	
3	Ze	**drinken**	– Jullie drinken thee? – Ja.

D 8 Smaken verschillen

Monique Mertens:
'Wat ik lekker vind? Ja, zoet hè? Geef mij maar een lekker glas cola en koffie of thee met veel suiker. In de zomer een ijsje … heerlijk!'

Richard van den Berg:
'Er gaat niets boven een haring! Op zaterdag loop ik graag even naar de visboer. De kinderen vinden het ook heerlijk op brood. En 's avonds natuurlijk een lekkere borrel of een biertje, dat smaakt wel!'

Ramón López:
'Ik houd niet van alcohol. Ik drink liever iets fris: appelsap, cola of water. Mijn lievelingsdrank is tonic, lekker bitter.'

Angela de Coo:
'Monique is een zoetekauw, maar ik niet. Ik houd meer van zuur en zout. Op brood heb ik liever vlees of jonge kaas dan zoet. En in het weekend eet ik graag chips!'

de smaak
verschillen
het glas
de cola
het ijsje
er gaat niets boven …
de haring
lopen
de visboer
het kind
het brood
de borrel
het bier
smaken
de alcohol
fris
het water
de lievelingsdrank
bitter
de zoetekauw
zuur
zout
het vlees
jong
de chips

Das Adjektiv

Adjektiv, prädikativer Gebrauch, alleinstehend: *lekker, rood, goed, leuk, …*

– Wat vind je van de vis?
– Lekker hoor.

– Zijn die wijnen ook rood?
– Ja, mevrouw.

– Is het ijsje lekker?
– Ja, heerlijk.

– Ik wil graag wijn.
– Rood of wit?

Adjektiv vor Nomen

	de-Wörter			*het*-Wörter		
Singular	de	**leuke**	kaart	het	**leuke**	feest
	een	**leuke**	kaart	een	***leuk***	feest
Plural	de	**leuke**	kaarten	de	**leuke**	feesten
		leuke	kaarten		**leuke**	feesten

– Ze hebben hier leuke kaarten.
– Ja, en veel ook.

– Wat een leuk feest, hè?
– Ja, heel leuk.

Die Verneinung (2) mit *niet*

Achten Sie auf die Stellung von *niet*

1 *vor einem Adjektiv*

Het eten is	niet	lekker.
Ik vind de bar	niet	leuk.
De wijn is	niet	zoet.

2 *vor einer Präposition*

Ik houd	niet	van	vis.
Ze gaat	niet	naar	de film.
Hij komt	niet	uit	Frankrijk.

E 9 Menu Pizzeria La Capanna

ZUPPE (soepen)

Zuppa di Pomodoro	*f*	5,00
Tomatensoep		
Minestrone	*f*	6,00
Groentesoep		
Tortellini in Brodo	*f*	7,00
Tortellini in bouillon		

PASTA (meelspijzen)

Tagliatelle alla Bolognese	*f*	13,50
Tafliatelle ai Funghi	*f*	14,50
Champignons in roomsaus		
Spaghetti alla Boscaiola	*f*	13,50
Stukjes rundvlees champignons en roomsaus		
Spaghetti alla Carbonara	*f*	13,50
Spek - room en ei		
Spaghetti Napoletana	*f*	10,00
Tomatensaus		
Spaghetti Bologna	*f*	12,00
Vlees in tomatensaus		
Spaghetti Roma (specialiteit)	*f*	14,50
Kalfsvlees in tomatensaus - champignons en uien		
Spaghetti Italia (specialiteit)	*f*	14,50
Uien - paprika - champignons - pittige saus en room		
Spaghetti al Pesto	*f*	13,50
Spaghetti met basilicumsaus		

PIZZE (pizza's)

Vegetarische Calzone	*f*	15,00
Tomaten - uien - paprika - champignons - artisjokken.		
Calzone Speciale	*f*	15,50
Dubbel gevouwen pizza met kaas - tomaat en shoarmavlees		
Calzone	*f*	15,00
Dubbelgevouwen pizza - tomaten - kaas - ham - salami - champignons en uien		
Vegetariana	*f*	14,50
Tomaten - kaas - champignons - paprika - artisjokken - uien en olijven		
Tropical	*f*	14,00
Met fruitcocktail		
Paradiso	*f*	15,50
Tomaten - kaas - zalm - uien en pa[illegible]		
Enzo	*f*	15,00
Spinazie en mozzarellakaas		
Margherita	*f*	10,00
Tomaten - kaas.		
Napoletana	*f*	12,50
Tomaten - kaas - ansjovis.		

4 Wat bedoelt u?

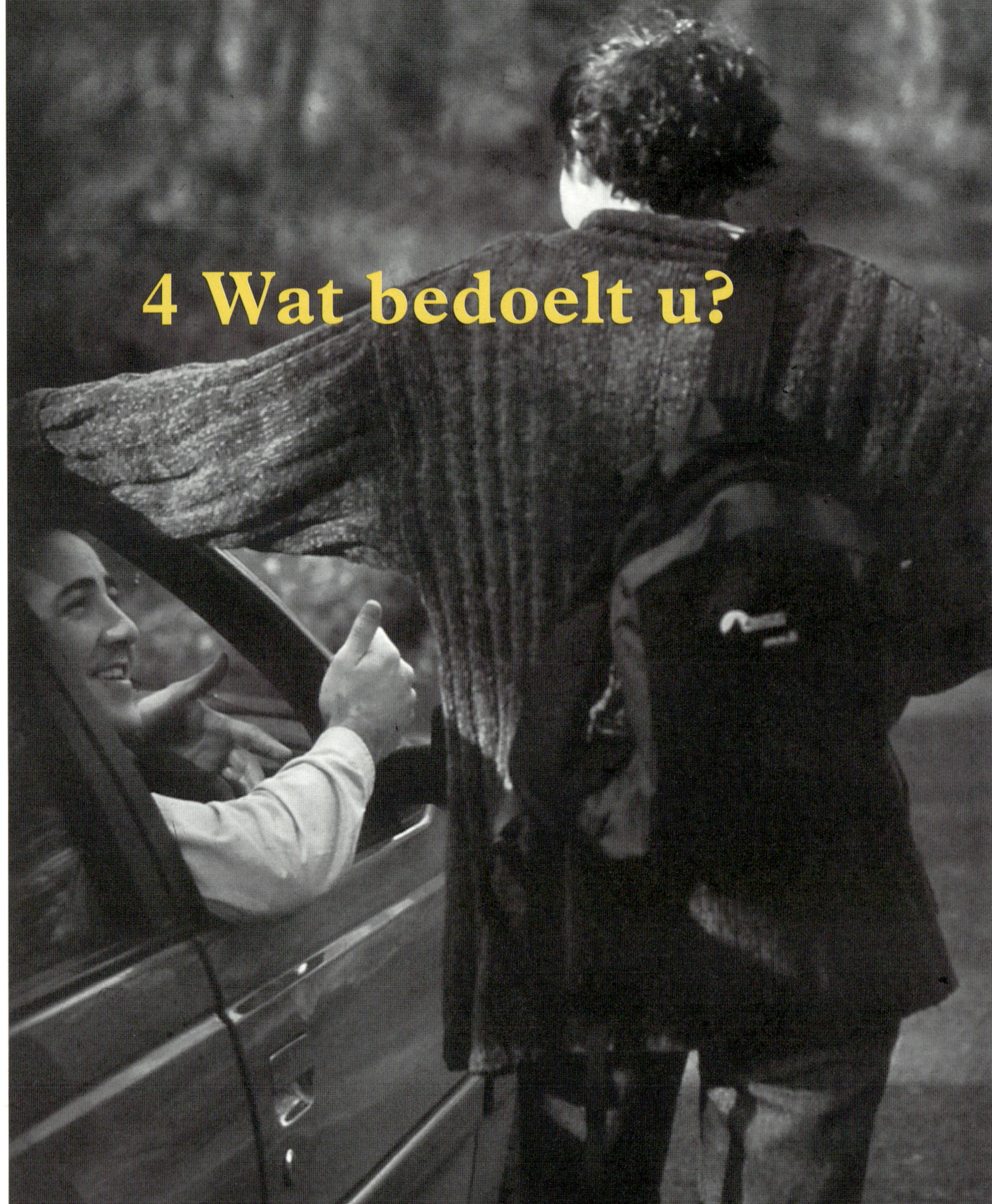

A 1 Met de taxi

Mieke Smeets Ik wil graag naar de Van Goghstraat.
taxichauffeur Pardon?
Mieke Smeets De Van Goghstraat.
taxichauffeur In welke buurt is dat?
Mieke Smeets In de Schilderswijk.
taxichauffeur Welke wijk?
Mieke Smeets De Schilderswijk.
taxichauffeur O ja, stapt u maar in.

de taxi	de wijk
de taxichauffeur	instappen
de buurt	

A 2 Onderweg in de taxi

taxichauffeur Waar moet u zijn in de Van Goghstraat?
Mieke Smeets Wat zegt u?
taxichauffeur Op welk nummer moet u zijn in de Van Goghstraat?
Mieke Smeets O, op 43.
taxichauffeur Is dat bij de bioscoop?
Mieke Smeets Ik versta u niet.
taxichauffeur Nummer 43, is dat bij de bioscoop?
Mieke Smeets O, Cinematic bedoelt u. Ja, het is naast de bioscoop.

onderweg	bedoelen
de bioscoop	naast
verstaan	

Verständigungsprobleme

Pardon.
– Ik wil graag naar de Van Goghstraat.
– Pardon?

Wat zegt u?
– Waar moet u zijn in de Van Goghstraat?
– Wat zegt u?

Ik versta u niet.
– Is dat bij de bioscoop?
– Ik versta u niet.

B 3 In een eetcafé

Nils We willen graag iets eten.
serveerster Dat kan, meneer. We hebben soep: tomatensoep, groentesoep, champignonsoep…
Nils Niet zo snel, alstublieft.
serveerster En we hebben broodjes: ham, kaas, rosbief, lever, salami, ei en kroket.
Eva Sorry, maar kunt u wat langzamer praten?
serveerster En verder tosti's en uitsmijters.
Agneta Een uitsmijter? Wat is dat?
serveerster Een uitsmijter is een boterham met een gebakken ei en ham.
Nils Kunt u nog een keer zeggen welke broodjes u hebt?
serveerster Kaas, ham, rosbief, lever, salami, ei en kroket.
Eva Ik neem een uitsmijter.
Agneta Ja, ik ook.
Nils Ja, voor mij ook, graag.
serveerster Drie uitsmijters.
Agneta En hebt u ook een asbak voor ons?
serveerster Ja, een ogenblik.

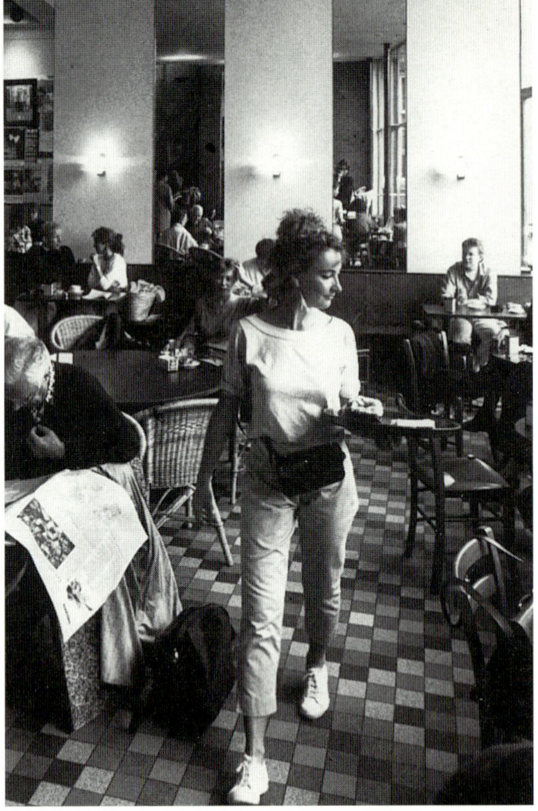

het eetcafé
de serveerster
de soep
de tomatensoep
de groentesoep
de champignonsoep
snel

de rosbief
de lever
de salami
het ei
de kroket
sorry
wat

langzaam
praten
verder
de uitsmijter
de boterham
bakken
de asbak

ons
het ogenblik
– een ogenblik

Rückfragen, Bitte um Wiederholung

Niet zo snel, alstublieft.
– We hebben soep: tomatensoep, groentesoep, champignonsoep.
– Niet zo snel, alstublieft.

Kun je wat langzamer praten?
– En we hebben broodjes: ham, kaas, rosbief, lever, salami, ei en kroket.
– Sorry, maar kun je wat langzamer praten?

Kunt u … nog een keer zeggen?
– Kunt u nog een keer zeggen welke broodjes u hebt?
– Ham, kaas, rosbief, lever, salami, ei en kroket.

Personalpronomen (Subjekt- und Objektformen)

	Subjekt	*Objekt*
1	**ik**	**me**
		mit Betonung: **mij**
2	**u**	**u**
	je	**je**
	mit Betonung: **jij**	*mit Betonung:* **jou**
3	**hij**	**hem** [əm]
		mit Betonung: **hem**
	ze	**haar** [ər/dər]
	mit Betonung: **zij**	*mit Betonung:* **haar**
	het	**het** [ət]
1	**we**	**ons**
	mit Betonung: **wij**	
2	**u**	**u**
	jullie	**jullie**
3	**ze**	**ze**
	mit Betonung: **zij**	*mit Betonung:* **hen/hun**

– Verstaat u me?
– Nee, ik versta u niet.

– Wil je koffie of thee?
– Het maakt me niet uit.

– Hoe gaat het met je?
– Goed, en met jou?

– Ik neem een uitsmijter.
– Ja, voor mij ook, graag.

C 4 Aan de kassa van een theater

Bob Hafkamp Ik wil graag twee kaarten voor Het Nederlands Danstheater.
caissière Voor welke voorstelling?
Bob Hafkamp Voor donderdagavond.
caissière Kunt u wat harder praten?
Bob Hafkamp Donderdagavond.
caissière Donderdag is alles uitverkocht, meneer.
Bob Hafkamp En op andere dagen?
caissière Ik heb nog wel een paar plaatsen voor u op 27, 28 en 30 oktober of op 3 en 4 november.
Bob Hafkamp Kunt u dat nog een keer zeggen?
caissière Op 27, 28 en 30 oktober of op 3 en 4 november.
Bob Hafkamp Hm, wanneer heeft u de beste plaatsen?
caissière Op 28 oktober.
Bob Hafkamp Wat kosten die?

caissière Zestig gulden per persoon.
Bob Hafkamp Wat duur!
caissière Ja, de beste plaatsen zijn natuurlijk ook het duurst.
Bob Hafkamp Heeft u ze niet een beetje goedkoper?
caissière Dan krijgt u de slechtste plaatsen, voor dertig gulden.
Bob Hafkamp Nee, doet u maar twee van zestig.
caissière Dat wordt dan honderdtwintig gulden.

MT HET MUZIEKTHEATER
16 APR 95
20:15 H ANAPHASE
f 40,00 ZO 16 APR 95 20:15 H
+f 0,00 ONEVEN f40,00+f0,00
ZAAL RIJ 4 STOEL 25 KAS
KAS 4 25 ZAAL

de kassa
het theater
de caissière
de voorstelling
de donderdagavond
hard

alles
uitverkocht
ander
paar
– een paar
de plaats

de keer
kosten
die
de gulden
per persoon
wat duur

het beetje
– een beetje
goedkoop
krijgen
slecht
worden

Plural der Nomen

Der Plural wird im Niederländischen durch die Endung -en oder -s gebildet.

1 -en

Die meisten Nomen erhalten im Plural die Endung -en.

Singular	*Plural*
de voorstelling	de voorstelling**en**
de kaart	de kaart**en**
de citroen	de citroen**en**
het park	de park**en**

voortouw

'voorstelling ⟨de~ (v.); -en⟩ **1** keer dat iets, bijv. een film of een toneelstuk, wordt opgevoerd of vertoond ⇒ *opvoering, performance, vertoning* • *vanavond zijn er twee voorstellingen in de schouwburg* **2** afbeelding, iets dat iets voorstelt* (bet.3) • *een wandkleed met voorstellingen erop* **3** dat wat je je voorstelt* (bet.4) ⇒ *beeld* • *ze kan zich daar geen voorstelling van maken; hij geeft een verkeerde voorstelling van zaken* hij geeft de dingen verkeerd weer.
voort ⟨bijw.⟩ (ouderwets) verder.
'voortaan [ook: voor'taan] ⟨bijw.⟩ van nu af • *je moet voortaan achterom lopen om binnen te komen.*
'voortbrengen ⟨bracht voort, heeft voortgebracht⟩ *iets voortbrengen* het doen ontstaan, het scheppen ⇒ *produceren* • *kinderen voortbrengen; de boom brengt vruchten voort; dat land heeft veel grote kunstenaars voortgebracht* (uitdr.) daar komen veel grote kunstenaars vandaan.

2 -s

Ein Nomen erhält im Plural die Endung **-s**, wenn es aus zwei oder mehreren Silben besteht und auf -el, -em, -en, -er, -je endet.
Auch Nomen, die auf -a, -é, -i, -o, -u, -y enden, erhalten die Pluralendung **-s**. Nach -a, -i, -o, -u und -y wird das „s" apostrophiert.

Singular	*Plural*
de borr**el**	de borr**els**
de guld**en**	de guld**ens**
de ob**er**	de ob**ers**
het kop**je**	de kop**jes**
het caf**é**	de café**s**
de tost**i**	de tost**i's**
het men**u**	de men**u's**

Natürlich gibt es hierzu auch noch Sonderregeln und Ausnahmen.
Sie finden die Pluralformen im Wörterbuch.

Vergleiche – Die Steigerung des Adjektivs

1 Komparativ: + -(d)er

hard	– hard**er**	Kunt u wat harder praten?
langzaam	– langzam**er**	Kunt u wat langzamer praten?

Adjektive, die auf -r enden, bekommen im Komparativ die Endung -**d**er

duu**r**	– duur**der**	Welk menu is duurder?

2 Superlativ: + -st(e)

duur	– duur**st**	Ze kopen de duurste kaartjes.
leuk	– leuk**st**	Café Bos is het leukste café.
snel	– snel**st**	Karin praat het snelst.

3 Unregelmäßige Formen

goed	– **beter**	– **best**	De beste plaatsen zijn dertig gulden.
graag	– **liever**	– **liefst**	Ga je mee of blijf je liever thuis?
veel	– **meer**	– **meest**	Heeft u nog meer plaatsen?
weinig	– **minder**	– **minst**	De slechtste plaatsen kosten het minst.

EEN BETER MILIEU BEGINT...

(HANDIGE TIPS VOOR MINDER VERSPILLING EN MINDER AFVAL)

IN UW WINKELWAGENTJE

Als u inkopen gaat doen, zorgt u meteen voor minder afval en dus minder verspilling als u even denkt aan de volgende tips.

Duurzaam Koop zoveel mogelijk duurzame produkten. Uiteindelijk goedkoper en vaak te repareren.

Onverpakt Als 't even kan, kies dan onverpakte produkten. Denk aan groenten, fruit, snoepgoed en dergelijke.

Weinig verpakt Koop bij voorkeur eenvoudig verpakte produkten. dus bijvoorbeeld zo min mogelijk blisterverpakkingen.

Statiegeld Als u kunt kiezen, neem dan produkten waar statiegeld op zit.

Navulverpakkingen Kies verpakkingen die u opnieuw kunt vullen. Denk aan (vaat)wasmiddelen, wasverzachters en cosmetica.

Hergebruik Statiegeld of hervulbaar niet mogelijk? Gebruik dan bij voorkeur verpakkingen van papier, karton en glas. Die kunnen in de glas- of papierbak. Maar let op: melk- en vruchtesap-pakken mogen er niet bij.

Grootverpakkingen Grootverpakkingen zijn beter voor het milieu dan kleinverpakkingen, want er wordt naar verhouding minder materiaal voor gebruikt. Van 10 kuipjes koffiemelk houdt u meer afval over dan van koffiemelk in een (statiegeld)flesje.

Schadelijkheid Mijd schadelijke materialen. Gebruik verf op waterbasis. Denk ook aan groene zeep in plaats van allesreinigers. Kies niet-chloorgebleekt en ongekleurd papier.

BIJ U THUIS

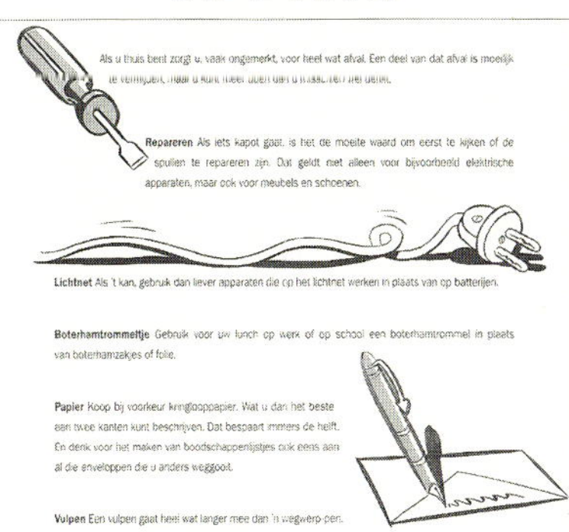

Als u thuis bent zorgt u, vaak ongemerkt, voor heel wat afval. Een deel van dat afval is moeilijk

Repareren Als iets kapot gaat, is het de moeite waard om eerst te kijken of de spullen te repareren zijn. Dat geldt niet alleen voor bijvoorbeeld elektrische apparaten, maar ook voor meubels en schoenen.

Lichtnet Als 't kan, gebruik dan liever apparaten die op het lichtnet werken in plaats van op batterijen.

Boterhamtrommeltje Gebruik voor uw lunch op werk of op school een boterhamtrommel in plaats van boterhamzakjes of folie.

Papier Koop bij voorkeur kringlooppapier. Wat u dan het beste aan twee kanten kunt beschrijven. Dat bespaart immers de helft. En denk voor het maken van boodschappenlijstjes ook eens aan al die enveloppen die u anders weggooit.

Vulpen Een vulpen gaat heel wat langer mee dan 'n wegwerp-pen.

IN UW VUILNISZAK

We zijn al 'n eind op weg om al het huishoudelijk afval te scheiden. Maar nog niet alle gemeenten bie-

Als u meer informatie wenst over bepaalde inzamelmogelijkheden, bel dan met de gemeentereiniging.

Textiel Textiel kunt u kwijt bij inzamelacties van bijvoorbeeld het Leger des Heils of naar 'n tweedehands winkel brengen. En een kapot hemd is een prima poetsdoek.

Chemisch afval Chemisch afval hoort niet thuis in de vuilniszak. Lever het in bij de inzamelplaats voor klein chemisch afval in uw gemeente of bij de Chemokar. Veel chemisch afval kunt u trouwens ook kwijt in de winkel waar u het oorspronkelijke produkt heeft gekocht.

Groente-, fruit- en tuinafval Steeds meer gemeenten gaan groente-, fruit- en tuinafval gescheiden inzamelen om er compost van te maken. Is dat in uw gemeente nog niet het geval? Dan is het vaak wel mogelijk om een compostvat te kopen of te huren om zelf compost in uw tuin te maken.

Papier en karton Karton en oud papier horen evenmin in de vuilniszak thuis. Denk ook eens aan enveloppen, folders en kartonnen verpakkingen. U kunt dit het beste naar de papierbak brengen, of meegeven aan een inzamelaar van oud papier.

Glas Lege flessen en glazen potten waar geen statiegeld op zit, kunt u in de glasbak kwijt. Denk vooral aan de kleine glazen potjes (kruiden, babyvoeding). En ook 'n gebroken drinkglas mag in de glasbak.

EEN BETER MILIEU BEGINT BIJ JEZELF

Ministerie van VROM, Den Haag.

D 5 Op straat

colporteur Dag mevrouw, mag ik u iets vragen?
Helga de Kam Natuurlijk.
colporteur Leest u veel?
Helga de Kam Nou, veel, wat is veel?
colporteur Leest u meer dan vier boeken per jaar?
Helga de Kam Ja, maar wat bedoelt u?
colporteur Ik heb een interessante aanbieding voor u van de ENB.
Helga de Kam Wat betekent dat, ENB?
colporteur De ENB is de Eerste Nederlandse Boekenclub.
U kunt bij ons goedkoop boeken kopen.
Helga de Kam Nee, dank u, ik heb geen belangstelling.
colporteur Een woordenboek kost bij ons geen vijftig gulden, maar vijfentwintig gulden.
Helga de Kam Ja, maar ik heb geen belangstelling.
colporteur Een woordenboek voor de helft van de prijs!
En het volledige werk van Mulisch voor maar honderd gulden.
Helga de Kam Nee, echt niet.
Ik heb geen interesse.
colporteur Als u nu lid wordt, mag u drie boeken voor een tientje uitzoeken.
Helga de Kam Dank u, maar ik ben niet geïnteresseerd.

op straat	betekenen	de interesse
de colporteur	de boekenclub	als
lezen	belangstelling hebben (voor)	nu
het boek	het woordenboek	het lid
het jaar	voor de helft van de prijs	het tientje
interessant	volledig	uitzoeken
de aanbieding	echt	zich interesseren (voor)

Um eine nähere Erklärung bitten

Wat bedoelt u?
– Leest u meer dan vier boeken per jaar?
– Ja, maar wat bedoelt u?

Wat betekent dat?
– Ik heb een interessante aanbieding voor u van de ENB.
– Wat betekent dat, ENB?

Wat is dat?
– Verder hebben we tosti's en uitsmijters.
– Een uitsmijter, wat is dat?

Desinteresse ausdrücken

Ik heb geen belangstelling.
– U kunt bij ons goedkoop boeken kopen.
– Nee, dank u, ik heb geen belangstelling.

Ik heb geen interesse.
– Een woordenboek voor de helft van de prijs!
– Nee, ik heb geen interesse.

Ik ben niet geïnteresseerd.
– Als u nu lid wordt, mag u drie boeken voor een tientje uitzoeken.
– Dank u, maar ik ben niet geïnteresseerd.

Die Verneinung (3) mit *geen*

Vor unbestimmten Nomen: *geen*

een gulden
– Heb je een gulden voor me?
– Nee, sorry, ik heb **geen** gulden.

suiker
– Met melk en suiker?
– **Geen** suiker, wel melk graag.

zin
– Heb je zin om vanavond naar een concert te gaan?
– Nee, ik heb **geen** zin om naar een concert te gaan.

plaatsen
– Hebt u nog plaatsen voor donderdagavond?
– Nee meneer, voor donderdagavond heb ik **geen** plaatsen meer.

D 6 Vrije tijd

Wat doet u het liefst in uw vrije tijd?

2 Sport u graag?

a voetballen
b tennissen
c .....

3 Houdt u van ...?

a muziek maken
b bakken
c wandelen
d verre reizen maken
e .....

4 Bent u graag thuis?
Wat doet u dan?

a koffie drinken met een vriend(in)
b lezen
c muziek luisteren
d televisie kijken
e uitslapen
f in de tuin werken
g .....

1 Gaat u graag uit?
Wat doet u dan?

a naar een feest
b naar een café
c naar de bioscoop
d naar het theater
e naar een museum
f .....

5 Of ...?

a gaat u naar de kerk of de moskee
b hebt u interesse voor politiek
c bent u lid van een club
d bent u lid van een vereniging
e .....

de vrije tijd	tennissen	luisteren	de moskee
het museum	de muziek	televisie kijken	de politiek
sporten	wandelen	uitslapen	de club
voetballen	ver	de tuin	de vereniging
	de reis	de kerk	

E 7 Folder CD Music Club

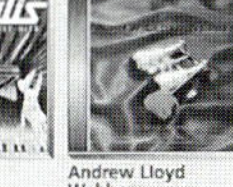
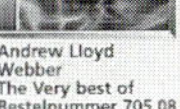

E 8 Een boek

Een boek is een hoofd vol gedachten
Een boek is een blik om de hoek
Een boek is een vriend om te achten

Een boek is een boek is een boek

Anonymus

5 Anders nog iets?

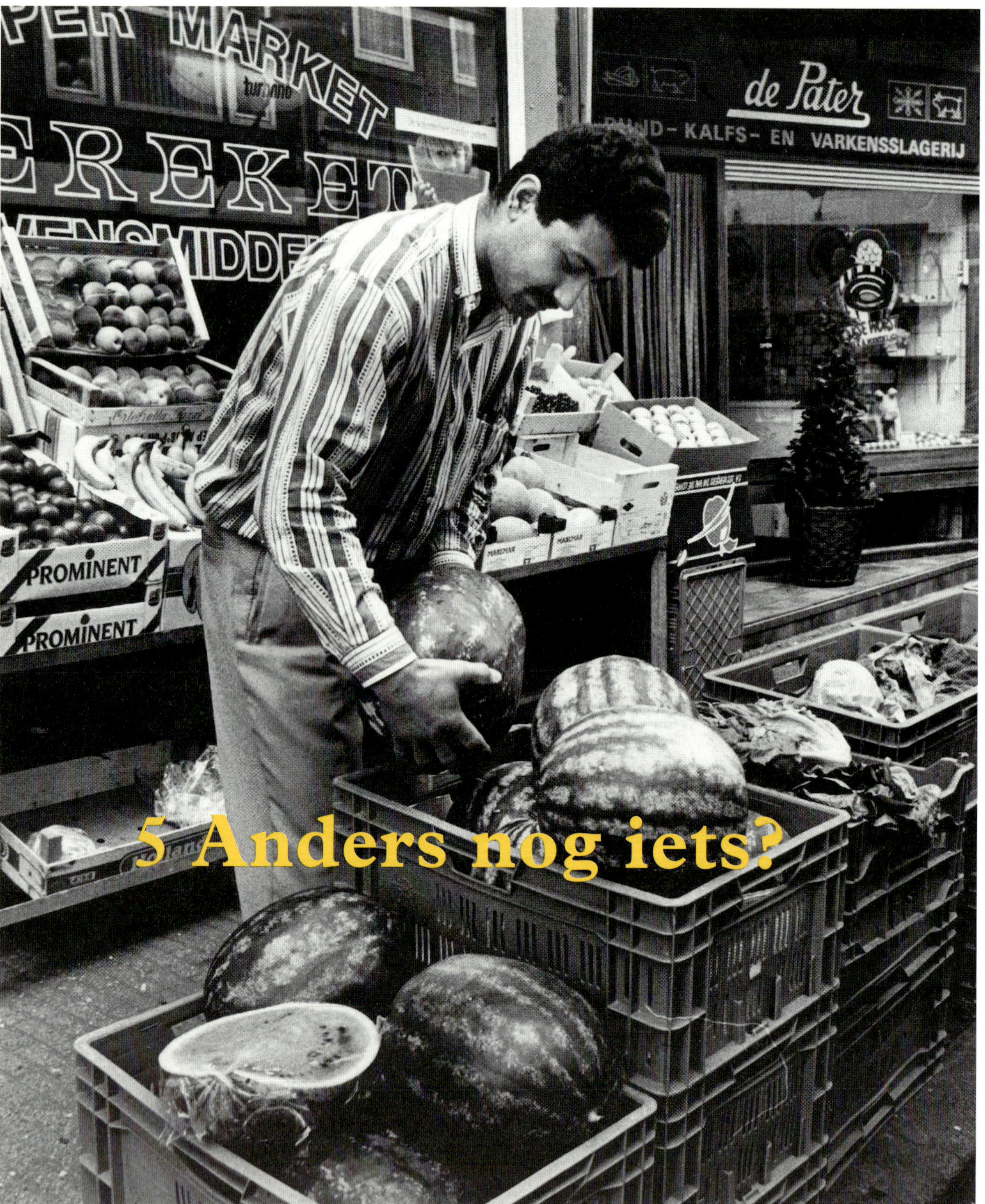

A 1 In een groentewinkel

groenteboer Wie is er aan de beurt?
mevrouw Van Zanden Ik. Mag ik een kilo druiven?
groenteboer Wilt u witte of blauwe?
mevrouw Van Zanden Hoe duur zijn ze?
groenteboer De witte zijn *f* 1,98 een kilo en de blauwe *f* 2,25.
mevrouw Van Zanden Zijn de witte zoet?
groenteboer Ja mevrouw, ze zijn heerlijk.
mevrouw Van Zanden Geeft u daar maar een kilo van.
groenteboer Anders nog iets?
mevrouw Van Zanden Twee paprika's.
groenteboer Rood, geel of groen?
mevrouw Van Zanden Rode graag.
groenteboer Dat was het?
mevrouw Van Zanden Ja.
groenteboer Dat is dan *f* 3,96 bij elkaar.
mevrouw Van Zanden Alstublieft.
groenteboer Vier, vijf en dat is tien.
mevrouw Van Zanden Dank u wel.

de groentewinkel
de groenteboer
wie is er aan de beurt?
aan de beurt zijn
de kilo
de druif
blauw
daar (...) van
anders
de paprika
geel
groen
bij elkaar

Ein Kaufgespräch führen

Verkäufer:	*Kunde:*
Zegt u het maar, mevrouw/meneer.	Een kilo kaas alstublieft.
Anders nog iets?	Nee, dank u.
Dat was het?	Ja.

Kunde:	*Verkäufer:*
Mag ik …?	
Mag ik een kilo druiven?	Wilt u witte of blauwe?
Ik wil graag …	
Ik wil graag drie citroenen.	Alstublieft.
	Anders nog iets?
… (graag/alstublieft).	
Twee paprika's; rode graag.	

Rechtschreibung

1 *f* → *v*, *s* → *z*
***f, s* steht am Wortende oder vor einem Konsonanten, *v, z* steht vor einem Vokal; *v* und *z* stehen nie am Ende einer Silbe oder am Ende eines Wortes.**

een drui**f**	een kilo drui**v**en
een hal**f** pond	een hal**v**e kilo
Ik blij**f** thuis.	We blij**v**en het weekend thuis.
Jij lee**s**t veel boeken.	Jullie le**z**en 's avonds altijd.

2 Wörter, die auf *a, o, u, i* enden, bekommen im Plural ein *'s*.

een tost**i**	twee tosti**'s**
een paprik**a**	twee paprika**'s**
een men**u**	twee menu**'s**

B 2 In een schoenenwinkel

verkoopster Goedemorgen.
Fernando Quiros Goedemorgen mevrouw. Verkoopt u sportschoenen?
verkoopster Ja hoor. Welke maat heeft u?
Fernando Quiros Maat 40.
verkoopster Ik zal even iets voor u halen. Hoe vindt u deze?
Fernando Quiros O, wel aardig.
verkoopster En die?
Fernando Quiros Die vind ik leuker.

verkoopster Trekt u ze maar even aan. Zitten ze goed?

Fernando Quiros Ze zijn een beetje smal. Heeft u ze misschien een maat groter?

verkoopster Nee, ik heb ze niet groter.

Fernando Quiros O, wat jammer.

verkoopster Ik heb hier nog wel een ander paar, maat 41. Probeert u die eens.

Fernando Quiros Die zitten veel beter.

verkoopster En hoe vindt u ze?

Fernando Quiros Ik vind ze niet zo mooi. Die andere zijn mooier. Maar deze zitten het lekkerst. Wat kosten ze eigenlijk?

verkoopster *f* 59,75.

Fernando Quiros O, dat valt mee. Doet u deze maar.

de schoenenwinkel
de verkoopster
verkopen
de sportschoen
ja hoor
de maat
halen

deze
wel aardig
aantrekken
goed/lekker/… zitten
smal
groot
wat jammer

het paar
proberen
eens
mooi
eigenlijk
meevallen
– dat valt mee

B 3 In een warenhuis

Marije Imberechts Meneer?
verkoper Zegt u het maar, mevrouw.
Marije Imberechts Ik zoek een spijkerbroek. Waar kan ik die vinden?
verkoper Dan moet u op de eerste verdieping zijn.
Marije Imberechts Ah, dank u wel.

Marije Imberechts Mevrouw, is deze groot genoeg voor mij?
verkoopster Welke maat draagt u?
Marije Imberechts Maat 42.
verkoopster Dan moet u deze hebben.
Marije Imberechts Mag ik deze twee even passen?
verkoopster Ja, natuurlijk.

verkoopster Ze zijn allebei goed, hè?
Marije Imberechts Nee, ik vind deze niet goed; hij is te lang. Ik neem die andere.

het warenhuis	de spijkerbroek	genoeg	allebei
de verkoper	eerste	dragen	lang
zoeken	de verdieping	passen	

Vorliebe ausdrücken

Ik vind ... mooier/leuker/...
– Het Bonnefantenmuseum in Maastricht is zo mooi!
– Ja, maar ik vind het Groninger Museum mooier.

Ik vind ... het mooist/leukst/...
– Hoe vindt u ze?
– Ik vind deze het leukst.

Die Demonstrativpronomen: *deze, dit, die, dat*

	de-Wörter	*het*-Wörter
hier	**deze** Probeert u deze broek eens. Deze schoenen zijn te klein.	**dit** Dit menu neem ik. Hoe vind je dit boek?
daar	**die** Die kaas is lekker. Die druiven zijn heerlijk.	**dat** Ik vind dat menu lekkerder. Dat boek is goed hoor.

Bei Gegenüberstellung:

Deze schoenen zitten lekker, maar **die** (schoenen) niet.
Die broek is te kort, ik neem **deze** (broek).
Dat boek vind ik niet leuk, ik neem **dit** (boek).

C 4

Op de markt

verkoper Mevrouw, zegt u het maar.
mevrouw Geel Een stuk belegen kaas, alstublieft.
verkoper Hoe zwaar mag dat zijn?
mevrouw Geel Anderhalf pond.
verkoper Eh, ietsje meer, mevrouw.
mevrouw Geel O, dat geeft niet.
verkoper Anders nog iets?
mevrouw Geel Een pakje boter en tien eieren.
verkoper Grote of kleine?
mevrouw Geel Doet u maar grote. Hoeveel is het?
verkoper Dat is dan eh .... *f* 22,35.
mevrouw Geel Kunt u *f* 100,– wisselen?
verkoper Hebt u het niet kleiner?
mevrouw Geel Nee, ik heb helemaal geen kleingeld.

het stuk	ietsje meer	wisselen
belegen	het pakje	heeft u het niet kleiner?
zwaar	de boter	helemaal
anderhalf	klein	het kleingeld
het pond	hoeveel	

Nach dem Preis fragen

Wat/Hoeveel kost ...?

– Hoeveel kost een kaartje?
– Dertig gulden per persoon.

– Wat kosten die paprika's?
– Drie voor twee gulden, meneer.

Hoe duur is ...?

– Hoe duur is een broodje kaas?
– *f* 2,50.

– Hoe duur zijn die sinaasappels?
– Die zijn *f* 2,98.

Hoeveel is ...?

– Hoeveel is het?
– Dat is dan eh ... *f* 22,35.

– Hoeveel zijn deze druiven?
– Die kosten *f* 2,25 een kilo.

Nach dem Gewicht fragen

Hoeveel weegt ...?

– Hoeveel weegt dat stuk kaas?
– Dat weegt een kilo.

– Hoeveel wegen die druiven?
– Anderhalf pond. Mag dat?

Hoe zwaar is ...?

– Hoe zwaar is dat stuk kaas?
– Een kilo.

– Hoe zwaar zijn de paprika's?
– Een kleine kilo, mevrouwtje.

Gewicht

1000 gram = een kilo(gram) (1 kg)
500 gram = een pond/een halve kilo
100 gram = een ons
250 gram = een half pond

Geld

Munten

een stuiver (5 cent)	*f* 0,05
een dubbeltje (10 cent)	*f* 0,10
een kwartje (25 cent)	*f* 0,25
een gulden (100 cent)	*f* 1,00
een rijksdaalder	*f* 2,50
een vijfje	*f* 5,00

Briefjes

een briefje van 10 (een tientje)	*f* 10,00
25	*f* 25,00
50	*f* 50,00
100	*f* 100,00
250	*f* 250,00
1000	*f* 1000,00

D 5 Eten voor een joet

Eten voor een joet

Geen zin om te koken? Winkels overal dicht? Goed eten buiten de deur kan best voor weinig geld. Hollandse potten, vegetarisch en buitenlands eten, alles kan, voor een tientje of iets meer.

Amsterdam
Een echte Hollandse kaart vind je in restaurant *Hap-Hmmm.* Hier bestaat een maaltijd altijd uit aardappelen, vlees en groente. De groenten worden lekker lang gekookt. Voor *f* 2,50 extra krijg je ook soep en een toetje. *1e Helmersstraat 33, (020) 6181884.*

Wageningen
De duurste maaltijd in het Surinaamse *Apoera* kost *f* 18,50. Maar voor *f* 10,50 kun je al een heerlijke roti krijgen. *Kapelstraat 3, (0317) 413739.*

Rotterdam
Bij café *'t Bolwerk* heb je voor *f* 8,50 een warme maaltijd (rijst, stamppot en meestal 'iets met friet'). Ook fruit en zwarte koffie vind je op de menukaart. Houd je van uitslapen? Om 11.30 uur kun je naar *'t Bolwerk* voor een ontbijt of een lunch. *Geldersekade 1c, (010) 4142142.*

Den Haag
Bij *Chez Val* komen alleen vegetarische maaltijden op de menukaart voor (groot *f* 15,–, klein *f* 12,–, soep *f* 3,25, toetje *f* 3,50). Ook wijn, bier en fris te krijgen. *Prinsengracht 12, (070) 3637699.*

Naar: 'Diner voor een joet', *NRC Handelsblad*, 24 november 1994.

de joet	buiten de deur	bestaan uit	het toetje	de rijst	het ontbijt
koken	het geld	de maaltijd	Surinaams	de stamppot	de lunch
de winkel	de Hollandse pot	altijd	al	meestal	voorkomen
overal	vegetarisch	de aardappel	de roti	het fruit	alleen
dicht	buitenlands	extra	warm	zwart	

Rechtschreibung

Es gibt im Niederländischen kurze und lange Vokale.

1 **Nach einem kurzen Vokal wird der Konsonant verdoppelt, wenn das Wort ein *-en* (Plural) oder *-e* (Adjektiv) erhält.**

een fle**s** — twee fle**ss**en
de boterha**m** — drie boterha**mm**en
Ik wi**l** graag paprika's. — We wi**ll**en geen druiven.
Wat ze**g** je? — Ze ze**gg**en niets.

Deze wijn is wi**t**. — De wi**tt**e wijn.

2 **Ein langer Vokal wird doppelt geschrieben, wenn die Silbe geschlossen ist. Bei offenen Silben wird der Vokal nur einfach geschrieben.**

De paprika is r**oo**d. — Een r**o**de paprika.
Die paprika's zijn g**ee**l. — Hebt u g**e**le paprika's?

een tom**aa**t — een pond tom**a**ten
De wijn is z**uu**r. — Z**u**re wijn.

Hij vr**aa**gt niets. — Zij vr**a**gen de groenteboer iets.
Ze **ee**t een boterham. — Wat **e**ten jullie?

Oder merken Sie sich einfach: Kann man im langen Vokal trennen (die Silbe ist geöffnet), wird der lange Vokal nur einfach geschrieben.
Ik woon – wij wo/nen – de woon/ka/mer – de wo/ning.

D **6**

Op reis

Een kist karbonade
met zuurkool met worst,
een krat limonade
zo goed voor de dorst,
een koffer vol kazen
met haring met ijs,
ja, zo gaat Jan Klaassen,
Jan Klaassen op reis.

Willem Wilmink

Uit: Willem Wilmink, *Verzamelde liedjes en gedichten.* Amsterdam, Uitgeverij Bert Bakker 1986.

op reis	de karbonade	de worst	de limonade
de kist	de zuurkool	het krat	de koffer

E 7 Recept zuurkoolstamppot

De basis van een stamppot is altijd aardappels en een groente. Dit is het recept voor zuurkoolstamppot (voor 4 personen):

❖

1,5 kg aardappels
1,5 dl water
500 gr zuurkool
150 gr spekblokjes
50 gr boter
beetje melk
zout, peper
1 rookworst

❖

1

Aardappels schillen, wassen en in vieren snijden; aardappels met het water en een beetje zout in een pan doen; zuurkool op de aardappels leggen en alles in 30 minuten gaar koken.

2

Spekblokjes bakken.

3

Aardappels en zuurkool stampen; spekblokjes en een beetje melk erbij doen; op smaak maken met zout en peper.

Eet er een rookworst bij.

E 8 Winkelcentrum 'Torenzicht'

De speciaalzaken van het winkelcentrum „Torenzicht"

Spaaraktie: eenvolle spaarkaart is nu goed voor twee zeer fraaie kop en schotels, deze aktie loopt tot 10 december 1994

Oostrum versmarkt Aardappelen-groente-fruit	Torenzicht 66 a Eemnes
Kapsalon Dekkers Dames- en Heren kapper	Torenzicht 66 a Eemnes
Het Wapen van Eemnes Slijterij - Wijnkoperij	Torenzicht 66b Eemnes
E. Wassenaar & Zn. Luxe brood- en banketbakkerij	Torenzicht 66d Eemnes
Slagerij van Hees Voor een goed stuk vlees	Torenzicht 68 Eemnes
Bloemenhuis „Torenzicht" Planten en snijbloemen	Torenzicht 68a Eemnes
Dik Trom Café-biljart	Torenzicht 74 Eemnes
Appelboom Boek- en kantoorboekhandel	Torenzicht 66c Eemnes
Golden House Chinees Indisch Afhaal-Centrum	Torenzicht 78 Eemnes

WINKELEN IN TORENZICHT? ALLICHT!!

6 Hoe heet dat ook al weer?

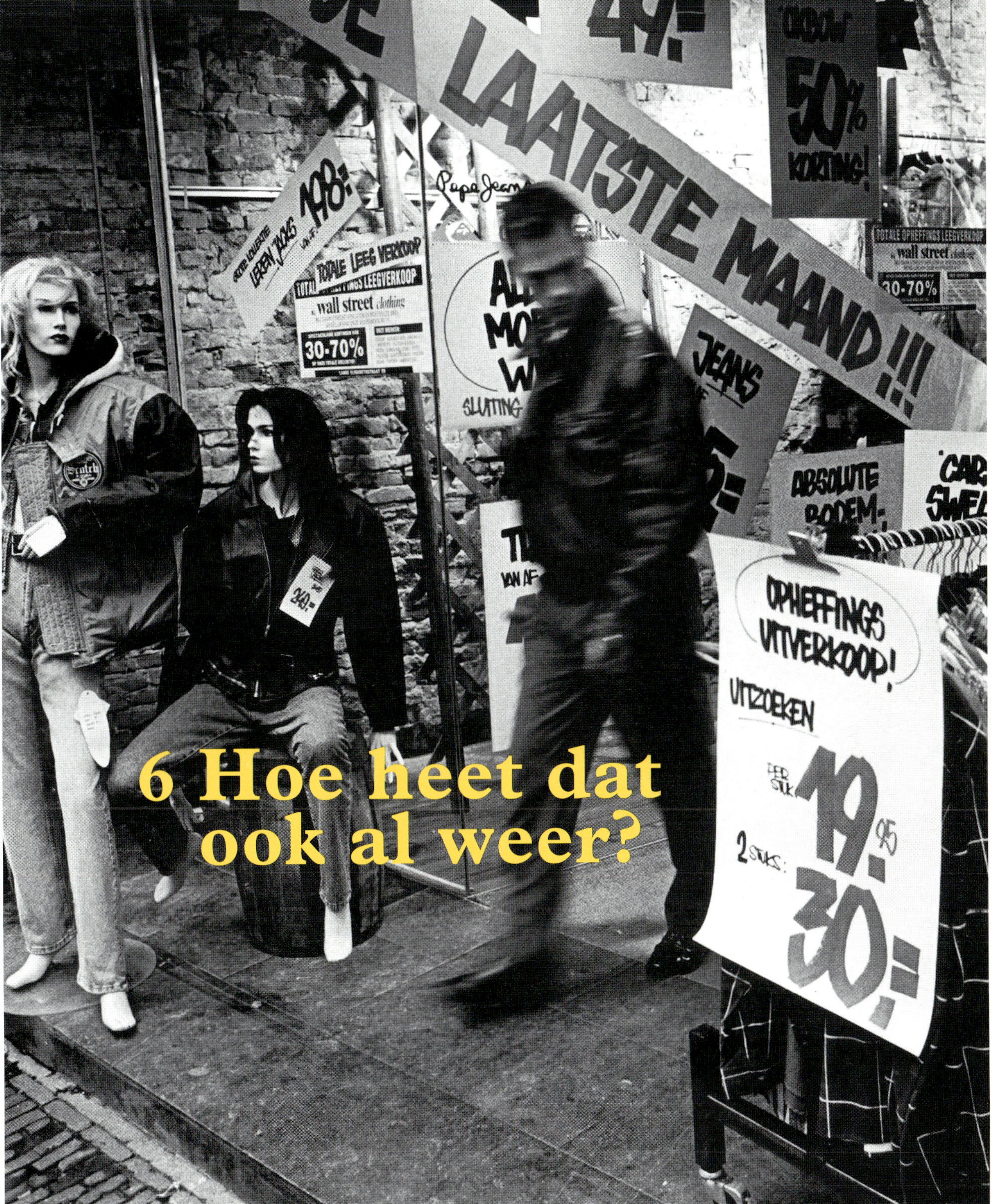

A 1 De etalage van een kledingzaak

de etalage
de kledingzaak
de handschoen
de sjaal

de jurk
de regenjas
de ceintuur
de kous

de laars
de das
het vest
de sok

de jas
de hoed
het overhemd
het colbert

de riem
de blouse
de rok
de trui

de want
de muts
het jack

A 2 In de stomerij

Simon Vis Dag, ik kom mijn broek halen.
medewerker Heeft u de bon?
Simon Vis Ja, alstublieft.
medewerker Dank u wel. Nou, ik zie hem niet. Wanneer heeft u hem gebracht?
Simon Vis Eens kijken … eh …, woensdag, denk ik.
medewerker Hoe ziet uw broek eruit?
Simon Vis Ja, eh … hoe moet ik dat zeggen? Gewoon, zwart, met, met, met, met, hoe heet dat, met zo'n, eh … met zo'n plooi.
medewerker O, een bandplooi bedoelt u. Is dit uw broek?
Simon Vis Nee, die is het niet.
medewerker Deze dan misschien?
Simon Vis Ja, die is het.

de stomerij	eruitzien
de medewerker	gewoon
de bon	zo'n
brengen	de plooi
denken	de bandplooi

Gesprächsreaktion mit Denkpause

Nou, ... (eh) ...

– Kom je ook vanavond?
– Nou, ik weet het nog niet.

– Ik kom mijn broek halen.
– Nou, eh, ik zie hem niet.

Even/Eens kijken, ...

– Wat kost een kaartje voor Youssou N'Dour?
– Even kijken, eh... dertig gulden.

– Wanneer heeft u de broek gebracht?
– Eens kijken, eh... woensdag, denk ik.

Nach dem richtigen Wort suchen

Hoe heet dat (ook al weer)?

– Als iets goedkoper is in een winkel, hoe heet dat ook al weer?
– Bedoel je misschien een aanbieding?

– Hoe ziet uw broek eruit?
– Gewoon, zwart, met, met, met, met, hoe heet dat, met zo'n, eh... met zo'n plooi.

Hoe moet ik dat zeggen?

– Hoe ziet uw broek eruit?
– Ja, eh... hoe moet ik dat zeggen? Gewoon, zwart, met zo'n plooi.

Die Demonstrativpronomen: *die* und *dat*

***Die* und *dat* können auf eine früher genannte Person oder Sache verweisen:**

– Zie je *Piet en Marja*?
– Nee, *die* zie ik niet.

– Zie je *mijn jack*?
– Ja, *dat* hangt daar.

1 *bei Personen und* **de-***Wörtern:* **die**

– Waar woont *Mario*?
– *Die* woont in Rotterdam.

– Hebt u *de bon*?
– Ja, *die* heb ik.

2 *bei* **het-***Wörtern:* **dat**

– Waar is *mijn vest?*
– *Dat* heb ik naar de stomerij gebracht.

– Waar heb je *mijn kaartje voor vanavond*?
– *Dat* heb ik hier.

Die Possessivpronomen

1 **mijn** [mən]
mit Betonung: **mijn**

2 *informell:* **je**
mit Betonung: **jouw**
formell: **uw**

3 *männlich:* **zijn** [zən]
mit Betonung: **zijn**
weiblich: **haar** [dər]
mit Betonung: **haar**

1 *het-Wörter:* **ons**
de-Wörter, Plural: **onze**

2 *informell:* **jullie**
formell: **uw**

3 **hun**

– Dag, ik kom mijn broek halen.
– Hoe ziet uw broek eruit?

– Is dit jouw boek?
– O, ja!

– Is dit uw broek?
– Nee, dat is haar broek.

Auch hier (denken Sie an das Personalpronomen) gibt es wieder betonte und unbetonte Formen.

B 3 Kleding aangeboden en gevraagd

KLEDING
AANGEBODEN 730

●**Avondjurk**, Hoffmann, exclusief, maat 38, paars, enkellang, a-symmetrisch lijfje, een schouder bloot, strik bij taille, heel apart. Door omstandigheden nooit gedragen, dus echt als nieuw, prijs f 250,-. 036-5339300

●**Avondjurk** zwart met goud, wijd model, soepele stof, maat 40, f 50,-. 075-218074 (eventueel antwoordapparaat inspreken)

●**Avondkleding**, mooi, 2 jurken, blauw, per stuk f 50,-. 075-171804 b.g.g. 020-6891257.

●**Beeldige** dameskleding, maat 36/38, 1 x gedragen, gaat weg voor weggeefprijsjes, dames, kijk/pas vrijblijvend. Bel eerst snel voor afspraak. 02907-8836

●**Benkat-jas**, f 150,-. 020-6919454 o 6957838

●**Blazer**, Haute Couture, donkerblauw, maat 36, prijs f 35,- + donker gestreepte rok, maat 36, prijs f 25,-. Beiden zuiver wollen stof. Tevens diverse blouses en jumpers. 020-6795584

●**Blouse**, getailleerd, suede, maat 38, naturelkleur. 020-6209485

●**Bondjasje**, kort model nerts 42-44, weinig gedragen f 60,-. 020-6972604

●**Bontjas**, type langharige wolf, halflang model, maat 38/40, f 550,-; bontjas, type kortharige wolf, maat 38/40, lang model, f 700,-. 020-6998118

●**Bontjas**, bever, maat 38/40, vraagprijs f 800,-. 020-6642837

●**Bontjas**, kunst, klassiek lang model, bruin, maat small, f 50,-; sportief tweezijdig te dragen eendendonswinterjack, maat medium, groen/wit, f 50,-; Mexx mantelpakje, maat 36/38, groen/zwart/wit kleine ruit, f 50,-; zwarte strapless cocktailjurk met jasje, maat medium, f 50,-. 020-6475891

●**Bontjas** nerts, lang, met mooie kraag, maat 44-46, circa f 450,-, tevens nieuwe zwarte smoking, 1 keer gedragen, lengtemaat 51, 2 overhemden, maat 39-40, samen f 450,-. 020-6113392

●**Bontjas**, nieuw, nerts, lichtbruin gemeleerd, maat 42, lang 1.1m, plus muts. 020-6310650 na 18.00 uur.

●**Bontjas**, nerts imitatie, maat 40-42. 075-170387

●**Bontjas**, nerts, lang, van f 2500,-, voor f 1500,-, maat 46. 020-6126931

●**Bontjas**, wolf, lang, gemeleerd, roestbruin, zwart en beige, f 200,-. 020-6629629

●**Bontjas**, nerts, lang, getailleerd, licht bruin gevlamd, maat 40, nieuw, was f 2.000,-, nu f 750,-. 020-6910899

●**Bontjasje**, Cherba, f 125,-. 02990-60160

●**Bontjasje**, Bisam, maat 40, zeer mooi, f 450,-. 020-6447176

●**Bontjasje**, nieuw, heupmodel, GAE wolfbont, maat 40-42, nieuwprijs f 975,-, vraagprijs f 200,-. 020-6138183

KLEDING
GEVRAAGD 731

●Internationale hulporganisatie vraagt KLEDING, dekens en beddegoed voor Midden Oosten, Afrika en Oostbloklanden. 020 6242585

●**Bomber Jack** gevraagd, Flight Jacket, in elke staat, alleen "made in USA", zie label, geen imitatie. 020-6202621 (eventueel antwoordapparaat inspreken).

●**Campri-jack** gevraagd, grijze body met zwarte mouwen, rode letters aan achterkant, maat medium of large. 030-936549 na 18.00 uur.

●**Damesjas**, zwart, leer, lang, maat 36-38, nooit gebruikt, f 50,-. 020-6335851

●**Damesparka** gevraagd, zwart leer, met afneembare rits, maat XL of zijden parka met kraag, kleur maakt niet uit. 020-6449668

●**Dirty Dancing** shirt gevraagd. 08370-11942 vragen naar Aldert

●**Herenbroek** gevraagd, van zwart leer, jeansmodel, maat 48/50 of 32 inch Amerikaanse maat. 020-6831825

●**Kleding** gevraagd, gedragen, voor onze vrienden in Polen, we halen het graag bij op. 020-6695614

●**Kort leren jack** gevraagd, zwart, maat 52 (medium9 en zwart leren vest, zelfde maat, nieuw of in nieuwstaat, redelijke prijs. 020-6105206

●**Kostuums** gevraagd en/of colberts, maat 54 tot en met 56, lengte 1.77 meter, ook overhemden, maat 43, wie o wie. 020-6636170 (antwoordapparaat)

●**Regenjas**, eentje die in zeer goede staat is, kleurig en modieus, waterdicht. 020-0390727

●**Showkleding** gevraagd. Op mijn school wil ik een show doen met kinderen van ca. 12 jaar. Daarvoor zoek ik allerlei soorten showkleding. Wie o wie? 020-6967188

●**Westernkleding** gevraagd, ook holster met geweren, maat maakt niet uit. 02946-4500

●**Winkelkledingrek** gevraagd (klein), liefst op wieltjes, prijs nader overeen te komen. 020-6738678

●Vrouw, (20-30), ben je uitgekeken op je **zomerkleren**? Man moet meisjeskleren dragen van zijn vriendin en zoekt daarom wijde of strakke zomerjurken, minirokjes, hotpants, bloesjes, badpakken. Natuurlijk betaal ik je ervoor. Br.Nr. 7023

Uit: *Via Via*, 8 december 1994.

de kleding aanbieden de accessoires

B 4 Bij de kleermaker

Ulla Svensson Kunt u deze broek veranderen?
kleermaker Wat is het probleem, mevrouw?
Ulla Svensson Hij is te wijd.
kleermaker O, dus ik moet hem innemen?
Ulla Svensson Innemen? Zeg je dat zo in het Nederlands?
kleermaker Ja, hij is toch te wijd? Hoeveel moet ik hem innemen?
Ulla Svensson Nou, ik weet het niet precies. Ongeveer zo'n stukje, denk ik.
kleermaker Vijf centimeter?
Ulla Svensson Zoiets, ja.
kleermaker Ik zal het even meten. Hè, waar ligt dat ding nou?
Ulla Svensson Wat zoekt u?
kleermaker Ah, mijn centimeter. Ah, hier heb ik hem. Ja, vijf, zes centimeter.
Ulla Svensson Wanneer is hij klaar?
kleermaker Morgen. Of liever gezegd morgenmiddag.
Ulla Svensson Kan het niet eerder?
kleermaker Nee, dat lukt niet.
Ulla Svensson O, dan moet ik iemand anders vragen. Mijn vriend komt hem morgenmiddag halen.
kleermaker Uitstekend, mevrouw.

de kleermaker	innemen	meten	eerder
veranderen	toch	liggen	lukken
het probleem	precies	klaar	– het lukt
wijd	ongeveer	liever gezegd	iemand anders
dus	de centimeter	morgenmiddag	

Fragen, wie man etwas auf Niederländisch sagt

Hoe zeg je dat (in het Nederlands)?
– Eh ... koffie... en dan geen suiker en melk, hoe zeg je dat in het Nederlands?
– Zwarte koffie.

Zeg je dat zo (in het Nederlands)?
– Moet ik de broek innemen?
– Innemen? Zeg je dat zo in het Nederlands?

Etwas umschreiben

Zo ...
- Moet ik de broek innemen?
- Innemen? Zeg je dat zo in het Nederlands?

- Vind je de kabeljauw nu lekkerder, met wat meer zout?
- Ja, zo vind ik het heerlijk.

Zo'n ...
- Hoe ziet de broek eruit?
- Gewoon, zwart, met zo'n plooi.

- Hoeveel moet ik hem innemen?
- Ongeveer zo'n stukje, denk ik.

(Zo)iets
- Vijf centimeter?
- Zoiets, ja.

Een ding
- Hè, waar ligt dat ding nu?
- Wat zoekt u?
- Mijn centimeter.

Nach der Größe fragen

Hoe groot is ...?
- Hoe groot is die broek?
- Nou, hij past je wel, denk ik.

Hoe lang is ...?
- En hoe lang is Astrid?
- Astrid is 1,72 meter.

Längenmaße

Een kilometer = duizend meter
Een meter = tien decimeter
Een decimeter = tien centimeter
Een centimeter = tien millimeter

Iets und *iemand*

1 *Bei Sachen:* ***iets***

- Wil je iets drinken?
- Ja, graag.

- Anders nog iets?
- Nee, dank u.

2 *Bei Personen:* ***iemand***

- Heeft iemand misschien mijn centimeter?
- Ja, ik.

- Kunt u uw broek morgenmiddag halen?
- Nee, dan moet ik iemand anders vragen.

C 5 In een hakkenbar

Tilly Andringa Kunt u deze schoenen repareren?
schoenmaker Ja, wat mankeert eraan?
Tilly Andringa Nou, kijk, de hakken zijn kapot.
schoenmaker De hakken? U zult de zolen bedoelen, denk ik.
Tilly Andringa Ja, zei ik hakken? Nee, ik bedoel de zolen.
schoenmaker Wilt u ook nieuwe hakken?
Tilly Andringa Nee, dat hoeft niet.
schoenmaker Zeker weten?
Tilly Andringa Nee, dank u, dat is echt niet nodig.
schoenmaker Wilt u eh … rubber of leer?
Tilly Andringa O, geen idee … Wat is goedkoper?
schoenmaker Nou, rubber is iets goedkoper. Zal ik rubber doen?
Tilly Andringa Goed. Hoe lang duurt het?
schoenmaker Een uurtje, ongeveer.
Tilly Andringa Nou, tot straks dan.
schoenmaker Dag mevrouw.

№ 66578
25 FEB. 1995

KLAAR		Di.	Wo.	Do.	Vr.	Za.
	Langer/Breder	f				
x	Zolen/~~Leer~~/Rubber	f			37,20	
	Zolen/Bescherm-	f				
x	Hakken	f			16,80	
	Balst./Teenst.	f				
	Voering/Stikwerk	f				
	Inplakzolen	f				
		f				
		f				
		f				
	TOTAAL F incl. B.T.W.				54,00	

de hakkenbar	kapot	het is (niet) nodig	hoe lang
repareren	de zool	het rubber	duren
de schoenmaker	nieuw	het leer	tot straks
wat mankeert eraan?	dat hoeft niet	de/het idee	
de hak	zeker weten	– geen idee	

Gesagtes korrigieren

Nee, ik bedoel …
– Uw zolen zijn kapot, niet uw hakken.
– Zei ik hakken? Nee, ik bedoel de zolen.

– Ga je mee naar Lucy en Stephan?
– Nou… liever niet. Ik bedoel, ik heb eigenlijk geen zin.

… (of) liever gezegd …
– Wat wil je drinken?
– Iets fris graag. Liever gezegd gewoon water.

– Wanneer is de broek klaar?
– Morgen. Of liever gezegd morgenmiddag.

Unsicherheit ausdrücken

Ik weet het niet.
– Hoeveel moet ik de broek innemen?
– Nou, ik weet het niet precies.

Dat weet ik niet.
– Kun je morgen niet iets eerder komen?
– Dat weet ik niet.

Geen idee. *(informeel)*
– Wilt u rubber of leer?
– O, geen idee. Wat is goedkoper?

Die Verneinung (4) mit *niet*

Achten Sie auf die Stellung von *niet*

1 *nach einem Objekt*

– Hebt u mijn broek?
– Nee, ik zie hem niet.

– Heb jij de kaartjes?
– Nee, ik heb de kaartjes niet.

2 *vor einem Adverb*

– Hoeveel moet ik de broek innemen?
– Nou, ik weet het niet precies.

– Kan ik de broek niet eerder halen?
– Nee.

D 6

Lingerie en lachen

Niet in een winkel, maar gewoon thuis met je vriendinnen of collega's ondergoed passen. Dat doen steeds meer vrouwen. Ze nodigen dan iemand uit die lingerie aan huis verkoopt. Marjolein Meijers is zo iemand. Alles heeft ze: broekjes, beha's, body's. Als ze alles heeft laten zien, kunnen de vrouwen gaan passen. Dat betekent: gordijnen dicht, mannen de deur uit. En veel lachen.
'De meeste vrouwen gaan gewoon in de huiskamer uit de kleren. Sommigen gaan toch liever even naar boven. Die komen dan weer in een mooie body binnen, want ze willen laten zien hoe mooi ze zijn.' Marjolein ziet meteen wat iemand wel of niet staat. Dat zegt ze ook, heel vriendelijk. Soms pakt ze een heel andere kleur, bruin voor een blondine bijvoorbeeld. Natuurlijk hoopt Marjolein ook dat ze zo'n avond veel verkoopt. Het is haar werk.

Naar: Lingerie en lachen, *HET op Zondag,* 18 september 1994.

de lingerie	de body	dat	bruin
lachen	het gordijn	meteen	de blondine
aan huis	de man	het staat goed/mooi/...	bijvoorbeeld
de collega	uit de kleren gaan	vriendelijk	hopen
het ondergoed	sommige	soms	
de vrouw	binnen	pakken	
de beha	want	de kleur	

D 7

Het Leger des Heils

Heb je oude kleren over die je toch nooit meer draagt? Breng ze naar het Leger des Heils! Het Leger des Heils wil alles graag hebben. Een trui die te klein is of een oude mantel van je oma. Ook een blouse die geen knopen meer heeft, kun je geven. Leg je kleren eens op tafel en kijk welke dingen weg kunnen. Het Leger des Heils maakt er weer iets moois van en verkoopt het voor weinig geld. Als je zelf weinig geld hebt, kun je eens in de kledingwinkel gaan kijken. Je hebt soms al voor *f* 15,– een mooi colbert of een regenjas. Zoek daarom nu vlug het adres van het Leger des Heils in jouw woonplaats en ga op weg!

oud	de mantel	leggen	vlug
over	de oma	zelf	op weg gaan
nooit	de knoop	daarom	

E 8 Uit de Gouden Gids

236 Kleding (vervolg)

E BEL GRATIS 06-0013 ZIE VOOR IN DE GIDS

Kledingreparaties

Berge Henegouwen Rob van
Erasmusln 83,
2343 JW OEGSTGEEST 071- 17 29 48
Bundy, Achter Nieuwstr 5,
2411 EN BODEGRAVEN 01726- 1 23 24
Coutura Kleding Service
Sweilandstr 39,
2361 JB WARMOND 01711- 1 08 08

Diamant Schaar, Breestr 13,
2311 CG LEIDEN 071- 14 20 18
Dry Cleaning Special
Vrye Nesse 128,
2411 GS BODEGRAVEN 01726- 1 23 80
Gouden Knoop De
Herenstr 43e,
2313 AE LEIDEN 071- 14 14 39
fil Breestr 7,
2311 CG LEIDEN 071- 12 83 68

GOUDEN SCHAAR
K Rapenburg 13,
2311 GC LEIDEN 071- 13 28 00

GRIJZE SCHAAR DE
Havenstr 82,
2211 EJ NOORDWYKERHOUT ... 02523- 7 07 27

Ilonka Naaiatelier
alle verstelwerken gordijnen
Brederodestr 20,
2406 XS
ALPHEN AAN DEN RYN 01720- 2 68 64

LEERLOOIER DE
Uitsluitend leder-reparatie en verandering
VOOR ALS HET ECHT MOOI MOET
Beresteinln 165,
2542 JD S GRAVENHAGE 070-329 60 65

Oskam I, Brugstr 7a,
2411 BM BODEGRAVEN 01726- 1 11 53

PALTHE STOMERIJ
Breestr 128,
2311 CX LEIDEN 071- 12 58 85

SABIRE
KLEDING-, BONT- EN LEERREPARATIES
Ook kleding op maat maken
Breestr 23,
2311 CH LEIDEN 071- 13 49 40

VERSTELHUISJE HET
REPARATIE - VERSTELWERK VOOR PARTICULIEREN
BEDRIJVEN & BOETIEKS. OOK LEER & SUÈDE
OOK MAKEN WIJ NIEUWE KLEDING
NAAR EIGEN KEUS !!!
Havenstr 16,
3441 BJ WOERDEN 03480- 2 07 36

Verstella, Ryn en Schiekd 121,
2311 AT LEIDEN 071- 14 35 13

Kleermakerijen

BERGE HENEGOUWEN ROB VAN
Maatkleding voor dames & heren in:
Stof, leder en bont. Tevens herstelwerk
Erasmusln 83,
2343 JW OEGSTGEEST 071- 17 29 48

BOOT & THEUNISSEN KLEERMAKERIJ
DAMES- EN HERENMAATKLEDING
VOOR PERSOONLIJKE WENSEN
Heerewg 137,
2161 BA LISSE 02521- 1 35 32

COUTURA KLEDING SERVICE
Sweilandstr 39,
2361 JB WARMOND 01711- 1 08 08

GOUDEN KNOOP DE
DAMES- EN HERENMAATKLEDING
Tevens kledinreparaties
Herenstr 43e,
2313 AE LEIDEN 071- 14 14 39
fil: Breestr 7,
2311 CG LEIDEN 071- 12 83 68

Kivits, Industriekd 26,
2172 HV SASSENHEIM 02522- 1 70 99
2172 HV SASSENHEIM 02522- 1 70 99
Kivits J A, Lockhorstln 5,
2361 JH WARMOND 01711- 1 02 48

LE FIL D'OR
Uw exclusieve kleding op maat gemaakt
o.a. Gespec. in avondkleding & veranderingen
Leidsewg 48,
2251 LC VOORSCHOTEN 071- 61 27 37

OLLIE'S
HAUTE-COUTURE OP MAAT
Watertje 40,
2381 EJ ZOETERWOUDE 01715- 23 15

POELMAN BERNARD
MEER DAN 50 JAAR
Dames- en herenmaatkleding
Kleine produkties bedrijfskleding
GESPECIALISEERD IN TOGA'S
L Poten 19,
2511 CM S GRAVENHAGE 070-346 17 42

Seppen T M H
Bloemhofstr 34,
2406 BS ALPHEN A/D RIJN 01720- 9 49 78

Uit: *Gouden Gids.* Leiden e.o. 1994.

E 9 Een oude sok ...

Wat doe je in een oude sok? In Nederland doen de meeste mensen er geld in. Maar in Brisbane, Nieuw-Zeeland, doet iemand er kleine hondjes in en hangt ze aan de waslijn. De negen hondjes die je op de foto ziet, zijn vijf weken oud. Het zijn Jack-Russell-terriërs.

Naar: *NRC-Handelsblad,* 7 oktober 1994.

7 Bent u hier bekend?

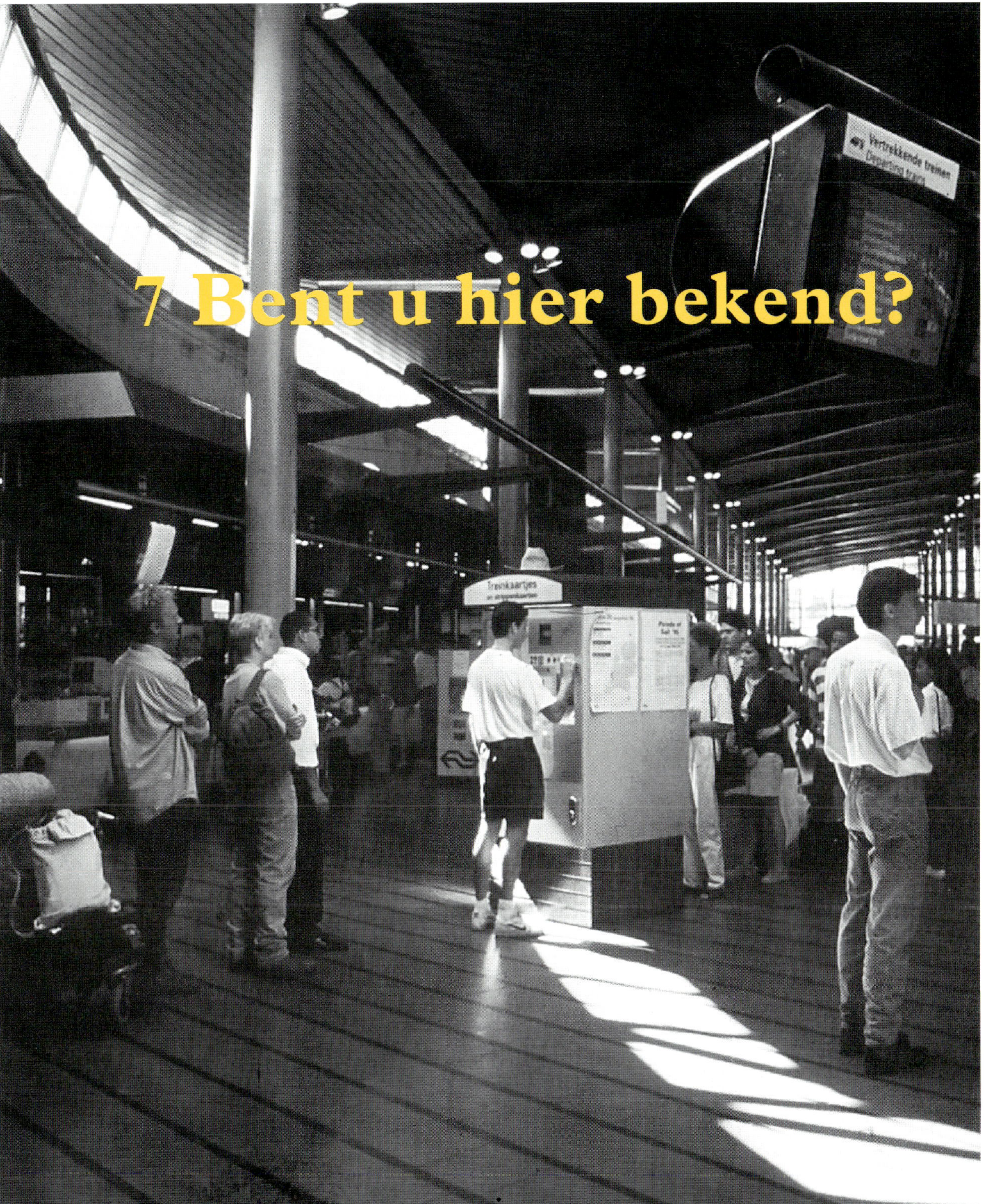

A 1 Op straat

Janneke Lamar Pardon mevrouw, mag ik u iets vragen?
Cora Addicks Ja hoor.
Janneke Lamar Weet u waar de Karnemelkstraat is?
Cora Addicks Nee mevrouw, het spijt me. Ik woon hier niet.
Janneke Lamar O, jammer.

Janneke Lamar Pardon meneer, bent u hier bekend?
Bertus Venema Ja.
Janneke Lamar Ik zoek de Karnemelkstraat.
Bertus Venema De Karnemelkstraat, eens even kijken.
Janneke Lamar Het moet hier ergens in de buurt zijn.
Bertus Venema Ja, u loopt hier rechtdoor tot de hoek van deze straat. Ziet u de stoplichten daar?
Janneke Lamar Ja.
Bertus Venema Bij de stoplichten steekt u over. U gaat linksaf. En dan is het de eerste straat aan uw rechterhand.
Janneke Lamar Dus tot aan de stoplichten rechtdoor. Oversteken, linksaf en dan de eerste straat rechts?
Bertus Venema Precies.
Janneke Lamar Dank u wel, meneer.
Bertus Venema Graag gedaan.

het spijt me	het stoplicht
bekend	oversteken
eens even kijken	graag gedaan
de hoek	

Jemanden ansprechen

Pardon mevrouw/meneer, ...

- Pardon mevrouw, mag ik u iets vragen?
- Ja hoor.

- Pardon meneer, bent u hier bekend?
- Ja.

(Dag) mevrouw/meneer, ...

- Mevrouw, wat kost een broodje ham?
- *f* 2,25.

- Dag meneer, kunt u mij helpen?
- Natuurlijk.

Nach dem Weg fragen

Weet u waar … is?
– Weet u waar de Karnemelkstraat is?
– Nee mevrouw, het spijt me. Ik woon hier niet.

Bent u hier bekend?
– Pardon meneer, bent u hier bekend? Ik zoek de Karnemelkstraat.
– De Karnemelkstraat, eens even kijken.

Waar is …?
– Dag mevrouw, waar is de bioscoop?
– Hier meteen rechtsaf en dan zie je de bioscoop aan je rechterhand.

Den Weg beschreiben

U gaat … rechtdoor
linksaf
rechtsaf

– Pardon, weet u hier in de buurt een hakkenbar?
– Ja hoor. U gaat hier links, en dan meteen weer de eerste rechts. U loopt rechtdoor en dan ziet u aan de linkerkant een hakkenbar.

U gaat/loopt tot …

(Het/Dat is) aan uw linker-/rechterhand
aan de linker-/rechterkant

– Dag meneer, waar is de Karnemelkstraat?
– U gaat hier rechtdoor tot aan de stoplichten. Bij de stoplichten steekt u over. U gaat linksaf. En dan is het de eerste straat aan uw rechterhand.

Orientierung

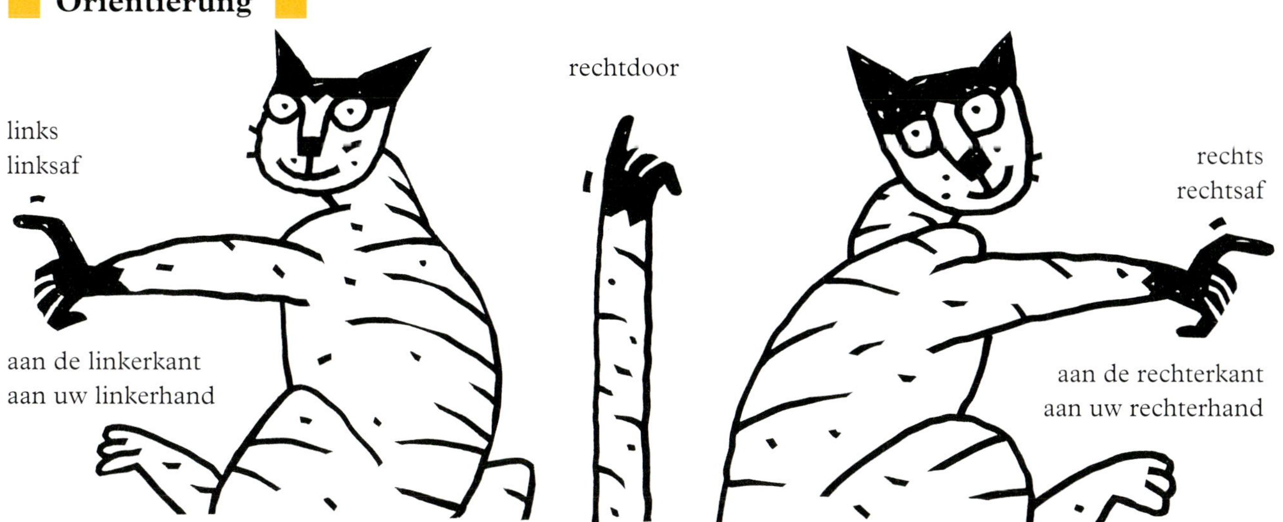

B 2 Op het station

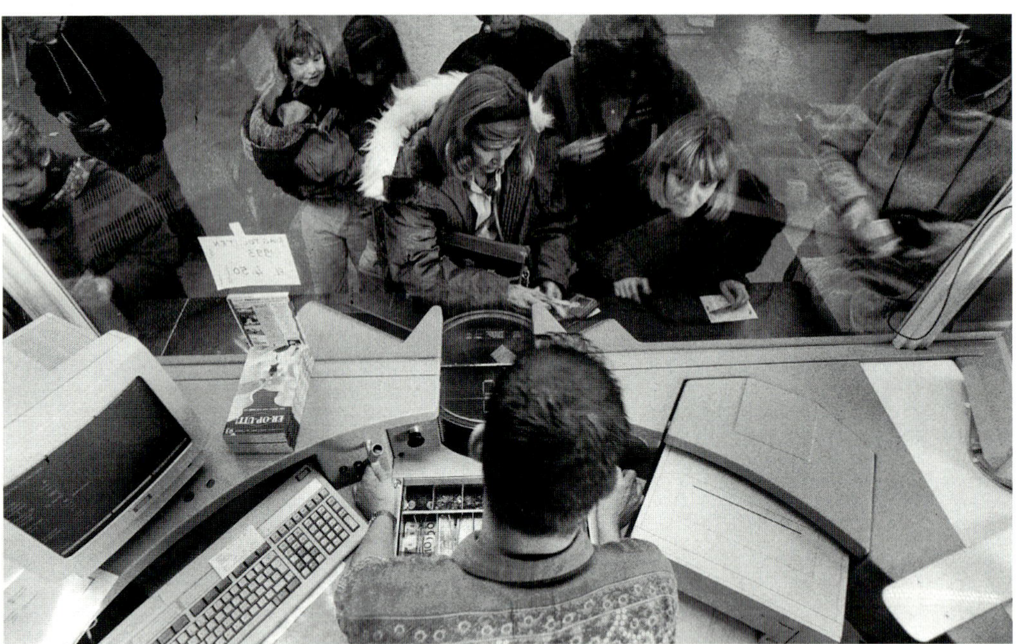

David Snoek Retour Haarlem, alstublieft.
lokettist Waarnaartoe, Arnhem?
David Snoek Nee, Haarlem.
lokettist *f* 20,25, alstublieft.
David Snoek Hoe laat gaat de trein naar Haarlem?
lokettist Elk half uur, om kwart voor en kwart over.
David Snoek Elk half uur, zegt u?
lokettist Ja, om kwart voor en kwart over.
David Snoek Dus de volgende trein is om kwart voor tien?
lokettist Ja, maar die haalt u niet meer. U moet wachten tot kwart over tien.
David Snoek En van welk spoor vertrekt de trein?
lokettist Spoor zeven A.
David Snoek Van welk spoor?
lokettist Spoor zeven A.
David Snoek Dank u wel.
lokettist Tot uw dienst, meneer.

het station	de trein	kwart over
het retour	elk half uur	het spoor
de lokettist	kwart voor	vertrekken

Sich versichern, dass eine erhaltene Information richtig ist

Dus ...
- Dus u wilt kaartjes voor de film van half tien?
- Ja, graag.

..., klopt dat?
- Morgenavond komt Lucy bij ons, klopt dat?
- Ja, om negen uur.

Wiederholung mit fragender Intonation:

- We hebben broodjes ham, kaas, lever, salami, ei en kroket.
- Ook lever, zegt u?

- De trein naar Haarlem vertrekt elk half uur.
- Elk half uur, zegt u?

Betonung auf dem Fragewort:

- Retour Haarlem, alstublieft.
- **Waar**naartoe?

- De trein vertrekt van spoor zeven A.
- Van **welk** spoor?

Reaktion, wenn sich jemand bedankt

Graag gedaan.
- Dank u wel, meneer.
- Graag gedaan.

- Dank u wel voor de mooie muziek.
- Nou, graag gedaan.

Tot uw dienst. *(formell)*
- Dank u wel.
- Tot uw dienst, meneer.

- Bedankt voor de adressen.
- Tot uw dienst, mevrouw.

Waarnaartoe und *waarheen*

Waarnaartoe?
- Waar ga je vanavond naartoe?
- Naar vrienden.
- Waarnaartoe?
- Naar vrienden in Rotterdam.

Waarheen?
- Waar zullen we dit weekend heen gaan?
- Wat denk je van Leiden?
- Waarheen, zeg je?
- Leiden.

De klok

4.00 uur: vier uur.
4.05 uur: vijf over vier.
4.10 uur: tien over vier.

4.15 uur: kwart over vier.
4.20 uur: tien voor half vijf.
4.25 uur: vijf voor half vijf.

4.30 uur: half vijf.
4.35 uur: vijf over half vijf.
4.40 uur: tien over half vijf.

4.45 uur: kwart voor vijf.
4.50 uur: tien voor vijf.
4.55 uur: vijf voor vijf.

Een dag heeft 24 uur. Een uur heeft vier kwartier. Een half uur heeft dertig minuten. Een minuut heeft zestig seconden.

Nach der Uhrzeit fragen und darauf reagieren

Hoe laat is het?
– Hoe laat is het?
– Het is kwart over vier.

Hoe laat ...?
– Hoe laat kom je vanavond?
– Om half tien.

Reaktion

(Het is) ...
– Hoe laat is het eigenlijk?
– Tien voor negen.

Om ...
– Hoe laat kom je vanmiddag?
– Om drie uur, okee?

C 3 In de tram

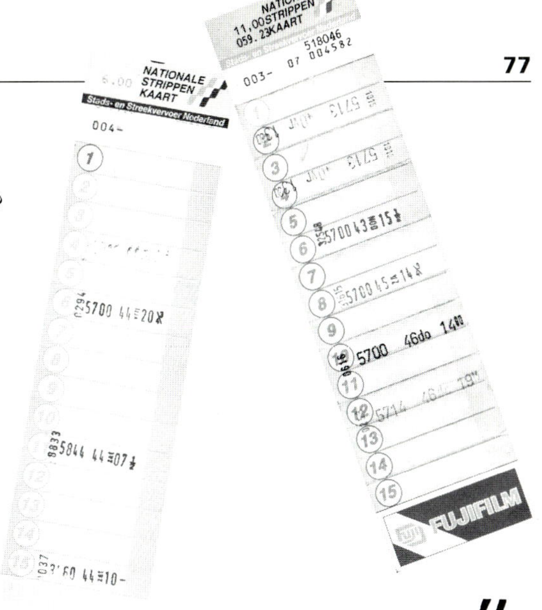

controleur Meneer, mag ik even uw plaatsbewijs zien?
Jacques Pilot Wat zegt u?
controleur Uw plaatsbewijs, uw kaartje.
Jacques Pilot Moment ..., alstublieft.
controleur Dank u wel. Waar bent u ingestapt?
Jacques Pilot In Slotermeer.
controleur En u gaat naar het Centraal Station?
Jacques Pilot Ja.
controleur Dan heeft u een zone te weinig gestempeld.
Jacques Pilot Neemt u me niet kwalijk, maar wat bedoelt u?
controleur Van Slotermeer naar het Centraal Station is twee zones.
Jacques Pilot Dat is toch één zone?
controleur Nee meneer, twee zones. En u heeft maar één zone afgestempeld.
Jacques Pilot O sorry, dan zal ik er nog een zone bij doen.
controleur Nee, nu bent u te laat. U moet *f* 60,– betalen.
Jacques Pilot *f* 60,–? Dat heb ik niet bij me.
controleur Kunt u zich legitimeren?
Jacques Pilot Ik heb een rijbewijs bij me.
controleur Mag ik dat even zien?
Jacques Pilot Alstublieft.
controleur Dank u wel. Met dit formulier moet u binnen een week *f* 60,– betalen.
Jacques Pilot Binnen een week?
controleur Ja, anders kost het u *f* 90,–.
Jacques Pilot Waar moet ik dat betalen?
controleur Kijk, hier staat het adres.
Jacques Pilot Nou, vooruit dan maar.

de tram	de zone	betalen	het formulier
de controleur	(af)stempelen	bij zich hebben	binnen (een week)
het plaatsbewijs	kwalijk nemen	zich legitimeren	vooruit dan maar
moment	erbij doen	het rijbewijs	

Sich entschuldigen

(O), pardon.
– Meneer, mag ik uw kaartje nog even zien?
– O pardon, alstublieft.

(O), sorry.
– U moet twee zones afstempelen.
– Sorry, dan zal ik er nog een zone bij doen.

Neemt u me niet kwalijk.
– Dan hebt u een zone te weinig gestempeld.
– Neemt u me niet kwalijk, maar wat bedoelt u?

Het spijt me.
– Weet u waar de Karnemelkstraat is?
– Nee, mevrouw, het spijt me. Ik woon hier niet.

Das Perfekt

Hebben/zijn + Partizip

lukken Is het gelukt? Ja hoor.
repareren Heeft u mijn schoenen al gerepareerd?
stempelen U hebt een zone te weinig gestempeld, meneer.

'koffietafel (de~; -s) maaltijd in de middag waarbij je koffie (bet.2) drinkt.
'kofschip (het~; -schepen) **1** zeilboot met twee masten, vroeger gebruikt voor de kustvaart **2** ezelsbruggetje om te onthouden welke voltooide deelwoorden op een t eindigen • *als de stam van een werkwoord eindigt op een medeklinker uit 't kofschip (dus op een t, k, f, s, ch, of p), dan eindigt het voltooid deelwoord op een t: ik werk, ik heb gewerkt.*
'kogel (de~ (m.); -s) **1** hard metalen balletje dat met een geweer of een pistool afgeschoten wordt • *de kogel krij-*

a Regelmäßige Verben
Partizipbildung: **ge + Stamm + t/d**, Stamm = 1. Person Präsens Singular.
Endet der Stamm auf **-t, -k, -f, -s, -ch** und **-p**, dann gilt: **ge + Stamm + t**, diese Buchstaben lassen sich durch die Eselsbrücke **'t kofschip** merken.
Endet der Stamm also auf einen der Konsonanten, die im Wort 't kofschip enthalten sind, so ist die Endung des Partizips **-t**. In allen anderen Fällen ist die Endung des Partizips **-d**.

	maken	*passen*	*hopen*	*leren*	*halen*
stam	maa**k**	pa**s**	hoo**p**	lee**r**	haa**l**
deelwoord	**ge**maak**t**	**ge**pas**t**	**ge**hoop**t**	**ge**leer**d**	**ge**haal**d**

b Unregelmäßige Verben
Siehe Seite 185/186; diese Formen müssen Sie lernen.
Noch einige Bemerkungen zum Partizip. Wie im Deutschen gibt es auch im Niederländischen Verben, deren Partizipien ohne die Vorsilbe -ge gebildet werden, z.B. *vergeten*. Auch gibt es im Vergleich zum Deutschen einige Unterschiede bei der Verwendung von *hebben* und *zijn*, Beispiel: *ik* ***ben*** *begonnen.*

Das Perfekt wird benutzt, um über vergangene Handlungen und Ereignisse zu erzählen.

– Wat ben je laat!
– Ja, sorry. We zijn vanmorgen naar Rotterdam geweest.
– O, wat leuk. Wat heb je gedaan?
– We zijn bij Olga en Daan geweest, in hun nieuwe huis. Later zijn we nog even de stad in gegaan. Ik heb een nieuwe spijkerbroek gekocht en we hebben nog snel een kopje koffie bij café Bos gedronken.

Satzstellung des Partizips

	konjugiertes Verb			*Partizip*
	Heb	je	al koffie	gedronken?
	Is	de les	al	begonnen?
U	hebt		een zone te weinig	afgestempeld.
We	zijn		naar Rotterdam	geweest.

Die Reflexivpronomen

zich legitimeren

1	Ik	legitimeer	**me**
2	Je	legitimeert	**je**
	U	legitimeert	**zich/u**
3	Hij	legitimeert	**zich**
	Ze	legitimeert	**zich**
1	We	legitimeren	**ons**
2	Jullie	legitimeren	**je**
	U	legitimeert	**zich/u**
3	Ze	legitimeren	**zich**

zich voorstellen
– Sorry, heb ik me eigenlijk al voorgesteld?
– Nee, hoe heet je?

zich legitimeren
– Kunt u zich legitimeren?
– Ik heb een rijbewijs bij me.

zich interesseren voor
– Interesseer je je voor politiek?
– Nee, niet echt. Jij?

D 4 Interrail

Houd je van reizen? Wil je al heel lang naar het Picassomuseum in Parijs? Op een terrasje zitten in het centrum van Warschau? Of gewoon lekker naar je vrienden in Marokko? Dan is de Interrailkaart van de NS misschien iets voor jou.
Met deze kaart kun je een maand lang door Europa reizen voor *f* 695,–. Maar

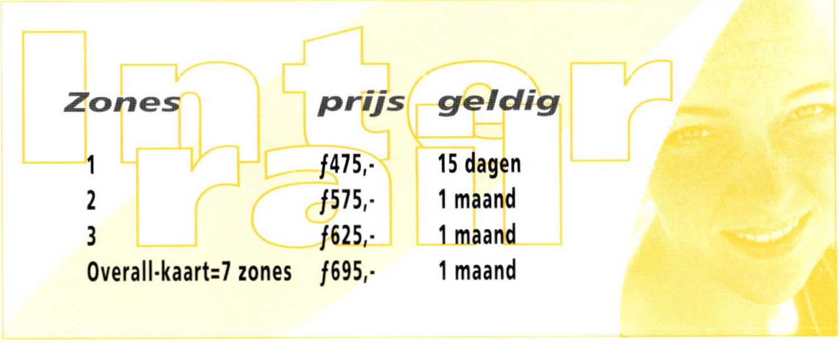

je kunt ook korter gaan en door minder landen reizen. Je kunt overal stoppen. Bij de Interrailkaart is Europa verdeeld in zeven zones. Je kiest zelf welke zones je wilt en hoeveel. Interrail is voor alle jongeren tot en met 25 jaar.

Naar: NS Folder *Interrail* 1994.

reizen	verdelen	alle	tot en met
het centrum	stoppen	de jongere	geldig

D 5 Hoeveel is te veel?

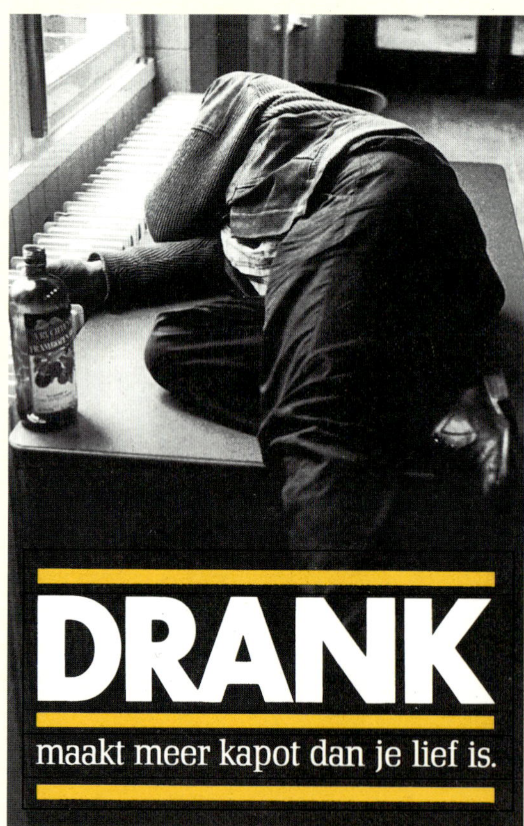

Als je soms een beetje alcohol gebruikt, is er niets aan de hand. Maar te veel is niet goed. De vraag is: waar ligt de grens? Men zegt wel: drink niet meer dan een paar keer per week. Drink nooit meer dan twee à drie glazen per keer. Als je weet dat alcohol een probleem voor je is, kun je beter helemaal niet drinken. Ook als je medicijnen gebruikt, moet je het glaasje laten staan. Je kunt ook beter niet aan alcohol beginnen als je moet rijden, sporten, werken of studeren.

Per jaar zijn er zo'n 34.000 mensen met 'te veel op' die toch rijden. Die spelen met hun leven. Elk jaar kost dat zo'n 2500 mensen het leven. Na een feestje kun je daarom beter de bus of de trein nemen. Of bij iemand slapen en de volgende dag naar huis gaan. Want: 'glaasje op, laat je rijden.'

Naar: *Do you know, do you care?* Ministerie van WVC, oktober 1994.

gebruiken	de grens	rijden	het leven kosten
niets	men	studeren	na
aan de hand zijn	het medicijn	te veel op hebben	de bus
de vraag	beginnen	spelen	slapen

E 6 Dienstregeling

LIJN 125a

van UTRECHT naar HAARLEM via AMSTELVEEN

ZATERDAG V = vertrek A = aankomst

plaats en halte	ritnr.	00020	00030	00040	00050	00060	00070	00080	00090	00100
UTRECHT, Streekbusstation	V		7 54	8 54	9 54	10 54	11 54	12 54	13 54	14 54
Abcoude, Viadukt			8 19	9 19	10 19	11 19	12 19	13 19	14 19	15 19
Ouderkerk, Korte Dwarsweg		7 26	8 26	9 26	10 26	11 26	12 26	13 26	14 26	15 26
Ouderkerk, Brug/Hoger Einde		7 28	8 28	9 28	10 28	11 28	12 28	13 28	14 28	15 28
Amstelveen, Oranjebaan		7 33	8 33	9 33	10 33	11 33	12 33	13 33	14 33	15 33
Amstelveen, Plein 1960		7 36	8 36	9 36	10 36	11 36	12 36	13 36	14 36	15 36
Amsterdam, De Boelelaan		7 44	8 45	9 45	10 45	11 45	12 45	13 45	14 45	15 45
Haarlem, Tempeliersstraat		8 05	9 09	10 09	11 09	12 09	13 09	14 09	15 09	16 09
HAARLEM, Station NS	A	8 11	9 17	10 17	11 17	12 17	13 17	14 17	15 17	16 17

plaats en halte	ritnr.	00110	00130	00150	00170	00180	00190	00200	00210	
UTRECHT, Streekbusstation	V	15 54	16 54	17 54	18 42	19 42	20 42	21 42	22 42	
Abcoude, Viadukt		16 19	17 19	18 19	19 05	20 05	21 05	22 05	23 05	
Ouderkerk, Korte Dwarsweg		16 26	17 26	18 26	19 11	20 11	21 11	22 11	23 11	
Ouderkerk, Brug/Hoger Einde		16 28	17 28	18 28	19 13	20 13	21 13	22 13	23 13	
Amstelveen, Oranjebaan		16 33	17 33	18 33	19 18	20 18	21 18	22 18	23 18	
Amstelveen, Plein 1960		16 36	17 36	18 36	19 21	20 21	21 21	22 21	23 21	
Amsterdam, De Boelelaan		16 45	17 45	18 44	19 29	20 29	21 29	22 29	23 29	
Haarlem, Tempeliersstraat		17 09	18 09	19 05	19 50	20 50	21 50	22 50		
HAARLEM, Station NS	A	17 17	18 17	19 11	19 56	20 56	21 56	22 56		

Stopt in Utrecht alleen op de halte's D.Dekkerstraat, Spinozaweg en Lage Weide.
De halte Abcoude Viadukt wordt alleen aangedaan op verzoek.

ZATERDAG

Dit is de dienstregeling van lijn 125a op zaterdag.
Lijn 125a is een busdienst tussen Utrecht en Haarlem.
De bus vertrekt vanaf het streekbus-station in Utrecht.
Het eindpunt is Haarlem, station NS.
Op zaterdag gaat de bus één keer per uur.
De eerste bus vertrekt 's morgens om 7.26 uur uit Ouderkerk.
De laatste bus vertrekt 's avonds om 22.42 uur uit Utrecht.

E 7 Waar kan ik heen

België (Is er leven op Pluto...)

Waar kan ik heen, ik kan niet naar Duitsland,
ik kan niet naar Duitsland, daar zijn ze zo streng.
Waar kan ik heen, ik kan niet naar Chili,
ik kan niet naar Chili, daar doen ze zo eng.
Ik wil niet wonen in Koeweit,
want Koeweit, dat is me te heet.
En wat Amerika betreft,
dat land bestaat niet echt.

Waar kan ik heen, ik wil niet naar Noord-Ierland,
niet naar Noord-Ierland, daar gaat alles stuk.
Waar kan ik heen, ik kan niet naar China,
ik wil niet naar China, dat is me te druk.
Ik wil niet wonen in Schotland,
want Schotland, dat is me te nat.
En de USSR
dat gaat me net te ver.

Refrein:
Is er leven op Pluto?
Kun je dansen op de maan?
Is er een plaats tussen de sterren
waar ik heen kan gaan? (2x)

Waar kan ik heen, ik kan niet naar Cuba,
ik wil niet naar Cuba, dat is me te zoet.
Waar kan ik heen, ik kan niet naar Polen,
ik wil niet naar Polen, daar gaat het te goed.
Ik wil niet wonen in Lapland,
want Lapland, dat is me te koud.
En ik wil weg uit Nederland,
want hier krijg ik het benauwd.

Refrein

Ik heb getwijfeld over België,
omdat iedereen daar lacht.
Ik heb getwijfeld over België,
want dat taaltje is zo zacht.
Ik stond zelfs in dubio,
maar ik nam geen enkel risico.
Ik heb getwijfeld over België.
België (4x)

Refrein

Het Goede Doel

Van de CD: *Het goede doel: 'België'*. Geproduceerd door Red Bullet Productions, door Robot Facilities/Robin Freeman

8 Met wie spreek ik?

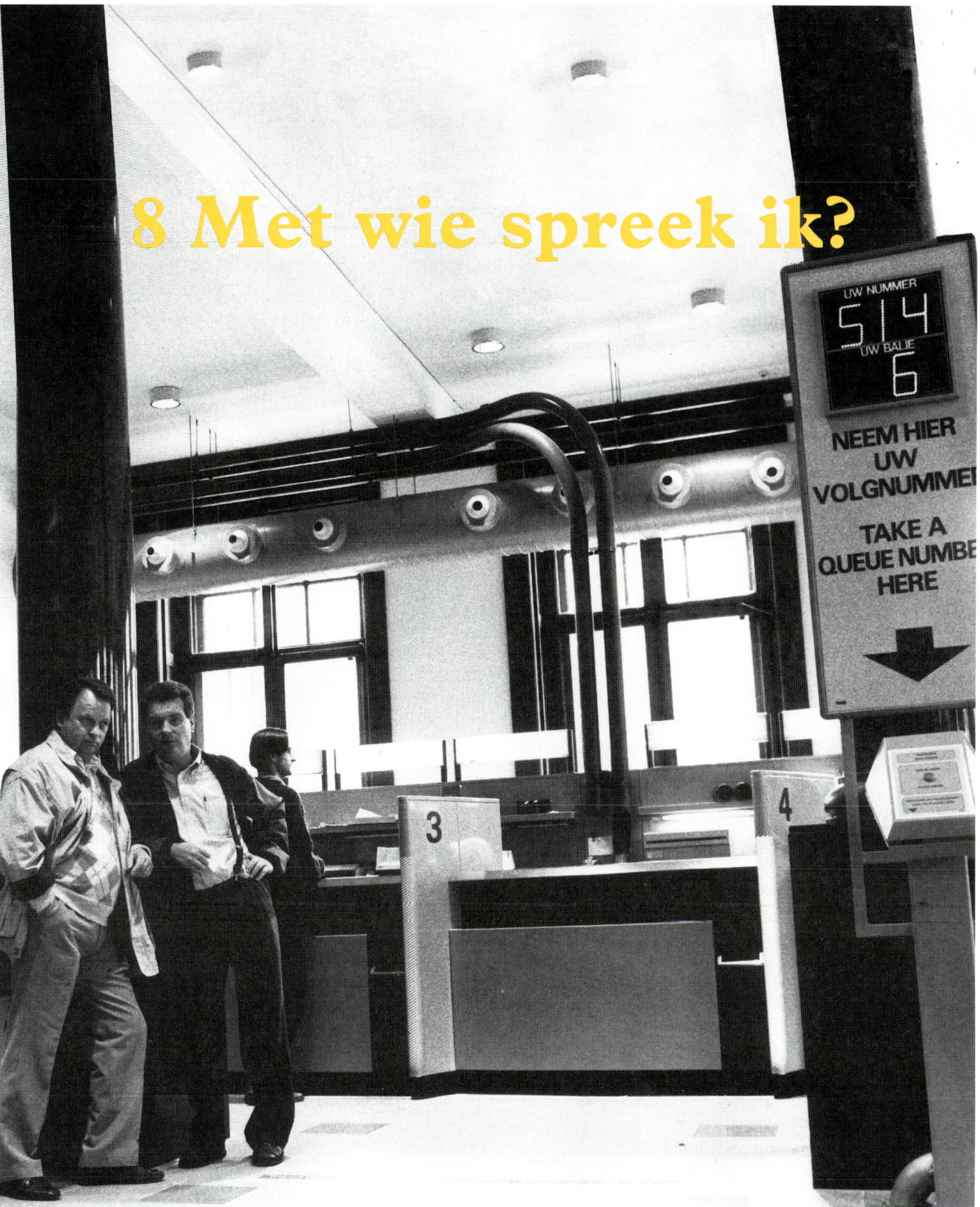

A

1 Bij de PTT

Louis Banza werkt op het postkantoor. Hij werkt aan de balie. Louis vertelt iets over zijn werk.

'Ik werk hier nu drie jaar. Ik vind het wel leuk werk. Het postkantoor is eigenlijk een winkel, hè? Dus je moet de mensen goed helpen, de klant is koning. Maar ik houd er ook wel van wat te praten met de mensen. Sommigen komen altijd naar mij, weet je. Gewoon even kletsen.

De mensen komen hier echt voor alles. Wat ik het meeste doe? Postzegels en telefoonkaarten verkopen. Veel mensen komen ook met vragen: "Ik wil deze brief aangetekend versturen. Hoeveel kost dat?" of "Deze ansichtkaart moet naar Kenia. Hoeveel porto moet erop?". Nou, dat kan ik ze dan vertellen.'

- het postkantoor
- de balie
- vertellen
- de klant
- de koning
- kletsen
- de postzegel
- de telefoonkaart
- de brief
- aangetekend
- versturen
- de ansichtkaart
- de porto
- erop

Lien Achterberg is postbode in Amsterdam. Ze is dit al 26 jaar. 'Veel mensen zeggen: "Je bent altijd buiten, heerlijk!". Maar in Nederland is het soms geen pretje. Toch vind ik het heerlijk werk. Ik vind het ook niet erg om alleen te werken. Ik werk natuurlijk in de stad, dus ik zie genoeg. Op straat komen veel mensen met vragen naar mij. "Pardon mevrouw, weet u hier in de buurt een brievenbus? En een telefooncel?". Buitenlanders hebben altijd vragen over onze brievenbussen. Je weet wel, links staat "streekpost" en rechts "overige bestemmingen". Nou, dan help ik ze even.

Mijn collega's zie ik vaak 's morgens of 's avonds op het postkantoor. Dan drinken we even een kopje koffie samen.'

- de postbode
- het is geen pretje
- de brievenbus
- de telefooncel
- de buitenlander
- de streekpost
- overig
- de bestemming

A 2 Een pakje versturen

mevrouw Vanberghe Ik wil een pakje versturen naar België. Wanneer komt het daar aan?

lokettist Eh …, het is nu dinsdag, dat wordt donderdag mevrouw.

mevrouw Vanberghe Dat is te laat. Kan het niet sneller?

lokettist Jawel, maar dan moet u het per expres versturen. Dan is het er morgenmiddag.

mevrouw Vanberghe Hoeveel kost dat?

lokettist Even kijken, het pakje weegt 300 gram. Dat kost *f* 11,– extra.

mevrouw Vanberghe Goed, doet u dat maar. Ik wilde u nog iets vragen. Ik ga verhuizen. Kunt u mijn post doorsturen naar mijn nieuwe adres?

lokettist Jazeker, dat kan. U moet een 'verhuisbericht' invullen. De Post stuurt dan drie maanden uw post door.

mevrouw Vanberghe Zou u mij zo'n formulier kunnen geven?

lokettist Ze liggen daar. U kunt ze zo pakken.

mevrouw Vanberghe Dank u wel.

jawel	doorsturen
per expres	jazeker
verhuizen	het verhuisbericht
de post	invullen

Jemanden um etwas bitten

Kun je …?

– Kun je mij dat boek even geven?
– Natuurlijk.

– Kunt u mijn post doorsturen?
– Jazeker, dat kan.

Zou u … kunnen/willen …?

– Zou je mij even willen helpen?
– Ja hoor.

– Zou u me een formulier kunnen geven?
– Ze liggen daar. U kunt ze zo pakken.

Die Adverbialpronomen *er* und *daar,* lokaler Gebrauch

Ik woon in Utrecht.
Daar woon ik ook. Ik woon er al tien jaar.

Dit pakje moet naar België. Wanneer is het daar?
Het is er donderdag.

Is Kees thuis?
Nee, die is er niet.

B 3 Joan Appelhof belt op

Jan Peter de Waard Met Jan Peter de Waard.
Joan Appelhof Há, dag Jan Peter, met Joan Appelhof. Is je moeder thuis?

Jan Peter de Waard Wacht even. Mam, telefoon voor je.
mevrouw De Waard Wilma de Waard.
Joan Appelhof Dag Wilma, met Joan.
mevrouw De Waard Ha, Joan.

opbellen	de telefoon
de moeder	ha

B 4 Anna Mertens belt op

Jan Veenstra Met Veenstra.
Anna Mertens Met wie zegt u?
Jan Veenstra Met Veenstra.
Anna Mertens O, neemt u me niet kwalijk. Dan heb ik een verkeerd nummer gedraaid.
Jan Veenstra Wie moet u hebben?
Anna Mertens Mariska Prins.
Jan Veenstra Ja, dat klopt. Die woont hier ook.
Anna Mertens Kan ik haar even spreken?
Jan Veenstra Ja hoor, ik zal haar even roepen.

verkeerd	spreken
draaien	roepen

Ein Telefongespräch führen (A ruft B an)

B
(Met) …
(Met) mevrouw/meneer …

A
(…), met …
U spreekt met …

Kan ik … even spreken?
Is … thuis?

B Met Sofie Veerman.
A Dag, met Sylvia Arzberg.
B Met wie?
A Met Sylvia Arzberg. Kan ik Jan Peter even spreken?
B Moment. Ik zal hem even roepen.

B Janneke Lamar.
A Je spreekt met David Snoek. Is Simon ook thuis?
B Nee, die is er niet.
A Okee, bedankt. Dag.
B Dag.

C 5 Bij de bank

mevrouw Verhoog Goedemorgen. Ik wil graag *f* 250,– opnemen van mijn rekening.
lokettist Goedemorgen. Hebt u hier een rekening?
mevrouw Verhoog Nee, bij een ander filiaal.
lokettist Heeft u een legitimatie?
mevrouw Verhoog Mijn betaalpasje, is dat goed?
lokettist Nee, paspoort of rijbewijs graag.
mevrouw Verhoog O, dat heb ik niet bij me. Kunt u het zo niet geven?
lokettist Nee, dat gaat niet.
mevrouw Verhoog Wat vervelend. Ik wou ook nog voor *f* 500,– Engelse ponden.
lokettist Dat kan. Dat zijn dan 150 Engelse ponden. Alstublieft.
mevrouw Verhoog Dank u wel.

de bank	het filiaal	het paspoort
opnemen	de legitimatie	vervelend
de rekening	de betaalpas	het Engelse pond

C 6 Paula Burdova belt de Postbank op

telefonist Postbank, goedemorgen.

Paula Burdova Goedemorgen, u spreekt met mevrouw Burdova. Ik wilde iets vragen over vreemde valuta.

telefonist Dat kan. Ik verbind u door met de afdeling vreemde valuta.

telefonist Het toestel is in gesprek. Wilt u wachten of belt u terug?

Paula Burdova Eh... Ik wacht wel even.

Bo van der Linden Van der Linden.

Paula Burdova Ja, met mevrouw Burdova. Mag ik u wat vragen?

Bo van der Linden Jazeker mevrouw. Wat wilt u weten?

Paula Burdova Kunt u mij vertellen wat de koers van de dinar vandaag is?

Bo van der Linden Ja. U krijgt 100 dinar voor *f* 0,02.

Paula Burdova Dank u wel.

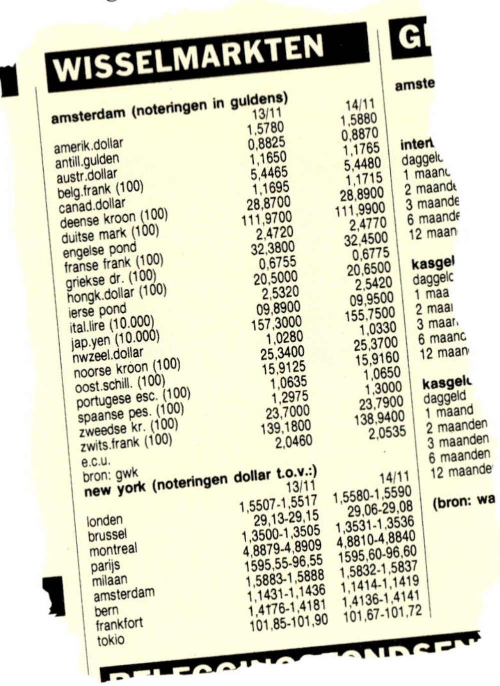

WISSELMARKTEN

amsterdam (noteringen in guldens)

	13/11	14/11
amerik.dollar	1,5780	1,5880
antill.gulden	0,8825	0,8870
austr.dollar	1,1650	1,1765
belg.frank (100)	5,4465	5,4480
canad.dollar	1,1695	1,1715
deense kroon (100)	28,8700	28,8900
duitse mark (100)	111,9700	111,9900
engelse pond	2,4720	2,4770
franse frank (100)	32,3800	32,4500
griekse dr. (100)	0,6755	0,6775
hongk.dollar (100)	20,5000	20,6500
ierse pond	2,5320	2,5420
ital.lire (10.000)	09,8900	09,9500
jap.yen (10.000)	157,3000	155,7500
nwzeel.dollar	1,0280	1,0330
noorse kroon (100)	25,3400	25,3700
oost.schill. (100)	15,9125	15,9160
portugese esc. (100)	1,0635	1,0650
spaanse pes. (100)	1,2975	1,3000
zweedse kr. (100)	23,7000	23,7900
zwits.frank (100)	139,1800	138,9400
e.c.u.	2,0460	2,0535

bron: gwk

new york (noteringen dollar t.o.v.:)

	13/11	14/11
londen	1,5507-1,5517	1,5580-1,5590
brussel	29,13-29,15	29,06-29,08
montreal	1,3500-1,3505	1,3531-1,3536
parijs	4,8879-4,8909	4,8810-4,8840
milaan	1595,55-96,55	1595,60-96,60
amsterdam	1,5883-1,5888	1,5832-1,5837
bern	1,1431-1,1436	1,1414-1,1419
frankfort	1,4176-1,4181	1,4136-1,4141
tokio	101,85-101,90	101,67-101,72

G

amste

inter
daggeld
1 maand
2 maande
3 maande
6 maande
12 maan

kasgel
daggelc
1 maa
2 maa
3 maa
6 maanc
12 maan

kasgelc
daggeld
1 maand
2 maanden
3 maanden
6 maanden
12 maande

(bron: wa

de telefonist	het toestel
vreemd	in gesprek
de valuta	terugbellen
doorverbinden	de koers
de afdeling	de dinar

Informationen erfragen

Mag ik u iets vragen?

– Pardon, mag ik u iets vragen?
– Zegt u het maar.

– Erik, mag ik je iets vragen?
– Ja hoor, wat is er?

Ik wou/wilde (je) iets vragen (over ...)

– Ik wilde iets vragen over vreemde valuta.
– Wat wilt u weten?

– Ik wou je iets vragen, kan dat?
– Momentje graag.

Kunt u me vertellen ...

– Kunt u me vertellen wat de koers van de dinar is?
– Ja, dat kan.

– Kun je me vertellen waar de Karnemelkstraat is?
– Ja hoor. Eerste straat links, dan de tweede rechts.

Trennbare Verben

1	*Präsens*
doorverbinden	Ik verbind u door met de afdeling vreemde valuta.
invullen	Mevrouw Vandenberghe vult een formulier in.
terugbellen	Wilt u wachten of belt u terug?
meegaan	Ga je vanavond mee naar de film?

2	*Perfekt*
aankomen	Het pakje is donderdag aangekomen.
invullen	Mevrouw Vandenberghe heeft een formulier ingevuld.
opbellen	Ik heb hem vanmiddag opgebeld.
instappen	Waar bent u ingestapt?

D 7

06-8008 bellen

PTT Telecom. Inlichtingen telefoonnummers binnenland.
Er zijn meer dan twaalf wachtenden voor u.
Er zijn nog twaalf wachtenden voor u.
Er zijn nog negen wachtenden voor u.
Er zijn nog …

telefoniste Inlichtingen, goedemiddag.
Hendrik de Ridder Dag. Ik wou graag een telefoonnummer in Utrecht. Van Bommelstein.
telefoniste Wat is het adres?
Hendrik de Ridder Domstraat 87.
telefoniste L.C. Bommelstein?
Hendrik de Ridder Ja, dat klopt.
telefoniste Het nummer is 030-2869045.
Hendrik de Ridder Dank u wel.
telefoniste Tot uw dienst.
Hendrik de Ridder Dag.

bellen	het binnenland
de inlichting	de wachtende

Höflicher Fragen stellen

Ik wou graag …
- Ik wou graag een koffie en een spa.
- Komt eraan, meneer.

- Ik wou graag een telefoonnummer in Utrecht. Van Bommelstein.

D 8 Waar moet je zijn?

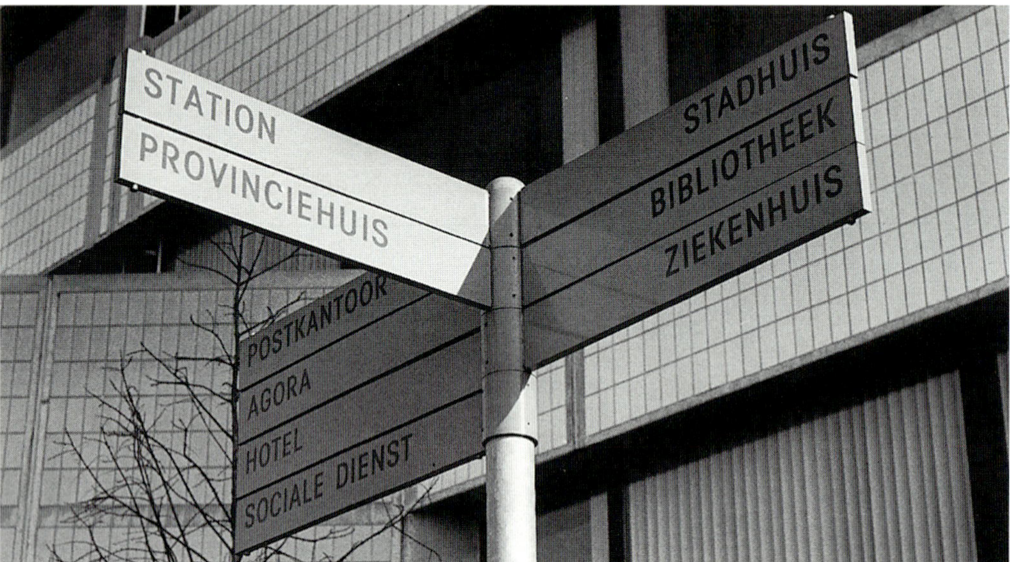

Waar koop je een abonnement voor de bus of de tram? Waar geef je de geboorte van je kind aan? Waar koop je een telefoonkaart? Waar kun je informatie vinden over verenigingen in jouw woonplaats? Voor die dingen ga je in Nederland naar een openbare instelling zoals het postkantoor, het stadhuis of de bibliotheek. 'Openbaar' betekent: iedereen kan er naar binnen om iets te vragen of te zoeken.
Ken je al een beetje de weg in Nederland? Probeer eens de volgende vragen te maken.

Waar ga je naartoe als ....

- je gaat verhuizen. Waar moet je dat vertellen?
- je postzegels nodig hebt?
- je wilt telefoneren naar het buitenland?
- je lekker een krant wilt lezen?

– je graag een girorekening wilt?
– je telefoon wilt hebben?
– je een rijbewijs wilt aanvragen?
– je een telefoongids nodig hebt?
– je de geboorte van je kind wilt aangeven?
– je een abonnement voor de bus nodig hebt?
– je wilt gaan trouwen? Waar moct jc dat aangeven?
– je een strippenkaart wilt kopen?
– je informatie over cursussen in je woonplaats wilt?

het abonnement	zoals	de krant
aangeven	het stadhuis	de girorekening
de geboorte	de bibliotheek	aanvragen
de informatie	kennen	de telefoongids
openbaar	telefoneren	trouwen
de instelling	het buitenland	de strippenkaart

E 9

Geen zin

Ik wou, ik wou, ik wou,
ik weet niet wat ik wou,
ik weet niet wat ik zou,
ik weet niet wat ik moet,
niet dat 't er iets toe doet,
want ik heb geen zin, geen zin,
nergens, nergens in,
ik hang alleen maar
overal rond –
en zeuren ze van:
Wat wil je dan?
dan zeg ik: Je vervelen
en niks niks niks niks willen
is ook wel eens gezond.

Hans Andreus

Uit: *De fontein in de buitenwijk*. Haarlem, Uitgevers Mij. Holland, 1976.

9 Wat staat er in de krant?

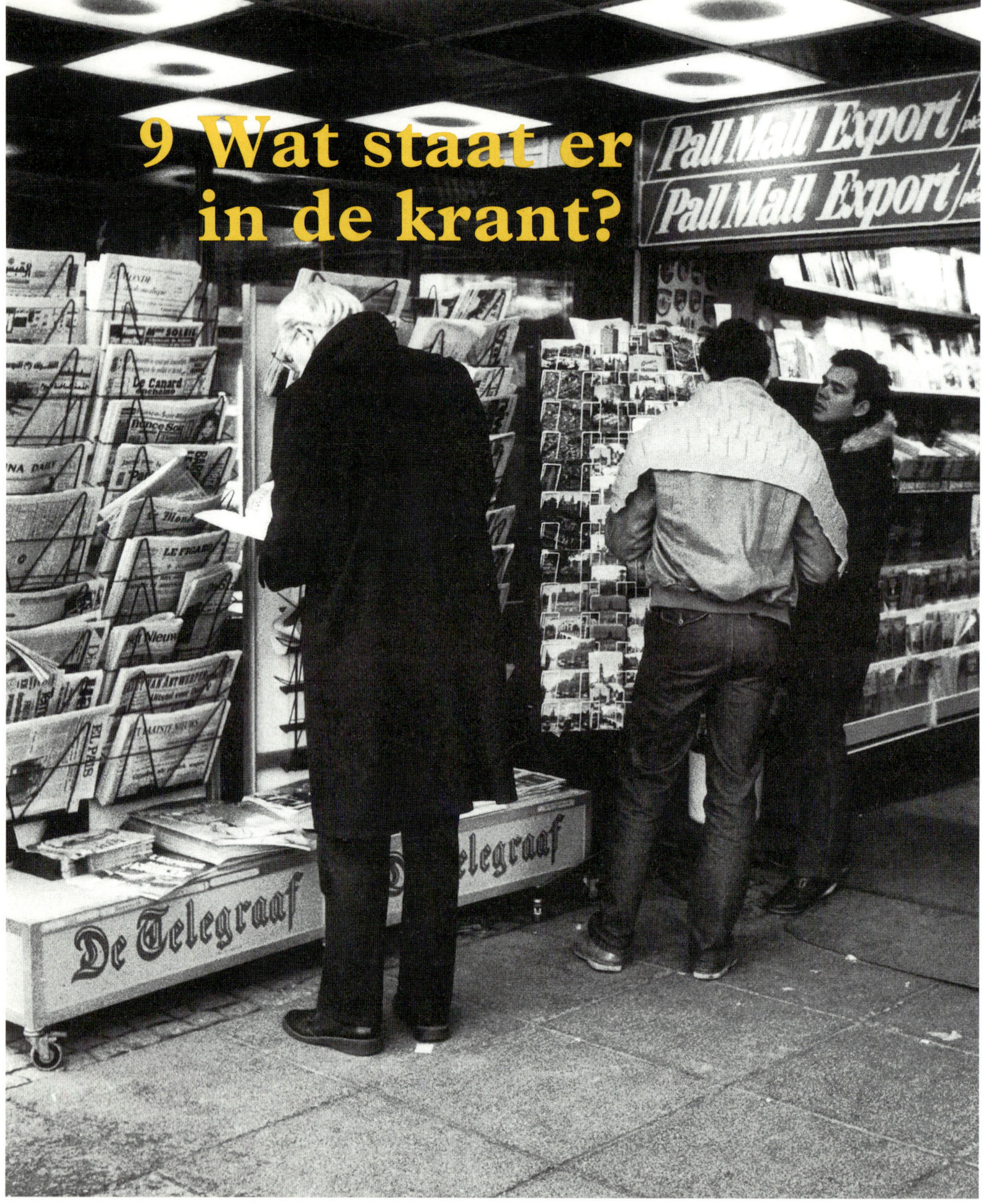

A 1

Aan het ontbijt

Annet Zeg, schiet toch op. Het is bijna acht uur.

Hannie Ja, je hebt gelijk, maar ik kom toch te laat. Er rijden geen bussen vandaag.

Annet Meen je dat nou?

Hannie Ja, ik heb het net in de krant gelezen. Kijk, hier staat het: Buschauffeurs staken.

Annet Inderdaad. O, wat lastig! Dan kan ik vanmiddag ook niet de stad in.

Hannie Ach, misschien valt het mee. De staking duurt vast niet lang.

Annet Denk je dat echt? Zet eens gauw de radio aan. Misschien is er nog nieuws over de acties.

radio Acht uur, radionieuwsdienst verzorgd door het ANP.

zeg
bijna
gelijk hebben
menen
net

de buschauffeur
staken
inderdaad
lastig
ach

de staking
vast
aanzetten
de radio
het nieuws

de actie
de radionieuwsdienst
verzorgen
door

Ungeduld ausdrücken

gauw/snel/vlug

– We moeten nu snel gaan, anders missen we het concert.
– Ja, ik kom eraan.

– Zet eens gauw de radio aan.
– Misschien is er nog nieuws over de acties.

opschieten

– Kun je een beetje opschieten? We moeten de bus halen.
– Maar we hebben nog meer dan tien minuten!

– Zeg, schiet toch op. Het is bijna acht uur.
– Ja, je hebt gelijk, maar ik kom toch te laat. Er rijden geen bussen vandaag.

Zweifel ausdrücken

Meent u dat nou?
– Er rijden geen bussen vandaag.
– Meent u dat nou?

Denk je dat echt?
– De staking duurt vast niet lang.
– Denk je dat echt?

Is dat zo?
– Zwart rijden in de tram kan je *f* 60,– kosten.
– Is dat zo?

Der Imperativ

1 **Ohne Subjekt**
Das Verb steht in seiner Stammform:
Zeg, schiet toch op.
Zet eens gauw de radio aan.
Kom binnen.
Zeg het maar.

2 **Mit Subjekt**
Bei **jij** = *Stamm; bei* **u** = *Stamm* **+ t**:
Ga jij maar even brood halen.
Geeft u mij maar een thee.
Zegt u het maar.

Durch *eens* und *maar* wird der Satz höflicher.

B 2 Wat lezen zij?

Monique Mertens:
'Ik lees veel. En ik lees ook graag. Ik heb een abonnement op *de Volkskrant*, dat vind ik een heel duidelijke krant. Ik lees de krant meestal bij het ontbijt. Ik lees dan vooral het grote nieuws, zeg maar, en soms ook het commentaar van de krant. O ja, artikelen over politiek en milieuproblemen, die lees ik ook graag. Als ontspanning lees ik vaak de *Viva* of de *Libelle*. Die koop ik dan los.'

Richard van den Berg:

'Nou, ik lees niet zo heel veel. Ik koop wel eens een krantje bij de kiosk hier tegenover, *De Telegraaf* bijvoorbeeld of *Het Parool*. Ik koop soms de *Voetbal International*, dat is natuurlijk hét blad voor mensen die van voetballen houden. Daar staan ook mooie foto's in. Maar het geld is wel een probleem. Ik ben nu werkloos en al die bladen kosten een boel geld. Het vakblad voor kappers bijvoorbeeld lees ik niet meer. En het *Noord-Hollands Dagblad* heb ik ook niet meer. Dat is gewoon te duur. Maar het is wel jammer.'

Ramón López:

'Bij mij op de brievenbus zit nu een NEE/NEE-sticker! Ik lees die krantjes toch nooit. Van de dagbladen lees ik eigenlijk alleen maar de NRC. Die geeft niet alleen nieuws, maar ook veel achtergrondinformatie, bijvoorbeeld over het onderwijs. Wel belangrijk voor een student, hè? Soms koop ik een tijdschrift zoals *Vrij Nederland* of *Panorama*. En heel soms een Spaanse krant. Nou, en verder lees ik niet zo veel. Na een dag studeren heb ik vaak geen zin meer in lezen.

Angela de Coo:

'Ik koop elke dag *De Standaard* op het station. Die lees ik dan in de trein, op weg naar m'n werk. En op zaterdag loop ik meestal even naar de krantenwinkel. Dan koop ik ook wel eens een andere krant, bijvoorbeeld *De Gentenaar* of *De Gazet van Antwerpen*. Of ik koop een tijdschrift, een *Feeling* of een *Elga* of zo. En soms een lekker roddelblad, heerlijk als ontspanning! Van het nieuws in de krant word ik soms echt depressief.'

duidelijk
vooral
het commentaar
het artikel
het milieuprobleem
de ontspanning

vaak
los kopen
de kiosk
tegenover
het voorbeeld
het blad

de foto
een boel
het vakblad
de sticker
het dagblad
alleen maar

niet alleen ..., maar ook ...
de achtergrondinformatie
het onderwijs
belangrijk
het tijdschrift
de krantenwinkel

het roddelblad
depressief

B 3 Kranten en tijdschriften

Heeft u in een kiosk of krantenwinkel ook wel eens gedacht: wat zijn er toch een boel verschillende bladen? Of: waar staat mijn eigen favoriete blad? Bovendien lijken veel bladen op elkaar. In principe kun je ze in **vijf groepen** verdelen.

In de **eerste plaats** hebben we de *kranten* of *dagbladen.* Deze bladen verschijnen elke dag, behalve op zondag. Ze geven vooral nieuws: over de politieke situatie in China of Engeland, over protestacties van de politie, enzovoort. Verder geven kranten in een commentaar vaak een mening over het nieuws.

In de **tweede plaats** zijn er zogenaamde *opiniebladen.* Die vertellen niet alleen wat er gebeurd is, maar ze geven ook allerlei achtergrond-informatie over het hoe en waarom van bepaalde acties. Het zijn bladen met een duidelijke, politieke mening. Die mening over het nieuws is in deze bladen belangrijker dan in de kranten. Ze verschijnen wekelijks, zoals *Elsevier, Vrij Nederland* of *De Groene Amsterdammer.*

De *familiebladen* vormen een **derde groep.** In die bladen staan leuke artikelen met mooie foto's naast serieuze artikelen over onderwijs, gezondheid en milieu-problemen of zo. Ze bieden dus niet alleen informatie, maar ook ontspanning. Voorbeelden van deze bladen zijn *Libelle, Panorama, Viva* of *Nieuwe Revu.*

Ten vierde kennen we de *roddelbladen* als *Story* of *Privé.* Het zijn bladen die de lezer alleen maar willen amuseren. Vaak brengen ze sensatie-verhalen, zoals: 'Nieuwe vriendin voor Anthony Delon' of: 'Waarom is Sophia Loren zo depressief?'

Tot slot zijn er *vakbladen* en *hobbybladen,* bijvoorbeeld *Personal Computer Magazine, Voetbal International* of *Vrouw en Mode.* In deze bladen staat veel informatie en vaak is die informatie tamelijk professioneel.

verschillend
eigen
favoriet
bovendien
lijken
in principe
de groep

verschijnen
behalve
de situatie
de protestactie
het protest
de politie
de mening

zogenaamd
het opinieblad
gebeuren
allerlei
het hoe en waarom
bepaald

wekelijks
het familieblad
vormen
serieus
de gezondheid
bieden

de lezer
zich amuseren
het sensatieverhaal
het hobbyblad
tamelijk
professioneel

Aufzählungen

In de eerste plaats ..., in de tweede plaats ...
Ten eerste ..., ten tweede ...

– Waarom ga je niet mee naar het concert vanavond?
– Ten eerste heb ik weinig tijd. Ten tweede heb ik geen geld. Ten derde houd ik niet van concerten. En tenslotte heb ik weinig zin om met Lucy en Stephan te gaan. Nou goed?

Verder ...
Tot slot ...
Ten slotte ...
...en zo, of zo.
...enzovoort.

– In de eerste plaats hebben we de kranten of dagbladen ... In de tweede plaats zijn er zogenaamde opiniebladen ... De familiebladen vormen een derde groep. Ten vierde kennen we roddelbladen als *Story* of *Privé.* In die bladen staan artikelen over onderwijs, gezondheid en milieuproblemen en zo. Verder geven kranten in een commentaar ook vaak een mening over het nieuws ... Tot slot zijn er vakbladen en hobbybladen. Ze geven vooral nieuws: over de politieke situatie in Rusland, over protestacties van de politie, enzovoort.

Ein Beispiel geben

Een voorbeeld is ...
Bijvoorbeeld ...
Als/Zoals ...

– Op het postkantoor kun je allerlei dingen kopen, bijvoorbeeld een strippenkaart, een busabonnement, postzegels, kaarten. Je kunt er ook allerlei dingen halen zoals een telefoonboek, een verhuisbericht en geld.

– Opiniebladen verschijnen wekelijks, zoals *Elsevier*, *Vrij Nederland* of *HP/De Tijd*. De familiebladen vormen een derde groep. Voorbeelden van deze bladen zijn *Libelle*, *Panorama*, *Viva* of *Nieuwe Revu*. Ten vierde kennen we de roddelbladen als *Story* of *Privé*. Tot slot zijn er vakbladen en hobbybladen, bijvoorbeeld *Personal Computer Magazine*, *Voetbal International* of *Vrouw en Mode*.

Die Ordnungszahlen

1e = eerste	6e = zesde	20e = twintigste
2e = tweede	7e = zevende	30e = dertigste
3e = derde	8e = achtste	
4e = vierde	9e = negende	100e = honderdste
5e = vijfde	10e = tiende	1000e = duizendste

– Ik heb vanmorgen mijn rijbewijs gehaald.
– Meteen de eerste keer? Wat goed!

– In de eerste plaats hebben we de kranten of dagbladen. In de tweede plaats zijn er zogenaamde opiniebladen. De familiebladen vormen een derde groep. Ten vierde kennen we de roddelbladen.

C 4 In een krantenwinkel

Jean-Paul Daveau Is er geen *Le Monde* meer?
winkelier Nee, die hebben we vandaag niet gekregen.
Jean-Paul Daveau Komt hij nog wel?
winkelier Ja, morgen, denk ik.
Jean-Paul Daveau En eh *Libération*? Die zie ik ook niet.
winkelier Nee, dat klopt, er zijn vandaag helemaal geen Franse kranten binnengekomen.
Jean-Paul Daveau O, wat vervelend.
winkelier Ja meneer, ik ben het met u eens, maar ik kan er ook niets aan doen.
Jean-Paul Daveau Nou, dan neem ik maar een NRC en een *Vrij Nederland*.
winkelier Deze twee? Dat is dan *f* 6,70.
Jean-Paul Daveau Alstublieft.
winkelier Ja, precies gepast, dank u wel.

niet/geen ... meer
de winkelier
Frans
binnenkomen
het eens zijn met
er (n)iets aan kunnen doen
gepast

Jemandem Recht geben

Ja, u hebt gelijk.

– Ik vind het duur hoor, een dagschotel voor *f* 22,–.
– Ja, u hebt gelijk. We gaan naar een ander eetcafé.

– Zeg, je moet opschieten.
– Ja, je hebt gelijk, maar ik kom toch te laat.

Ik ben het met je eens.

– De kabeljauw is erg zout, vind je niet?
– Ja, dat ben ik met je eens.

– Zijn er geen kranten? O, wat vervelend.
– Ja meneer, ik ben het met u eens, maar ik kan er ook niets aan doen.

Sagen, dass etwas stimmt

Inderdaad.

– Jij gaat verhuizen hè?
– Inderdaad, volgende week.

– Kijk, hier staat het: Buschauffeurs staken.
– Inderdaad.

Dat klopt.

– Deze sportschoenen zijn voor de helft van de prijs?
– Dat klopt, meneer.

– *Libération* zie ik ook niet.
– Nee, dat klopt, er zijn vandaag helemaal geen Franse kranten binnengekomen.

Er als Platzhalter für ein Subjekt

Ist das Subjekt des Satzes unbestimmt, ergänzen Sie *er:*

– Zit er al suiker in mijn koffie?
– Nee, er zit nog geen suiker in je koffie.

– Zet je de radio even aan?
– Ja, misschien is er nog nieuws over de acties.

Er steht hier für ein unbestimmtes Subjekt, das später im Satz genannt wird.

▲ Auch in der Inversion bleibt *er* stehen:

– Komen er veel mensen vanmiddag?
– Ik denk het wel.

– Zijn er nog kaartjes voor Blue Velvet?
– Nee meneer, vanavond is het helemaal uitverkocht.

Achten Sie auf den Satzbau

	Verb			
Er	rijden		geen bussen	vandaag.
Vandaag	rijden	er	geen bussen.	

Das Fragewort *wat* in Ausrufen

Wat ...!

– Hoe vind je mijn nieuwe jas?
– O, wat mooi!

– De buschauffeurs staken vandaag.
– O, wat lastig!

– Er zijn vandaag geen Franse kranten binnengekomen.
– O, wat vervelend!

Wat een ...!

– Wat een zoetekauw ben jij, zeg!
– Ja, ik houd inderdaad erg van zoet.

– Nou, hier woon ik dan.
– Joh, wat een leuke kamer!

– Wat zijn er toch een boel verschillende bladen, hè?
– Ja, te veel, vind ik.

D 5 Tussen mensen geen grenzen

'Tussen mensen geen grenzen' is de titel van de migrantenweek, van 13 tot 19 november. De week wordt georganiseerd door de Stichting Kerken en Multiculturele samenleving (KMS). In een folder krijgen clubs en verenigingen ideeën om in hun woonplaats iets te doen met 'de multiculturele samenleving'. Je kunt bijvoorbeeld iemand laten vertellen over zijn land of beelden laten zien. Je kunt boeken lezen met je club of vereniging. Aan het slot van de week kun je een feest houden, je kunt een bericht naar de pers sturen, enzovoort.

Voor informatie kun je terecht bij:
KMS, Luybenstraat 17,
5211 BR 's-Hertogenbosch.
Tel. 073-6143032.

Naar: *Hervormd Nederland 44*, 5 november 1994 en brochure KMS *'Tussen mensen geen grenzen'*, 1994.

tussen	multicultureel	de pers
de titel	de samenleving	sturen
de migrantenweek	de folder	terecht kunnen (bij)
organiseren	het beeld	
de stichting	het slot	

D 6 Krantenkoppen

Ministerie van Economische Zaken: winkels langer open

Minister stopt bespreking met studenten

Oplossing voor conflict in Noord-Ierland

Nieuw cultureel centrum in Groningen

Kans op vrede in Bosnië klein

Betrekkingen tussen Rusland en Tsjetsjenië slechter

Opnieuw oorlog in Burundi?

Kritiek op organisatie house-party

Buschauffeurs eisen kortere werktijden

Zaterdag beslissing Wimbledon vrouwen

de krantenkop	de betrekking	het conflict	de werktijd
de minister	opnieuw	het ministerie	cultureel
de bespreking	de oorlog	economisch	de kritiek
de kans	de beslissing	open	de organisatie
de vrede	de oplossing	eisen	de house-party

E 7 Uit de krant

Schoon

SINGAPORE, 2 JAN. – Singapore is een klein landje. Eigenlijk bestaat het land uit maar één grote stad. Het ligt in de buurt van Indonesië. Men wil graag dat het land schoon blijft. Je mag bijvoorbeeld geen papier op straat gooien. Doe je dat toch, dan kan dat veel geld kosten. In Singapore is dan ook niets op straat te vinden. Men gaat ook steeds meer tegen het roken doen. Het is niet alleen verboden te roken in openbare instellingen, maar ook in je eigen auto. Als je toch rookt, kost je dat *f* 1200,–.

Tweeling

LONDEN, 9 NOV. – Er worden steeds meer tweelingen geboren. Soms lijken tweelingen erg op elkaar, soms ook niet. In Engeland is pas een hele bijzondere tweeling geboren. De blanke moeder, die getrouwd is met een donkere man, kreeg een blank meisje en een zwart jongetje. Broer en zus, maar twee verschillende rassen. De kans op zo'n tweeling (van twee verschillende kleuren) is klein: één op een miljoen.

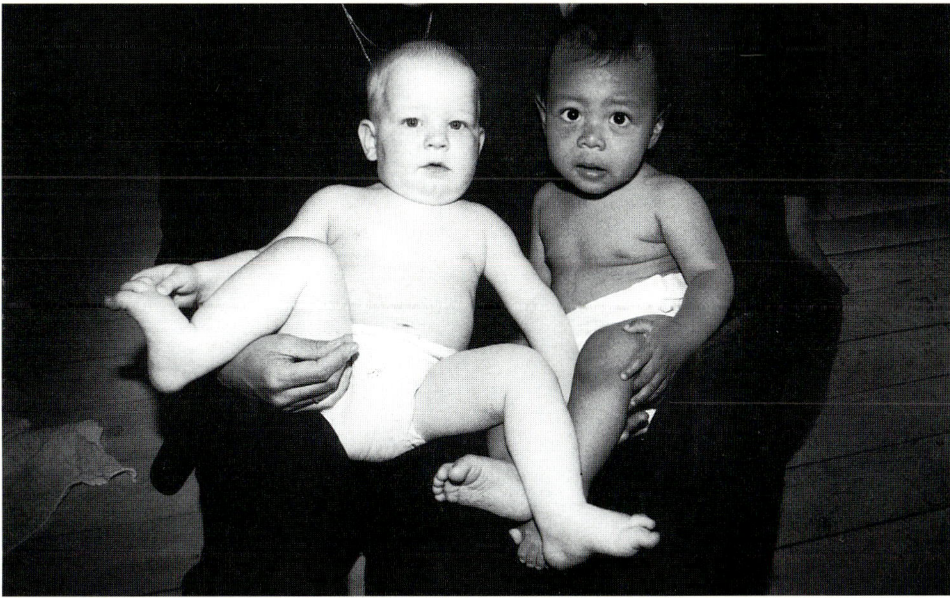

Naar: *De Toonzetter*, september 1994.

E 8 Studenten lezen voor minder geld!

E 9 Advertenties

Vrouwen hadden al

een eigen café…

en nu ook een eigen rubriek

om een bardame te vinden.

10 Wat vind jij?

A 1 Een gesprek over computers

Mieke Rosier Zeg, mag ik je even iets vragen? Jij weet toch veel van computers, hè?

Hetty Kroon Nou, nee hoor, dat is niet zo. Ga je een computer kopen?

Mieke Rosier Ja, ik heb een goedkope aanbieding in de krant gezien.

Hetty Kroon Wat voor computer is het?

Mieke Rosier O, het is een heel eenvoudig apparaat, hij is niet echt snel of zo, voor *f* 800,–.

Hetty Kroon Nieuw?

Mieke Rosier Nee, tweedehands.

Hetty Kroon Moet je niet doen.

Mieke Rosier Nee? Waarom niet?

Hetty Kroon Veel te duur, joh.

Mieke Rosier Ja? Nou, dat denk ik niet, hoor.

Hetty Kroon Ja, kijk, je moet het natuurlijk zelf weten, maar volgens mij kun je zoiets veel goedkoper krijgen.

Mieke Rosier Denk je dat echt?

Hetty Kroon Ja joh. En waarom neem je geen nieuwe? Voor iets meer heb je een veel snellere.

Mieke Rosier Lijkt je dat beter?

Hetty Kroon Ja, mij wel, dat werkt toch veel lekkerder?

Mieke Rosier Dat is waar. Maar ik gebruik hem hoofdzakelijk voor mijn administratie.

Hetty Kroon Ja, maar over een tijdje kom je ongetwijfeld wat beters tegen.

Mieke Rosier	Dus je vindt dat ik het niet moet doen?
Hetty Kroon	Nee, wacht rustig af.
Mieke Rosier	Nou, dan wacht ik nog maar even. Bedankt voor je advies.

de computer	volgens	ongetwijfeld	het advies
eenvoudig	hoofdzakelijk	wat beters	
het apparaat	de administratie	afwachten	
tweedehands	tegenkomen	rustig	

Einen Satz einleiten

Zeg
- Zeg, mag ik je even iets vragen?
- Natuurlijk!

Nou
- Wacht rustig af.
- Nou, dan wacht ik nog maar even.

(Ja), kijk
- Zal ik Mieke ook uitnodigen voor vrijdag?
- Ja, kijk, als jij dat leuk vindt…

Widersprechen

Nee, dat is niet zo.
- Dat café is nieuw, hè?
- Nee hoor, dat is niet zo. Het zit er al een tijdje.

- Jij weet toch veel van computers, hè?
- Nou, nee hoor, dat is niet zo.

Dat denk ik niet.
- Stephan houdt wel van vis, hè?
- Nee, dat denk ik niet.

- De computer is veel te duur.
- Nou, dat denk ik niet, hoor.

B 2 Een interview met een filmproducent

interviewer In de studio zit Rob Houwer, Nederlands beroemdste filmproducent. Meneer Houwer, wat vindt u van de grote belangstelling voor de videocamera?

Rob Houwer Ik vind dat een goede ontwikkeling. Het is een teken dat mensen het filmvak leuk vinden.

interviewer U hebt zelf een aantal bekende films gemaakt, zoals *Turks Fruit*, *Keetje Tippel* en *Soldaat van Oranje*. Denkt u dat de videofilmers concurrenten van u gaan worden?

Rob Houwer Nee, absoluut niet. Voor het maken van een goede film of video heb je talent nodig en lang niet iedereen heeft talent.

interviewer U gelooft niet dat er nu ineens veel nieuwe filmproducenten bijkomen?

Rob Houwer Dat denk ik niet, nee. Maar ik vind het wel leuk dat zoveel mensen het filmvak ontdekken. Dan leren ze meteen dat het maken van een film heel moeilijk is. Tegen jonge filmers zeg ik altijd: maak eerst een video.

Monique van de Ven en Rutger Hauer in Turks Fruit, een film van Paul Verhoeven, 1973.

interviewer Waarom vindt u dat belangrijk?

Rob Houwer Omdat je door het maken van een video veel ervaring krijgt.

interviewer U bent dus niet bang voor de concurrentie van videofilmers, begrijp ik?

Rob Houwer Nee, integendeel. Als er meer videofilmers komen, wordt de belangstelling voor het echte filmvak juist groter.

interviewer Dank u voor dit gesprek.

Rob Houwer Graag gedaan.

Naar: Filmproducent Rob Houwer: 'Welkom, videofilmers!', *Raf magazine* 2, Amsterdam 1988, pp.34-35.

het interview	het aantal	geloven	omdat
de filmproducent	de videofilmer	ineens	de ervaring
de studio	de concurrent	zoveel	bang zijn
beroemd	absoluut	ontdekken	de concurrentie
de videocamera	de video	moeilijk	begrijpen
de ontwikkeling	het talent	tegen	integendeel
het teken	nodig hebben	de filmer	juist
het filmvak	iedereen	eerst	

Nach einer Meinung fragen

Wat vind je van ...?

– Wat vind je van Code Nederlands?
– Nou, ik vind het wel goed.

– Meneer Houwer, wat vindt u van de grote belangstelling voor de videocamera?
– Ik vind dat een goede ontwikkeling.

Vindt u ...?

– Vindt u haring lekker?
– Ja, heerlijk.

– Vind je een spijkerbroek van *f* 200,– duur?
– Nou, zeker!

Denk je (niet) dat ...?

– Denk je niet dat er morgen veel mensen komen?
– Ja, ik denk het wel.

– Denkt u dat de videofilmers concurrenten van u gaan worden?
– Nee, absoluut niet.

Gelooft u (niet) dat ...?

– Gelooft u dat Nederland een multiculturele samenleving is?
– Nou, meer en meer, denk ik.

– U gelooft niet dat er nu ineens veel nieuwe filmproducenten bij komen?
– Dat denk ik niet, nee.

C 3 Meer televisie kijken, minder lezen

interviewer Nederlanders kijken steeds meer televisie en lezen minder. Dat is de conclusie uit een onderzoek van de heren Kalmijn en Knulst. We hebben een gesprek met de heer Kalmijn. Meneer Kalmijn, wat hebt u precies onderzocht?

de heer Kalmijn We hebben gekeken naar het gebruik van kranten, tijdschriften, boeken, televisie en radio bij Nederlanders van twaalf jaar en ouder.

interviewer En wat zijn de resultaten?

de heer Kalmijn Ja, dat heeft u eigenlijk al gezegd. We hebben vastgesteld dat Nederlanders steeds meer TV kijken, terwijl de belangstelling voor het lezen afneemt.

interviewer Geldt dat voor alle Nederlanders?

de heer Kalmijn Eigenlijk wel, ja. Maar vooral bij jongeren hebben we een toename in het TV kijken geconstateerd.

interviewer Hoe komt dat volgens u?

de heer Kalmijn Ik denk dat er drie oorzaken zijn. In de eerste plaats heeft Nederland kabeltelevisie gekregen. In de tweede plaats zijn er meer kanalen bij gekomen. En ten derde hebben veel mensen tegenwoordig een videorecorder. De gelegenheid om televisie te kijken is daardoor groter geworden.

interviewer Denkt u dat mensen op den duur nog meer televisie gaan kijken?

de heer Kalmijn Nee, ik geloof dat de interesse voor televisie over enige tijd wel weer daalt.

interviewer Waarom denkt u dat?

de heer Kalmijn Omdat het met de belangstelling voor radio, grammofoon, bioscoop en stripboeken net zo is gegaan. Die hebben een tijdlang veel aandacht gekregen, maar later is de belangstelling weer afgenomen. En volgens mij gaat het met de televisie net zo.

interviewer Dank u wel voor dit gesprek.

de heer Kalmijn Graag gedaan.

de interviewer
de Nederlander
steeds
de conclusie
het onderzoek
de heer
onderzoeken
het gebruik
het resultaat
vaststellen
terwijl
afnemen
gelden
de toename
constateren
hoe komt het...?
de oorzaak
de kabeltelevisie
het kanaal
tegenwoordig
de videorecorder
de gelegenheid
daardoor
op den duur
enig
dalen
de grammofoon
het stripboek
net zo
een tijdlang
de aandacht
later
afnemen

Einen Standpunkt ausdrücken

Ik denk dat ...

– Is de krant er al?
– Nee, ik denk dat die niet meer komt.

– Hoe komt het dat mensen meer TV kijken en minder lezen?
– Ik denk dat er drie oorzaken zijn.

Ik geloof dat ...

– Is er nog iets op de TV vanavond?
– Ik geloof dat er een mooie film komt.

– Denkt u dat mensen op den duur nog meer televisie gaan kijken?
– Nee, ik geloof dat de interesse voor de televisie over enige tijd wel weer daalt.

Volgens mij ...

– Hoe laat komen Ulla en David?
– Volgens mij om 9 uur.

– Ja, kijk, je moet het natuurlijk zelf weten. Maar volgens mij kun je zo'n computer veel goedkoper krijgen.
– Denk je dat echt?

Ik vind dat ...

– Ik vind dat je iets anders moet aantrekken.
– Ja, maar wat dan?

– Wat vind jij nou een goede krant?
– Ik vind dat *de Volkskrant* wel lekker leest.

Konjunktionen

1 Zwischen zwei Hauptsätzen

Ik	ga		naar de markt		*en*	daarna	ga	ik	even naar Paula.
Ik	heb		een mooie jas	gezien	*maar*	hij	is		zo duur.
Morgen	komt	hij	later		*want*	hij	moet		eerst naar Utrecht.

2 Zwischen Hauptsatz und Nebensatz

Ik	vind			*dat*	je	iets anders	moet aantrekken.
Je	moet	die jas niet	kopen,	*als*	je	hem te duur	vindt.
Ze	kijken	meer TV,		*terwijl*	ze	minder	lezen.

3 Der Nebensatz steht vor dem Hauptsatz

Als	je	die jas te duur	vindt,	moet	je	hem niet kopen.
Omdat	hij	eerst naar Utrecht	moet,	komt	hij	later.
Terwijl	ik	de krant	lees,	gaat	de telefoon.	

Als ik later groot ben, wil ik naar dezelfde school als mijn vader.
BETAAL MEE AAN HET SCHOOLGELD VAN DEZE BLINDENGELEIDEHOND IN SPE. GIRO 275400. KNGF

D 4 Spectaculaire aanbiedingen

spectaculair	het gasstel	de radio/cassetterecorder
de hifi-set	de magnetron	het strijkijzer
de kleuren-tv	de walkman	de compactdisc-speler (cd-speler)
de stofzuiger	de wasautomaat	de koelkast

D 5 Relatie TV kijken en te veel gewicht?

Er is een relatie tussen TV kijken en te veel gewicht. Dat is de conclusie uit een onderzoek van Diets en Gortmaker. Van de mensen die minder dan één uur per dag TV kijken, is tien procent te dik. Van de mensen die meer dan vijf uur voor de TV zitten, is twintig procent te dik. Te veel gewicht kan natuurlijk ook door andere dingen komen, bijvoorbeeld door te veel eten voor de buis. En hoe zit het met mensen die meer dan vijf uur lezen? Dat hebben Diets en Gortmaker niet onderzocht.

Naar: *Gezondheidsnieuws* 10, 1994.

de relatie	de buis
het procent	hoe zit het met...?
dik	

E 6 TV Nederland

NEDERLAND 1

7.00 Tekst tv (NOS)
9.00 Ik Mik Loreland (NOT)
Afl 14: *Woordvissen in Weerwater.* (5-7 jr).
9.20 Tekst tv (NOS)
16.41 Nws voor slechthorenden (NOS)
16.48 Studio op stelten (KRO)
Paulus de Boskabouter Poppenserie.
Wat gebeurt er later Julia Henneman vertelt dierenverhalen van Toon Tellegen. Afl 19: *Bestaat mijn vriend.*
Medisch Centrum Muis Nederlandse poppenserie. Afl: *Mond-op-mond-beademing.*
Doug Animatieserie. Afl 18. *Herh.*
17.41 Robbedoes (KRO)
Afl: *Het fort der vergeetachtigheid.*
18.08 Boggle (KRO)
18.35 Mr. Ed ◧ (KRO)
Amerikaanse comedyserie uit de jaren '60 rond Mr. Ed, het sprekende paard. Met oa Alan Young en Connie Hines. *Zie Etalage.*
19.01 Tussen eten en afwas: Dubbeljong (IKON) Ⓣ
Achtdelige programmaserie waarin jongeren tussen 14 en 20 jaar een gesprek voeren met een van hun ouders. In deze nieuwe reeks afleveringen tevens een gesprek tussen twee jongeren onderling, over eenzelfde onderwerp. Afl 1: *Jongens denken meteen aan seks.* Een zoon wil van zijn vader weten hoe het was toen deze voor het eerst met een meisje naar bed ging. Als de vader informeert naar het liefdesleven van zijn zoon ontstaat een boeiend gesprek van mannen onder elkaar. Dat geldt ook voor het gesprek tussen twee jongens waarin zij over de eerste keer, romantiek, voorspel en klaarkomen open en eerlijk praten.
19.33 Ik heb al een boek (KRO) Ⓣ
Boekenprogramma. Presentatie: Aad van den Heuvel en Martin Ros.
19.53 GPV (PP)

NEDERLAND 2

7.00 NOS-JOURNAAL ⓢ **7.06** (VARA) Lingo. Herh. **7.30** NOS-JOURNAAL ⓢ **7.33** (KRO) Ontbijt tv (8.00-8.07 NOS-JOURNAAL ⓢ) **8.28** NOS-JOURNAAL ⓢ **8.33** (NCRV) Boggle. Herh. **9.00** NOS-JOURNAAL ⓢ **9.05** (PP) D66 **9.08** (EO/VOO/TROS) Kook tv **9.29** (AVRO) Via Ria **10.19** (NCRV) Hollands welvaren **10.44** (RVU) Master photographers. Afl 2: Alfred Eisenstadt **11.14** (AVRO) Wie van de drie **11.39** (NCRV) Taxi **12.31** (TROS) Dat zeg ik niet. Afl 10. Herh. **13.00** NOS-JOURNAAL ⓢ **13.07** (VPRO) Lopende zaken. Herh. **13.32** (VPRO) The wonder years. Herh. **13.57** (VPRO) Villa Achterwerk. Herh.
16.00 NOS-JOURNAAL ⓢ Ⓣ
16.09 Jody en het hertejong (EO)
(The yearling). Tekenfilmserie. *Herh. 1989.*
16.33 De troon van Koning Kunstgebit (EO)
Kleuterprogramma.
17.00 Deepwater Haven (EO)
Afl: *Een andere baan.* Met oa Vince Martin.
17.27 De geheimen van het tropische bos (EO) Ⓣ
(Geheimnisvolle Tierwelt). Duitse serie natuurfilms. Afl: *Op zoek naar het vingerdier.* In het regenwoud van Madagascar.
17.51 Clip (EO)
17.58 2 Vandaag (NOS/EO/TROS/VOO) Ⓣ
18.00 NOS-JOURNAAL ⓢ
18.15 Actualiteiten (EO/TROS/VOO)
18.39 Sportjournaal (NOS)
18.47 De hoofdpunten uit het nieuws en weerbericht (NOS)
18.56 Jan en alleman (EO)
Serie 'humoristische' interviews. Afl 4. Presentatie: Jan van den Bosch.
19.24 Onderweg naar morgen (VOO/TROS) Ⓣ
19.52 Ik weet het beter (EO)
20.20 Antarctica, leven in de vrieskou (EO) Ⓣ
(Life in the freezer). 6-delige Engelse (BBC-) natuurserie uit 1993 over de Zuidpool.

NEDERLAND 3

8.53-9.00 Nws voor slechthorenden (NOS)
12.00-12.07 Nws voor slechthorenden (NOS)
17.15 Villa Achterwerk (VPRO)
Potje sport Kindersportprogramma. Samenstelling: Marc Braun, Johan Timmers, Machteld van Gelder en Boudewijn Koole. *Herh.*
17.45 The Bob Morrison show (VARA)
Australische comedyserie. Afl: *De trouwdag.* Lizzy herinnert Steve aan hun trouwdag. Deze keer is dat overbodig: hij heeft al lang een cadeau voor haar gekocht, al kan hij het nergens meer vinden. Met oa Nikki Coghill, Andy Anderson, Matt Day en Ellissa Elliott.
18.10 Fabeltjeskrant (VARA/VPRO/NPS/RVU)
18.15 Sesamstraat (NPS)
18.30 Jeugdjournaal (NOS) Ⓣ
18.40 Klokhuis (NPS) Ⓣ
Afl: *Chroma.* De weerman in de studio staat niet voor een echte weerkaart. Hij neemt plaats voor een blauw gekleurd scherm waarop een kaart of satellietfoto's worden geprojecteerd. De weerman zelf leest het weer af van een monitor. Zo'n 'trucage' komt tot stand door 'chroma-key': het elektronisch 'verwijderen' van kleuren in tv-beelden.
18.58 Lingo (VARA) Ⓣ
Woordspel olv François Boulangé.
19.25 Kassa! (VARA)
Consumentenmagazine. Met de Kassa!-klachtencommissie en de verborgen camera. Presentatie: Felix Meurders.
19.58 Grace under fire (VARA)
Amerikaanse comedyserie. Afl: *Opwinding en Bill Mazeroski.* Grace vindt dat zij wat meer tijd voor zichzelf nodig heeft; ze besluit weer te gaan schilderen. Kans om zich te concentreren, krijgt ze echter nauwelijks. Met oa Brett Butler, Julie White en Dave Thomas.
20.30 Studio sport (NOS) Ⓣ
21.54 Trekking dagelijkse lotto (NOS)

RTL 4

6.30 Hei elei **7.00** NIEUWS **7.07** Delfy **7.30** NIEUWS **7.37** De Smurfen **8.00** NIEUWS **8.08** The bold & the beautiful. Herh. **8.30** NIEUWS **8.35** Santa Barbara (1). Herh. **9.00** NIEUWS **9.10** Santa Barbara (2). Herh. **9.30** GTST. Herh. **10.00** Koffietijd **11.00** Showtime shop **11.05** As the world turns **11.50** Tjilp **11.55** Delfy. Herh. **12.20** Transformers Second Generation **12.50** Samurai Pizza Cats **13.15** Gezond & wel. Herh. **13.45** Koken met sterren. Herh. **14.15** Rad van fortuin. Herh. **14.45** Golden girls **15.15** Showtime shop **15.20** Santa Barbara. Soap.
16.10 The Oprah Winfrey show Afl: *Oprah in Philadelphia.*
17.00 5 uur show Met Viola Holt.
18.00 ZES UUR NIEUWS
18.15 Ooggetuige Reportages.
18.30 Rad van fortuin Spel.
19.00 The bold & the beautiful
19.30 HALF ACHT NIEUWS
19.50 Weer Met John Bernard.
20.00 Goede tijden slechte tijden
20.30 Waargebeurde verhalen:
A child too many VS 1993. Tv-film van Jorge Montesi. Familiedrama. Met oa Michele Greene en Nancy Stafford. Patty is moeder van drie kinderen, gelukkig getrouwd en... draagmoeder. Voor het echtpaar Bill en Sharon. Uitleggen aan de kinderen dat het nieuwe kindje niet thuis gaat wonen is al niet eenvoudig, maar als blijkt dat Patty zwanger is van een tweeling, en Bill en Sharon maar één kindje willen, zijn er echt problemen.
22.15 Thailand: Het land van de glimlach Vierdelige documentaire serie over Thailand. Afl 2: *Toerisme* (2).
22.45 Nurses Amerikaanse comedy.
23.15 Speelfilmoverzicht
23.20 NIEUWS, Sport en Weer
23.50 The streets of San Francisco *Hh*
0.45 The Oprah Winfrey show *Herh.*

E 7 In de spiegel

In de spiegel
zie je
je eigen buitenkant
speel je
met jezelf teevee
kijk je
of je lijkt
op het kind dat je
van binnen bent.

Jan 't Lam

Uit: *Ik heb wel eens een bui.*
Den Haag, Leopold, cop. 1985.

E 8 Filmnet

BINNENKORT BIJ U IN PREMIÈRE?

FilmNet is de Ereloge voor de filmliefhebber. 24 uur per dag topfilms en nog eens topfilms, het eerste bij u thuis. Elke dag een première, heel veel afwisseling, boeiende achtergronden en onthullende specials. En voor de kinderen is er K-T.V., het leukste kinderprogramma voor èn door kinderen.
FilmNet is een echte Nederlandse zender. Nederlandse presentatie, Nederlandse ondertiteling en uiteraard de beste films van eigen bodem. Kenmerkend is ook, dat programma's nooit worden onderbroken door reclame. Dat kijkt wel zo plezierig. Ten slotte worden abonnees uitvoerig over het programma-aanbod geïnformeerd met een uitgebreide, gratis gids. De komende maanden kunt ook ù Ereloge zitten, als bij FilmNet de onderstaande films in première gaan.

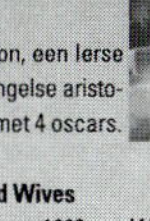

Barry Lyndon
Drama, *1975 van Stanley Kubrick.*
Met o.a. Ryan O'Neal, Marisa Berenson, Patrick Magee.
Ryan O'Neal speelt Barry Lyndon, een Ierse gokker die in de 18e eeuw de Engelse aristocratie binnendringt. Bekroond met 4 oscars.

Husband and Wives
Comedy-drama, *1992 van Woody Allan.*
Met o.a. Woody Allan, Liam Neeson, Juliette Lewis, Mia Farrow.
Woody Allan en Mia Farrow zijn een echtpaar met ernstige huwelijksproblemen in een subtiele mix van humor en drama.

Enchanted April
Komedie, *1991 van Mike Newell*
Met o.a. Josie Lawrence, Miranda Richardson, Joan Plowright.
Wanneer vier dames een Italiaanse villa huren verandert hun leven voorgoed. Deze film kreeg drie Oscarnominaties en twee Golden Globes.

De Eso No Se Habla

Comedy-drama, *1993 van Maria Luisa Bemberg.*
Met o.a. Marcello Mastroianni, Luisina Brando, Alejandra Podesta.
Deze Argentijns-Italiaanse produktie laat zich geen moment voorspellen en is een belevenis op zichzelf. Humor en drama over het wonderlijke leven van het dwergmeisje Charlotte.

The Age of Innocence
Drama, *1993 van Martin Scorsese*
Met o.a. Daniel Day-Lewis, Michelle Pfeiffer, Winona Ryder
Martin Scorsese's drama over liefde en hartstocht rond 1870 in de conventionele New Yorkse high-society.

Gas Food Lodging
Drama, *1992 van Allison Anders.*
Met o.a. Brooke Adams, Ione Skye, Fairuza Balk.
Allison Anders verwerkte haar eigen ervaringen in dit bitterzoete familiedrama over drie vrouwen (een gescheiden moeder en haar twee opgroeiende dochters) en hun speurtocht naar liefde en geluk.

Groundhog Day
Komedie, 1993 van Harold Ramis.
Met o.a. Bill Muray, Andie Mac Dowell.
Bill Murray als weerman Phil heeft een ongewoon probleem: hij wordt elke ochtend op dezelfde dag wakker! Ongewoon leuke komedie, die nog vaak (en zonder succes) zou worden geimiteerd.

Maar u zit ook Ereloge bij FilmNet als de volgende films in première gaan: What's Eating Gilbert Grape?, Sleepless in Seattle, Miss America, In the Line of Fire, King of the Hill.
Voor **fl. 44,95** per maand bent u abonnee van FilmNet. Voor een tientje meer ontvangt u ook SuperSport, het nieuwe sportkanaal van FilmNet.
Wilt u meer informatie? Bel dan met MultiChoice, de aanbieder van FilmNet en SuperSport: **06-8350** (40 cpm.).
Uiteraard kunt u ook meteen naar de MultiChoice-dealer bij u in de buurt gaan.

Programmering onder voorbehoud.

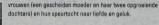

FILMNET GOES 'FESTIVAL!'

25ste Internationale Filmfestival van Rotterdam 24 januari tot en met 4 februari 1996.

FilmNet brengt alle info bij u thuis: in 'Festival!' en op Teletekst. Alle informatie over de nieuwste produkties die op de festivals worden voorgesteld, krijgt u meteen te zien. In Rotterdam maken wij een dagelijks verslag dat omstreeks 19u45 op FilmNet te bekijken valt. De heruitzending van 'Festival!' volgt rond 21u45. Ook het Filmfestival van Brussel wordt door FilmNet op de voet gevolgd. Regelmatige reportages ziet u eveneens in 'Festival!'.

2 x Wim Wenders. Mede met het oog op de première van Wim Wenders' nieuwste produktie, 'Lisbon Story', presenteert FilmNet in februari een mini-retrospectief van deze unieke en invloedrijke Duitse cineast. Op het programma staan twee van Wenders' belangrijkste werken: 'Der Amerikanische Freund' (1977) en het in Cannes met de Gouden Palm bekroonde meesterwerk 'Paris, Texas' (1983).

BEL NU: 06-8350
(40 CENT PER MINUUT)

DE BESTE FILMS HET EERST OP FILMNET

11 Daar ben ik tegen

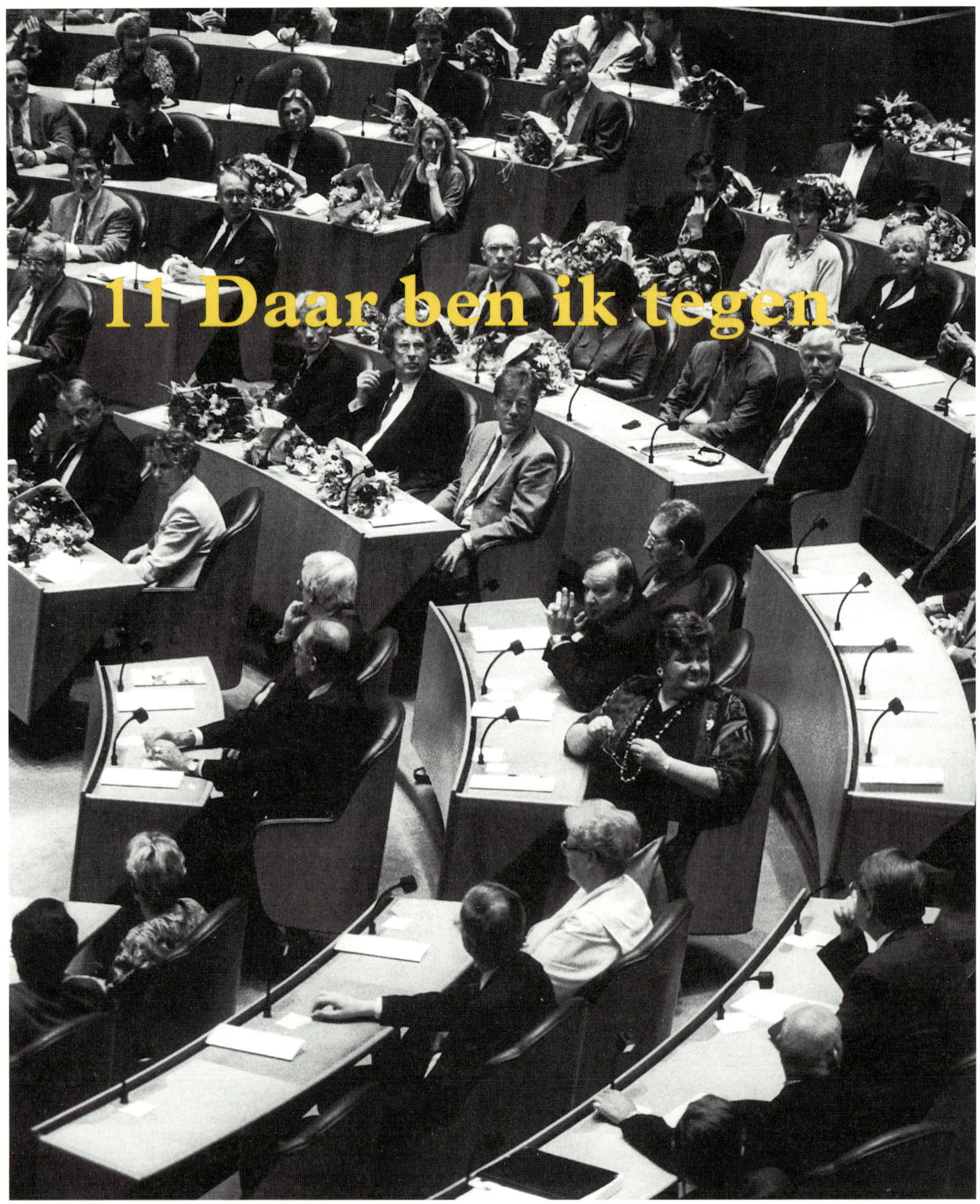

A 1 Gesprek met een politicus

Op een bijeenkomst van een politieke partij stelt een journalist aan de heer Wubbels, die een lezing heeft gehouden, een paar vragen.

journalist Er is pas een enquête gehouden over de hulp van Nederland aan de derde wereld. De meeste mensen vinden dat Nederland genoeg steun geeft aan de derde wereld. Wat vindt u ervan?

de heer Wubbels Daar ben ik het niet helemaal mee eens. Ik vind dat we de hulp nog wel wat kunnen vergroten.

journalist Maar betekent dat niet dat we in Nederland nog meer moeten bezuinigen?

de heer Wubbels Ja, volgens mij zijn er nog wel enkele posten waarop we kunnen bezuinigen.

journalist Waaraan denkt u dan?

de heer Wubbels Dan denk ik met name aan de bewapening.

journalist In de enquête stond ook een vraag over de besteding van het geld.

de heer Wubbels Waarover?

journalist Over de besteding van het geld, dat wil zeggen: wat doet de Nederlandse overheid ermee?
Ongeveer veertig procent van de mensen vindt dat het geld goed wordt besteed. Wat is uw reactie hierop?

de heer Wubbels Veertig procent vind ik erg weinig. Daar moet de regering maar eens over nadenken.

de politicus
de bijeenkomst
politiek
de partij
een vraag stellen

de journalist
de lezing
pas
de enquête
de hulp

de derde wereld
de steun
vergroten
bezuinigen
enkel

de bewapening
stond (staan)
de besteding
dat wil zeggen
de overheid

besteden
de reactie
erg
de regering
nadenken

Auf etwas verweisen: *er/daar/waar* + Präposition

- Paul, heb jij zin in het feest van morgen?
- Ja, ik heb er wel zin in, jij niet?

- Ik wil zo even naar *Goede tijden slechte tijden* kijken.
- Kijk jij dáárnaar?

- De avond gaat over de migrantenweek in november.
- Waarover? Waar gaat de avond over?

- Vindt u dat Nederland genoeg steun geeft aan de derde wereld?
- Daar ben ik het niet helemaal mee eens.

B 2 Nederland: democratie en monarchie

Nederland is een parlementaire democratie. Dat betekent dat er een parlement is. Het parlement bestaat uit twee 'kamers': de Eerste Kamer (75 leden) en de Tweede Kamer (150 leden). In het parlement worden de beslissingen democratisch genomen, dat wil zeggen: de meerderheid van de leden beslist. De Eerste Kamer heeft een soort controlefunctie voor de Tweede Kamer. Democratisch betekent bovendien dat er verschillende politieke partijen zijn. Aan de Tweede-Kamerverkiezingen van 1994 deden 26 partijen mee.

Twaalf partijen zijn in de Tweede Kamer gekomen. De vier grootste partijen zijn: PvdA, CDA, VVD en D66. Voor de verkiezingen hebben alle partijen verkiezingsprogramma's gemaakt. Daarin staan hun standpunten over allerlei zaken.

Nederland is niet alleen een parlementaire democratie, maar ook een constitutionele monarchie: de rechten en plichten zijn geregeld in een grondwet en de koning(in) is het staatshoofd.

de democratie
de monarchie
parlementair
het parlement
de Eerste Kamer
de Tweede Kamer
democratisch
een beslissing nemen
de meerderheid
de stemmen
beslissen
de/het soort
de controlefunctie
de Tweede-Kamerverkiezingen
meedoen
de verkiezing
het verkiezingsprogramma
het standpunt
constitutioneel
het recht
de plicht
regelen
de grondwet
de koningin
het staatshoofd

B 3 Uitslag Tweede-Kamerverkiezingen 1998

	stemmen	*percentage*	*zetels*		*stemmen*	*percentage*	*zetels*
PvdA	2 493 303	29,0	45	RPF	174 520	2,0	3
VVD	2 124 551	24,7	39	SGP	153 575	1,8	3
CDA	1 579 764	18,4	28	GPV	108 584	1,3	2
D66	773 366	9,0	14	CD	52 214	0,6	0
Groen Links	625 861	7,3	11	Overige	214 860	2,4	–
SP	303 655	3,5	5				

de uitslag
de stem
het percentage
de zetel

Etwas akzentuieren

met name – Lees jij wel eens een roddelblad?
– Ja, soms. Met name bij de kapper.

– Waar denkt u aan, bij nog meer bezuinigingen?
– Dan denk ik met name aan de bewapening.

vooral – Wat vind je belangrijk als je Nederlands leert?
– Nou, vooral woorden hè?

– Heb je vaak interviews met politici?
– Ja wel, vooral voor de verkiezingen.

C 4 Gesprek met een activist

Nederland heeft niet alleen veel politieke partijen, maar ook veel actiegroepen. Ineke Peters is lid van zo'n actiegroep.

journalist Ineke, jij bent lid van de actiegroep 'Brandnetel'. Wat is 'Brandnetel'?

Ineke Peters 'Brandnetel' is een milieugroep.

journalist Waar protesteren jullie tegen?

Ineke Peters Nou, wij protesteren onder andere tegen het gebruik van de auto.

journalist Wat voor soort acties voeren jullie?

Ineke Peters O, onze acties zijn meestal grappig. Zo proberen we op te vallen en de mensen aan het denken te zetten.

journalist Kun je een voorbeeld geven?

Ineke Peters Ja, we hebben pas geprotesteerd tegen het grote aantal auto's in ons land. We zijn naar een grote autotentoonstelling gegaan. En daar hebben we actie gevoerd. Ik was toen boom.

journalist Boom?

Ineke Peters Ja kijk, omdat er zoveel auto's zijn, komt er zure regen en daardoor gaan de bomen dood. Andere mensen lagen op de grond, met tomatenketchup op hun gezicht.

journalist Hoezo?

Ineke Peters Nou, de auto's veroorzaken namelijk ook veel verkeersslachtoffers.

journalist Jaja. Ben jij ook voor harde acties, bijvoorbeeld auto's kapot maken?
Ineke Peters Nee, daar ben ik tegen. Ik ben tegen geweld.
journalist Bedankt voor dit interview.
Ineke Peters Nou, graag gedaan.

de activist
de actiegroep
de milieugroep
protesteren (tegen)
onder andere
de auto
actie voeren
grappig
opvallen
aan het denken zetten
de autotentoonstelling
toen
de boom
de zure regen
doodgaan
de grond
de tomatenketchup
het gezicht
hoezo
veroorzaken
het verkeersslachtoffer
jaja
ergens voor/tegen zijn
het geweld

Über Vorlieben und Abneigungen sprechen

Ik ben voor ...

– Voor welke voetbalclub ben jij?
– Ik ben voor Ajax. En jij?

– Bent u voor acties?
– Ja, daar ben ik voor.

Ik ben tegen ...

– Vind je dat winkels ook 's avonds open moeten zijn?
– Nee, daar ben ik tegen.

– Bent u voor geweld?
– Nee, ik ben tegen geweld.

Etwas verdeutlichen

namelijk

– Zullen we dat gesprek om negen uur doen?
– Liever iets later, ik moet namelijk met de trein komen.

– Sommige mensen speelden slachtoffer.
– Hoezo?
– Nou, de auto's veroorzaken namelijk ook veel verkeersslachtoffers.

dat wil zeggen

– Help je mij met het organiseren van dat feest?
– Ja, ik weet het niet, eh... dat wil zeggen, ik heb eigenlijk geen tijd.

– In de enquête stond ook een vraag over de besteding van het geld.
– Waarover?
– Over de besteding van het geld, dat wil zeggen: wat doet de Nederlandse overheid ermee?

C 5 Poetry International

Op *Poetry International* lezen dichters uit de hele wereld hun gedichten voor. Ze doen dit in hun eigen taal. Het volgende gedicht is van Remko. Hij is geen dichter. Remko stuurde zijn gedicht naar *Poetry International* en… het werd voorgelezen! Wat vindt u ervan?

Uit: Folder *Stichting Poetry International*, Rotterdam.

de dichter	de taal
voorlezen	omvallen
het gedicht	

Breyten Breytenbach

D 6 Meningen over politiek

Benji uit India:
'Ik heb zin om te stemmen, maar ik kan niet kiezen, want ik vind geen enkele partij goed. Niet alleen hier maar ook in mijn eigen land.'

Thérèse uit Duitsland:
'Kijk, van de Nederlandse politici weet ik nog niet zoveel. Ik koop altijd een Duitse krant. Het is voor mij veel makkelijker iets over Duitse politici te lezen, want ik ken de personen. En ik kan ze ook nog plaatsen in hun partijen. Kijk, voor mij is de Nederlandse krant moeilijk te lezen, want ik weet niet welke persoon bij welke partij hoort, en welke ideeën die partijen hebben.'

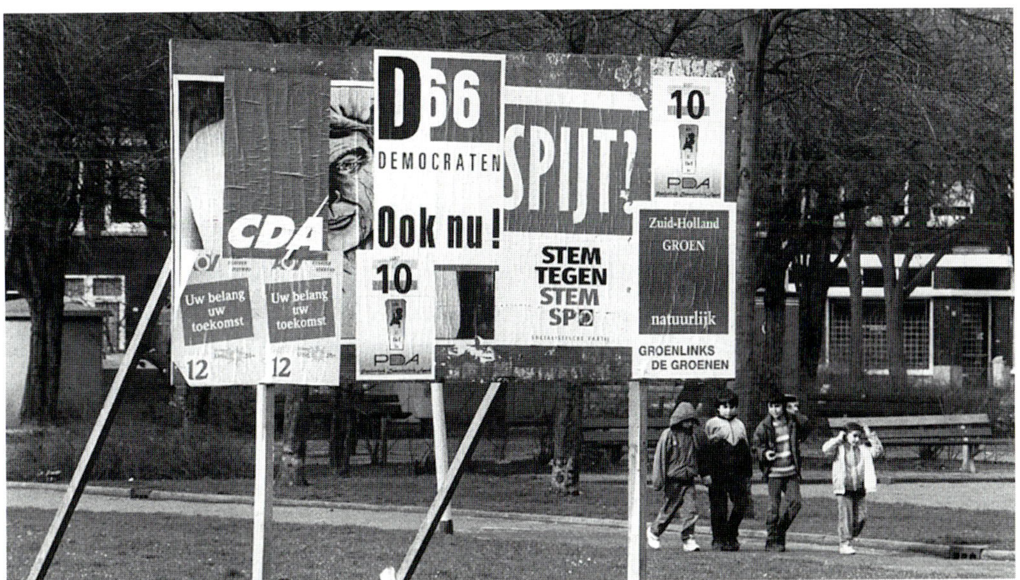

Christine uit Engeland:
'Stemmen vind ik absoluut belangrijk, zowel voor Nederlanders als voor de buitenlanders. Want als je geen stemrecht hebt, heb je ook geen recht om je mening mee te laten tellen. Ja, voor mij klopt het niet dat mensen in een land wonen en daar belasting moeten betalen, werken en al hun plichten doen, zonder dat ze het recht hebben om te stemmen.'

Rui Frederico uit Kaapverdië:
'Ik woon al lang in Nederland en ik vind stemmen belangrijk. Toch weet ik niet veel van politiek. Er wordt zoveel gepraat. Dus stem ik maar op een christelijke partij, want ik ben een christen.'

Liesbeth uit Nederland:
'Ik stem altijd al op de VVD. Een grote partij heeft meer invloed dan een kleine. In Nederland zijn een paar grote partijen. Daar moet ik tussen kiezen. De VVD heeft het beste programma, vind ik.'

Naar: Joop Hart, *Filter*. Verkiezingen, Wolters-Noordhoff, Groningen 1986.

makkelijk
Duits
plaatsen
horen bij
stemmen
zowel... als...
het stemrecht
meetellen
de belasting
zonder
christelijk
de christen
de invloed
het programma

Etwas begründen

omdat *(+ Nebensatz)*

– Ga je die tweedehands computer nog kopen?
– Ik denk het niet.
– O, waarom niet?
– Omdat ik hem te duur vind.

– Jij gaat altijd stemmen hè?
– Ja.
– Waarom eigenlijk?
– Nou, ik stem omdat ik dat belangrijk vind.

want *(+ Hauptsatz)*

Ik kom vanavond niet, want ik moet werken.
Ze koopt een broodje, want ze heeft honger.
Benji stemt niet, want hij kan niet kiezen.

E 7

Bhutan (1)

Een avond in september. De mensen van de Amnesty-schrijfgroep uit Groningen-stad zitten bij elkaar. Ze schrijven. Dan komt er iemand binnen.

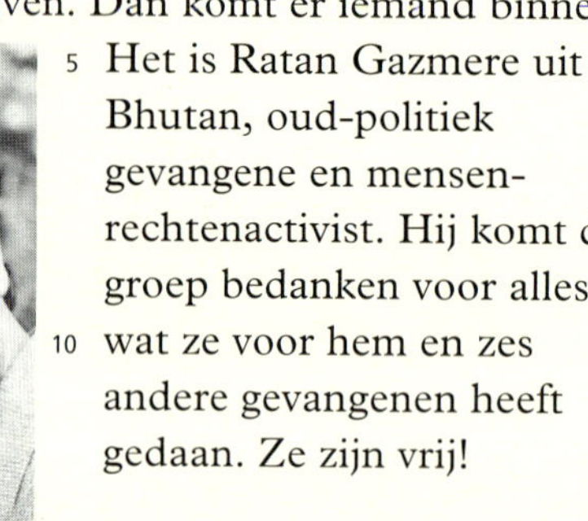

Het is Ratan Gazmere uit Bhutan, oud-politiek gevangene en mensenrechtenactivist. Hij komt de groep bedanken voor alles wat ze voor hem en zes andere gevangenen heeft gedaan. Ze zijn vrij!

De groep heeft twee jaar lang meer dan tweehonderd brieven gestuurd en enkele honderden kaarten naar de regering in Thimphu, de hoofdstad van Bhutan. De groep vraagt steeds beleefd om de vrijlating van Deodatta Sharma. Sharma is één van een groep van zeven politieke gevangenen die in 1989 zijn opgepakt. Van die groep komt Gazmere in 1991 als eerste vrij. Drie jaar later wordt Sharma vrijgelaten.

'Het was soms moeilijk,' zegt Karel Viel van de Amnesty-groep. 'Je moet veel geduld hebben voor dit soort acties. Je weet bijna niets van de gevangene. Niet waar hij gevangen zit, niet hoe.'
'Maar het werkt,' zegt Gazmere. Hij vindt het leuk nu de groep te ontmoeten die voor hem actie heeft gevoerd. 'Het leven van Deodatta, mij en de vijf anderen is gered door de brieven van Amnesty.'

Naar: Wordt Vervolgd 10, *Bhutan*, p.32, oktober 1994.

E 8 Bhutan (2)

Een land met één krant, een land met één radiostation, een land zonder tv-programma's, een land waar de mensen hun tv alleen mogen gebruiken om videobanden te bekijken... Bestaat zo'n land in 1995? Ja, het bestaat! Bhutan heet het. Er wonen 700.000 mensen en het is iets groter dan Nederland. Het ligt in de Himalaya, tussen China en India. Er wonen veel boeddhisten. Er zijn twee media: de *Kuensel* (de nationale krant van Bhutan) en de radio. De *Kuensel* is een weekblad waar zeven journalisten werken. Elke zaterdag is de krant er in drie talen: Engels, de nationale taal Dzongkha en Nepali.

Naar: Marc van den Broek en Piet van Seeters, 'In Bhutan is de jeugd nog niet door tv verpest', *de Volkskrant*, 1 maart 1995.

12 Mag ik jullie even onderbreken?

A 1 Op een feest

Alex Neem me niet kwalijk, maar woon jij in Utrecht?
Bettie Ja, dat klopt.
Alex Ja, sorry dat ik even stoor.
Michel O, dat geeft niet, hoor. Ga je gang.
Alex Ik hoor net dat jij hier met de auto bent. Kan ik straks met je meerijden?
Bettie Goed, maar waar woon je?
Alex In de Tulpstraat, vlak bij het station.
Bettie Ja, prima, daar kom ik toch langs.

Sylvia Sorry jongens, mag ik jullie even onderbreken?
Michel Jij altijd, Sylvia.
Sylvia Ja, er staan allemaal lekkere hapjes op tafel. Nemen jullie?
Michel Ja lekker, we nemen zo.

storen	langskomen
ga je gang	de jongen
meerijden	onderbreken
vlak (bij)	allemaal
prima	het hapje

A 2 Een lastig gesprek

Dora Reitsma U wilt me spreken over problemen op uw afdeling?
Wim Kaptein Ja, ik vind dat het de laatste tijd niet goed gaat. Volgens mij is het zo dat …
Dora Reitsma Moment, met Dora Reitsma … Sorry John, maar voordat je verder gaat … Ik zit net midden in een belangrijk gesprek. Kan ik je zo even terugbellen? … Okee … ja … doe ik … dag lieverd …
Eh … goed eh, waar waren we gebleven?

de laatste tijd	de lieverd
voordat	blijven
midden (in)	

Jemanden unterbrechen

Neem me niet kwalijk, maar ...

– Neem me niet kwalijk, maar woon jij in Utrecht?
– Ja, dat klopt.

– Neemt u me niet kwalijk, maar kan ik hier even bellen?
– Ja natuurlijk. De telefoon staat daar.

Mag ik u even onderbreken?

– Dan hebt u een zone te weinig gestempeld. U moet *f* 60,– betalen en...
– Mag ik u even onderbreken? Wat bedoelt u precies?

– Sorry jongens, mag ik jullie even onderbreken?
– Jij altijd, Sylvia.

Ogenblik/Moment.

– Dus je begrijpt dat ik het heel moeilijk vind met...
– O, een ogenblikje, de telefoon gaat.

– Volgens mij ...
– Moment, met Dora Reitsma.

Sorry (...), maar ...

– U kunt bij ons goedkoop boeken kopen. U...
– Sorry, maar ik ben niet geïnteresseerd.

– Hallo Dora, ik wilde je even spreken over vanmiddag...
– Sorry John, maar voordat je verder gaat...

B 3 Op het postkantoor

klant Mag ik even iets vragen?
lokettist Moment meneer, ik ben even bezig!
klant Ik wil alleen even weten of ik hier een aangetekende brief kan halen.
lokettist Loket zeven, meneer.
klant Dank u wel.

bezig zijn (met)

B 4 Op een vergadering

voorzitter … Dus ik hoop dat de R.v.B. met het plan akkoord gaat. Dan kunnen we beginnen.
Anne Zeilstra Ik heb even een vraag.
voorzitter Een ogenblik graag, ik ben zo klaar.
Anne Zeilstra Ik wil alleen vragen wat u met R.v.B. bedoelt.
voorzitter R.v.B.? Raad van Bestuur.
Anne Zeilstra Dank u wel.
voorzitter Goed, dan kom ik nu bij het laatste punt …

de vergadering	akkoord gaan (met)
de voorzitter	de Raad van Bestuur
het plan	het punt

B 5 Bij een lezing

Simon de Wit … en daarom is het taoïsme de grootste godsdienst in China.
Leen Toren Ik wil graag iets vragen. Er zijn toch ook veel boeddhisten in China?
Simon de Wit Ja, dat komt zo. U moet me even laten uitspreken. Over het boeddhisme ga ik het straks hebben.
Leen Toren O, neemt u me niet kwalijk.

het taoïsme	het boeddhisme
de godsdienst	uitspreken
de boeddhist	

Um das Wort bitten

Mag ik (even) iets zeggen/vragen?	– Mag ik even iets vragen? – Moment meneer, ik ben even bezig!
Ik heb (even) een vraag.	– Ik heb even een vraag. – Een ogenblik graag, ik ben zo klaar.
Ik wil (graag) iets zeggen/vragen.	– Daarom is het taoïsme de grootste godsdienst in China. – Ik wil graag iets vragen. Er zijn toch ook veel boeddhisten in China?

C 6 Tijdens de les

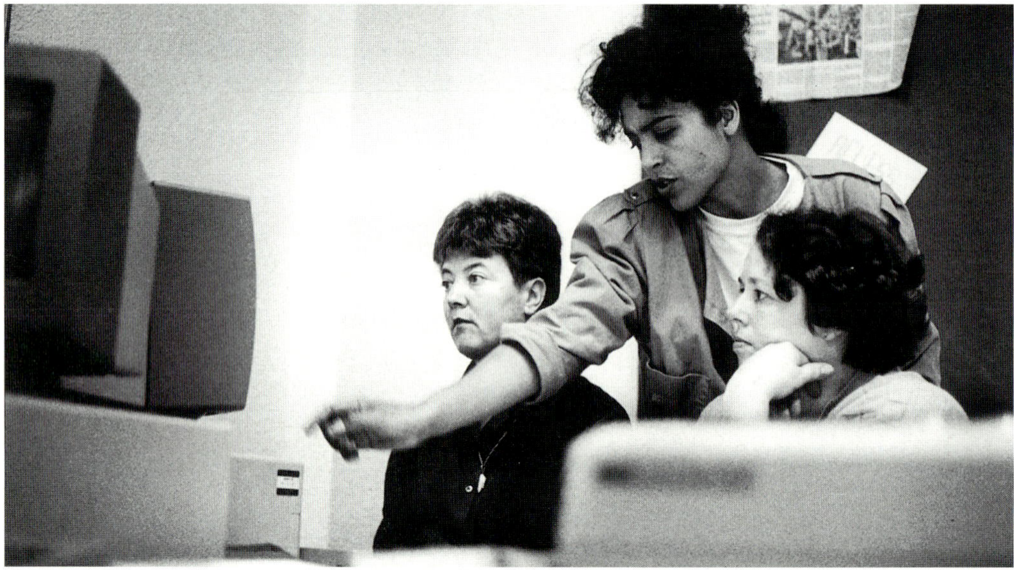

docent We gaan door met oefening drie. Wie is er aan de beurt? Jorge?

Jorge Nee, ik wil even iets vragen. Krijgen we vandaag geen test?

docent Ja, het is goed dat je dat zegt. Dat was ik vergeten. Dan doen we eerst de test en daarna gaan we verder met oefening drie.

Irene Mag ik nog iets vragen over de vorige les?

docent Natuurlijk, ga je gang.

Irene Wat is een actiegroep?

docent Dat heb ik de vorige keer uitgelegd.

Irene Ja, maar ik weet niet meer precies wat dat betekent.

docent Een actiegroep voert actie voor iets. Voor beter onderwijs, meer films op de televisie of voor een schoner milieu. Zijn er nog andere vragen? Nee? Dan beginnen we met de test.

Ibrahim Neemt u mij niet kwalijk, maar ik heb toch nog een vraag.

docent Nou, zeg het maar.

Ibrahim Kunnen wij niet eerst het huiswerk bespreken, voordat we de test maken?

docent Nee, geven jullie je huiswerk maar aan mij. Dan kijk ik het na, terwijl jullie de test maken. Daarna kunnen we het huiswerk bespreken.

Jorge Hoeveel tijd hebben we voor de test?

docent Twintig minuten. Nadat ik test heb uitgedeeld, kunnen jullie beginnen.

tijdens	de test	vorig	het huiswerk	uitdelen
de docent	vergeten	uitleggen	nakijken	
doorgaan	daarna	schoon	bespreken	
de oefening	verder gaan (met)	het milieu	nadat	

Die indirekte Rede (Fragen und Aussagen)

Fragen

1 *Mit Fragewort:* **vragen, weten, ... + wie, wat, hoe, ...**

Wie heeft dat gezegd?
Hoe laat is het?

Ze weet niet	wie	dat	gezegd heeft.
Kunt u mij zeggen	hoe	laat het	is?
Ik wil vragen	wat	de koers van de dinar	is.

2 *Ja/Nein-Fragen:* **vragen, weten, ... + of**

Verkoop je die auto nog?
Komt hij met de trein?

Ik wil graag weten	of	je die auto nog	verkoopt.
Hij heeft niet gezegd	of	hij met de trein	komt.
Ik wil alleen vragen	of	ik hier een aangetekende brief	kan halen.

Aussagen

Ik vind haring niet lekker.
Ik weet het niet.

Ik weet wel	dat	je haring niet lekker	vindt.
Ze zegt toch	dat	ze het niet	weet.
Ik weet	dat	het de laatste tijd niet zo goed	gaat.

Eerst..., dan...

Eerst, dan, daarna, nadat, voordat, terwijl

1 *Handlungen, die nicht gleichzeitig geschehen*

Eerst eet ik een broodje, dan (daarna) schrijf ik een brief.
Ik eet een broodje, voordat ik een brief schrijf.
Nadat ik een broodje heb gegeten, schrijf ik een brief.

2 *Handlungen, die gleichzeitig geschehen*

Ik eet een broodje en schrijf een brief.
Terwijl ik een broodje eet, schrijf ik een brief.
Ik schrijf een brief, terwijl ik een broodje eet.

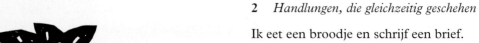

D 7 Gebaren

Oost-Europa
Een wijsvinger op je neus. Dat betekent: je wil iets niet, je voelt je er te goed voor. Hoe je erbij kijkt, is ook belangrijk: je blik moet hetzelfde 'zeggen'.

Turkije
Dit betekent: 'Het is klaar, we stoppen ermee'. Je veegt met je ene hand je andere hand leeg.

Nederland
Dit betekent: je bent gek! Iemand wijst met zijn wijsvinger naar z'n voorhoofd.

Zuid-Italië
De hand draait om een uitgestoken wijsvinger. In Zuid-Italië betekent dat: 'Niets mee te maken'.

Naar: *Op Pad*, september/oktober 1994 en *Op Pad*, december 1994/januari 1995.

het gebaar	de blik	ene..., andere...	uitsteken
de wijsvinger	hetzelfde	gek	niets mee te maken
de neus	vegen	wijzen	
zich te goed voelen (voor)	leeg	het voorhoofd	

D 8 Het weer (1)

Droog
Wolkenvelden en droog. In de ochtend mogelijk enkele mistbanken. Middagtemperatuur rond 8 graden. Zondag droog en kans op mist. Na het weekend meer wind en toenemende kans op regen.
Pagina 2: Weeroverzicht.

het weer	de middagtemperatuur	de wind
droog	rond	toenemend
het wolkenveld	de graad	de pagina
mogelijk	kans op	het weeroverzicht
de mistbank	de mist	

E 9 Het weer (2)

Je gezicht
is je eigen weerbericht
als je in de spiegel kijkt
kun je je eigen bui zien
hangen

Je kijkt zo donker
zit er een wolkje
in je oog?

Dat wordt storm
zo te zien
en misschien
een gekke bui

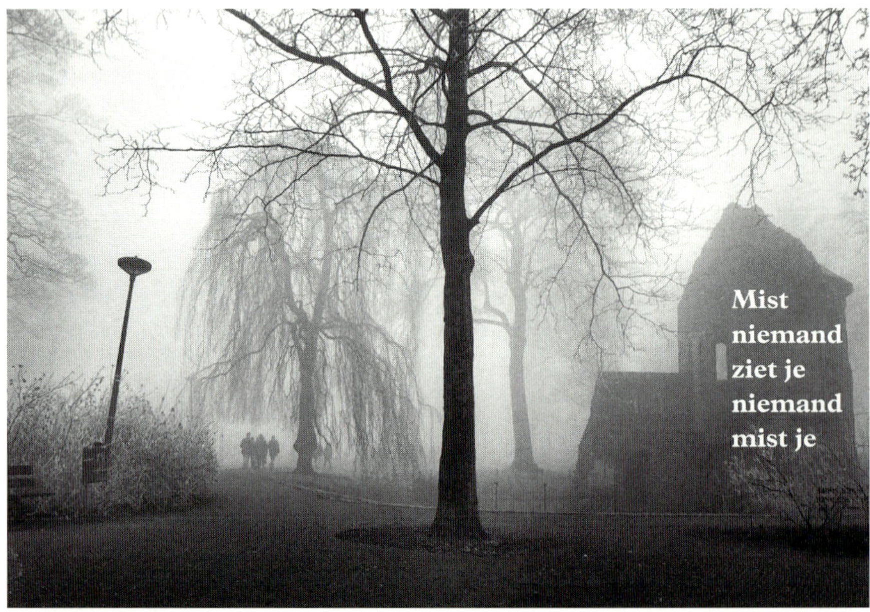

Uit: Jan 't Lam, *Ik heb wel eens een bui*. Den Haag, Leopold, cop. 1985.

E 10 Als de sirene gaat...

En als òns nou eens een ramp overkomt?

De sirene gaat, of de geluidswagens rijden rond, om u te waarschuwen.

Wat moet u als eerste doen?

1. Ga direkt naar binnen.

2. Sluit deuren en ramen.

3. Zet radio of TV aan.

Bewaar deze kaart op een handige plek. In uw meterkast bijvoorbeeld. Dan weet u 'm altijd te vinden als de nood aan de man is. Wel zo veilig. Want 't wordt pas echt een ramp als je niet weet wat je moet doen.

And what if a calamity were to happen here?

The sirens will go off or loudspeaker vans will drive round the streets with warning announcements.

What you should do first:

1. Go inside at once.
2. Close doors and windows.
3. Switch on your radio or T.V.

ماذا لو أن كارثة وقعت لنا ؟

ستنطلق صفارات الانذار،
وسوف تدور السيارات التي تطلق أصوات الانذار لتحذيرك.

فماذا عليك أن تعمل ؟

١- أدخل مباشرة للداخل.
٢- أغلق الأبواب والنوافذ .
٣- أشعل الراديو أو التليفزيون .

Ya, basısmıza bir felâket gelecek olursa?

O zaman sizleri ikaz etmek için sirenler çalar, ya da hoparlörü arabalar dolaşırlar.

İlk olarak ne yapmanız gerekir?

1. Derhal içeri giriniz.
2. Kapıları ve pencereleri kapatınız.
3. Radyoyu ya da televizyonu açınız.

Bron: *Gemeentelijke informatie* over rampenbestrijding 'En als ons nou eens een ramp overkomt?'

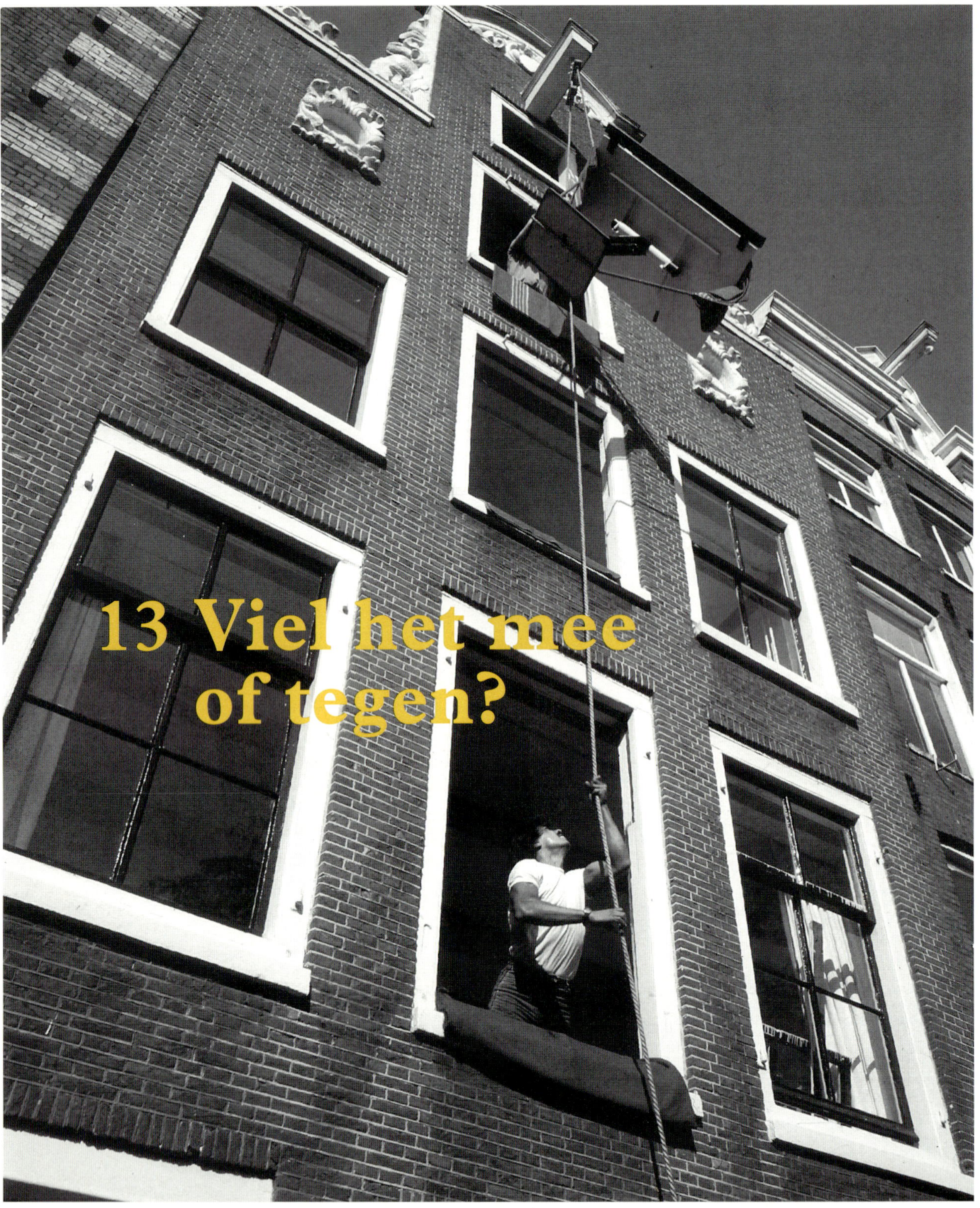

13 Viel het mee of tegen?

A 1 Op zoek naar een kamer

Gerrit Keizer Zeg, die kamer waar je het laatst over had, is dat nog wat geworden?

Theo de Zeeuw In de Parnassiastraat, bedoel je? O nee, dat viel erg tegen.

Gerrit Keizer Hoezo, was het een kleine kamer?

Theo de Zeeuw Nou, dat viel nog wel mee, hij was vier bij vijf.

Gerrit Keizer Was het een zolderkamer?

Theo de Zeeuw Nee, het was een kamer op de begane grond, naast de keuken. Maar er was veel te weinig licht, vond ik.

Gerrit Keizer En je had zeker geen douche?

Theo de Zeeuw Ja, toch wel, ze hadden een soort douchecabine in de keuken gemaakt.

Gerrit Keizer En die kamer lag naast de keuken? Dat is een voordeel.

Theo de Zeeuw Ik vind het juist een nadeel. Je hoort dan alle geluiden uit de keuken.

Gerrit Keizer Ja, daar heb je gelijk in. Hoeveel was de huur eigenlijk?

Theo de Zeeuw *f* 450,–.

Gerrit Keizer Belachelijk! Dat is toch veel te duur! Gas en licht inbegrepen?

Theo de Zeeuw Ja, het was wel all-in, maar ik vind het ook te duur.

Gerrit Keizer En nu?

Theo de Zeeuw Ik ga maar weer verder zoeken. Weet jij toevallig niets?

Gerrit Keizer Nee, al sla je me dood. Maar als ik wat weet, dan hoor je het meteen.

•Aangeboden: 1KAMER *f* 450,- of grote kamer *f* 600,- met gebruik van keuken, douche, toilet, inclusief gas en licht, met maand borg. Kom kijken op donderdag 8 december, tussen 12.00 en 18.00 uur. Bushalte 18, 19 en 64 en tram 7. Adres-Amsterdam

op zoek naar	de keuken	het nadeel	inbegrepen
het hebben over ...	het licht	het geluid	all-in
vier bij vijf	de douche	de huur	verder zoeken
de zolderkamer	de douchecabine	belachelijk	toevallig
de begane grond	het voordeel	het gas	al sla je me dood

Positiv reagieren

Dat is een voordeel.

– Dat andere huis ligt in de buurt van mijn werk.
– Dat is een voordeel. Dan hoef je niet meer te reizen.

– En die kamer lag naast de keuken?
– Dat is een voordeel.

Dat valt mee.

– Wat kosten ze?
– *f* 59,95.
– O, dat valt mee.

– Was het een kleine kamer?

Negativ reagieren

Het is een nadeel.
- Die computer is niet heel erg snel of zo.
- Dat is dan wel een nadeel, vind ik.

- En die kamer lag naast de keuken? Dat lijkt me een voordeel.
- Ik vind het juist een nadeel. Je hoort dan alle geluiden uit de keuken.

Het valt tegen.
- Hé, hoe is het op die nieuwe afdeling?
- Nou, het valt een beetje tegen.

- Zeg, die kamer waar je het laatst over had, is dat nog wat geworden?
- O nee, dat viel erg tegen.

B 2 Bij de familie Kastelein in Almere

interviewer Wat vindt u nou zo leuk aan Almere?

Anja Kastelein Nou, in de eerste plaats toch wel het huis, hè?

Henk Kastelein Ja, dat was de reden waarom wij uit Amsterdam weg wilden.

interviewer Woonde u daar niet goed?

Henk Kastelein Nee, kijk, Amsterdam is natuurlijk een leuke stad, maar wij hadden daar een kleine bovenwoning.

Anja Kastelein Ja, altijd maar die trappen op, hè? Ja, we woonden daar drie hoog en toen we die kleine kregen, moest ik altijd met die wandelwagen op en neer.

Henk Kastelein Dat was niet te doen op den duur. Dus toen we hier een benedenhuis konden krijgen, hebben we dat meteen gedaan.

Anja Kastelein En Patrick vindt het ook het einde. Die kan hier lekker in de tuin spelen. En daar zette ik hem op het balkon.

interviewer Dus u mist Amsterdam niet?

Henk Kastelein Nee, niet echt.

Anja Kastelein Helemaal niet, ik heb hier een mooie open keuken, een grote woonkamer, en boven drie slaapkamers …

interviewer U hebt het ook leuk ingericht.

Anja Kastelein Ja, dat is mijn man, hoor. Die is ontzettend handig. Hij heeft dat wandmeubel in elkaar gezet en die kasten in de keuken.

Henk Kastelein Ja, wij hebben gezegd: alles nieuw. Dus we hebben een nieuwe leren bank gekocht en een nieuwe ronde tafel …

Anja Kastelein Ja, alleen dat bureau hadden we ook al in het vorige huis.
interviewer U zou niet meer terug willen, begrijp ik?
Henk Kastelein Nee, ik niet.
Anja Kastelein O nee, voor geen goud!

de familie
de reden
weg
de bovenwoning
de trap op
drie hoog
de kleine
de wandelwagen
op en neer
het is (niet) te doen
het benedenhuis
het einde vinden
het balkon
missen
een open keuken
de woonkamer
de slaapkamer
inrichten
ontzettend
handig
het wandmeubel
in elkaar zetten
de kast
leren
het bureau
terug
voor geen goud

Das Präteritum

Ik werkte toen op een leuke afdeling.
Ze zette Patrick vaak op het balkon.
Hij betaalde me altijd goed.
We reisden veel in die tijd.
Ze woonden daar in een mooi huis.

a Regelmäßige Verben

Stamm + **te(n)**: wenn der Stamm auf -**t**, **-k**, **-f**, **-s**, **-ch**, **-p** endet (**'t kofschip**, s. S. 78)
Stamm + **de(n)**: in allen anderen Fällen

	maken	*kussen*	*stoppen*	*leren*	*spelen*
Stamm	maak	kus	stop	leer	speel
Singular	maak**te**	kus**te**	stop**te**	leer**de**	speel**de**
Plural	maak**ten**	kus**ten**	stop**ten**	leer**den**	speel**den**

b Unregelmäßige Verben

Siehe Seite 185/186; diese Formen müssen Sie lernen.

Das Präteritum wird benutzt, um über vergangene Situationen zu berichten.

Hierbei handelt es sich oft um eine **Gewohnheit** oder eine **Beschreibung**:
- In Amsterdam moest ik altijd met de wandelwagen op en neer. Daar zette ik Patrick op het balkon. (Het gebeurde altijd, het was een gewoonte.)
- Het was een kamer op de begane grond, naast de keuken. Maar er was veel te weinig licht. (Een beschrijving van de kamer.)
- In Amsterdam hadden we een kleine bovenwoning. We woonden daar drie hoog. (Een beschrijving van de woning.)

C 3 Wonen

Donatella Longhi:

'In Italië woonde ik met mijn ouders in een klein huis. Het was een huis tussen de bossen. We hadden geen buren en dat vond ik heel leuk, want ik houd niet van buren. We hadden een grote tuin, en onze drie honden waren de hele dag buiten in de tuin aan het spelen. Maar hier in Nederland is het heel anders. We hebben hier geen tuin en we wonen niet tussen bossen, maar tussen drie of vier snelwegen. We hebben buren links, rechts, boven, beneden. Maar omdat ik niet van buren houd, zoals ik net al zei, hebben we geen contact met ze.'

Naar: *Mijn droom en andere verhalen*, Centrum voor Anderstaligen, Nieuwegein, 1984.

Craig Dijkstra:

'In het begin vond ik alles in Nederland heel klein. In Amerika heb je veel meer ruimte. Ik woonde daar op een boerderij en ons huis had minstens tien kamers. En nu woon ik op een studentenflat van twaalf vierkante meter! Ik... ik vind wel dat Nederlanders hun huis mooier inrichten dan Amerikanen. In het weekend ga ik vaak naar Gouda, daar woont mijn tante. Die heeft een hele goede smaak. Haar huis is een combinatie van antiek en modern. Zij heeft een marmeren vloer en een prachtige glazen tafel. Maar ook een notehouten kastje uit de achttiende eeuw met een paar zilveren kandelaars. Dat zie je bij ons niet zo veel. Daar maken ze alles van plastic of nylon. En als iets vijftig jaar oud is, noemen ze het al antiek.'

Jaime Alcantara Portuguez:
'In Nederland vind ik alles zo grijs. Bij ons in Mexico zie je veel meer kleuren: rood, oranje, geel, paars, rose. Maar in Nederland is alles grijs. Of blauw of donkerbruin. Nederlanders zitten ook altijd binnen. Bij ons speelt het leven zich veel meer op straat af. Dat komt natuurlijk ook door het klimaat. Als het erg koud is, blijf je liever bij de kachel. Dat vind ik wel een voordeel van Nederland: bijna overal heb je centrale verwarming, in huizen, scholen en openbare gebouwen. In Mexico kan het ook heel koud zijn. Maar de meeste huizen hebben geen verwarming.'

de ouder
het bos
de buur
de hond
de snelweg
beneden
het contact
in het begin
de ruimte
de boerderij
minstens
de studentenflat
de Amerikaan
de tante
de combinatie
antiek
modern
de vloer
marmeren
prachtig
glazen
notehouten
achttiende
de eeuw
de kandelaar
zilveren
plastic
nylon
noemen
grijs
oranje
paars
rose
donkerbruin
zich afspelen
dat komt door...
het klimaat
koud
de kachel
de centrale verwarming
het gebouw

Flächenangaben

... bij ... (meter)

– Hoe groot is jouw keuken?
– Nou, ongeveer drie bij vier.

– Was het een kleine kamer?
– Dat viel nog wel mee, hij was vier bij vijf.

... vierkante meter (m^2)

– Hoeveel extra ruimte heb je nodig?
– Nou, zo'n 20 m^2.

– En waar woon je nu?
– In een studentenkamer van twaalf vierkante meter.

Das Adjektiv

Einige Adjektive bleiben unverändert

1 *Adjektive auf* **-en**: **glazen, leren, marmeren, open, gebakken, ...**

– Ik heb een mooi leren jack gezien, joh.
– Ja? Vertel eens, hoe zag het eruit?

– Een uitsmijter? Wat is dat?
– Een uitsmijter is een boterham met een gebakken ei en ham.

– Die tante van mij heeft een heel goede smaak. Ze heeft een marmeren vloer en een prachtige glazen tafel. Maar ook een notenhouten kastje uit de achttiende eeuw met een paar zilveren kandelaars.

2 *Einige Farben und Materialien:* **rose, oranje, plastic, nylon, ...**

– Hoe vind je deze rose sjaal?
– Nou, niet zo mooi.

– Je kunt beter je nylon jack aantrekken met die regen.
– Ja, inderdaad. Het regent nu wel erg hard.

– Jij drinkt altijd koffie uit een plastic kopje, hè? Dat lijkt me niet goed voor het milieu.
– Ach, jij altijd met je milieu.

D 4

Brand: voorkomen is beter dan genezen

Niet voor niets is er dit jaar weer een 'brandpreventieweek'. Brand komt dagelijks voor. Elk jaar vallen er bij brand in huis vele doden en gewonden. Veel van deze branden kunt u eenvoudig voorkomen.

Brand komt vaak door (onder andere):
- roken in een luie stoel of in bed;
- de vlam in de pan;
- een kachel die niet goed schoon is;
- te weinig ruimte rond elektrische apparatuur zoals een tv, radio, koelkast en magnetron.

Wat moet u doen bij brand?
1 Bel onmiddellijk het landelijk alarmnummer 06-11.
2 Sluit alle ramen en deuren.
3 Zorg dat iedereen het huis verlaat en waarschuw de buren.
4 Wacht buiten de brandweer op.

Voor meer informatie en folders kunt u bellen: (020) 5114511.

Naar: *De Woonconsument*, oktober 1994.

de brand
genezen
niet voor niets
de brandpreventieweek
dagelijks
vallen

de dode
de gewonde
roken
lui
de stoel
de vlam in de pan

elektrisch
onmiddellijk
landelijk
het alarmnummer
sluiten
het raam

zorgen
verlaten
waarschuwen
de brandweer

D 5

Hofjes

In veel oude steden vindt men schitterende ‘hofjes’. Hofjes zijn groepen kleine huisjes rond een grote tuin. Die tuin is voor alle mensen van het hofje. In zo’n hofje is het meestal heel rustig en stil. Dat laatste is natuurlijk heel speciaal voor iets dat midden in de stad ligt!
De meeste hofjes zijn uit de zeventiende en achttiende eeuw. Ze zijn gemaakt door rijke families. De hofjes waren bedoeld voor oude vrouwen die alleen waren. Zij mochten er wonen zonder te betalen, soms kregen ze ook eten en drinken. Er waren wel allerlei strenge regels. Er mochten bijvoorbeeld ’s avonds geen mannen komen. Mannen mochten ook beslist niet blijven slapen. Ga eens een keer achter de deuren van zo’n hofje kijken. Enkele hofjes hebben gesloten deuren, maar bij de meeste hofjes kun je zo naar binnen.
Het is echt de moeite waard eens eens door zo’n hofje te wandelen. Wie wil kan informatie vragen bij de VVV:

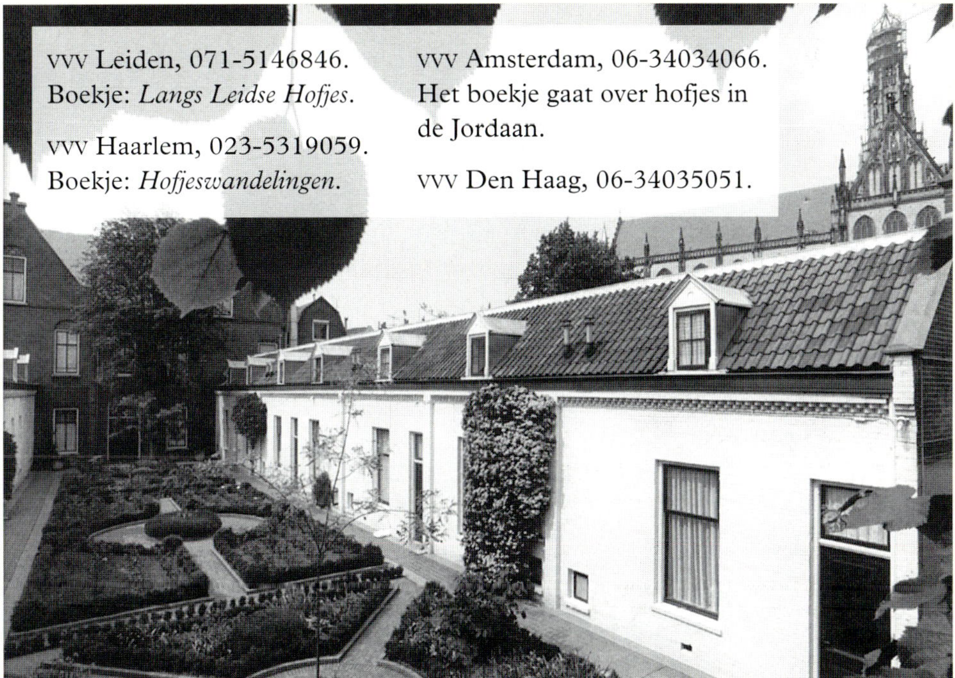

VVV Leiden, 071-5146846.
Boekje: *Langs Leidse Hofjes.*
VVV Haarlem, 023-5319059.
Boekje: *Hofjeswandelingen.*
VVV Amsterdam, 06-34034066.
Het boekje gaat over hofjes in de Jordaan.
VVV Den Haag, 06-34035051.

De *Stichting Haags Gilde* organiseert hofjeswandelingen.
Informatie tussen 9.00 en 12.30 uur, 070-3429590.

Naar: *ANWB Kampioen*, januari 1995.

het hofje	speciaal	de regel	de moeite waard zijn
schitterend	rijk	achter	de hofjeswandeling
stil	streng	gesloten	

E 6 Het lied van Mustafa

Het huis waar ik woon, heeft wel erg dunne muren
en we wonen te dicht op een kluit.
Dus een klein beetje herrie geeft ruzie met buren
en zo'n ruzie maakt ook weer geluid.

Men wil in dit land dat we heel anders leven,
ook al zijn we hier soms nog maar kort.
Maar mijn oom in Marokko heeft laatst nog geschreven
dat ik veel te Nederlands word.

Ik zal deze buurt op den duur wel verlaten,
alhoewel ik er toch wel van hou.
Maar ik wil wel eens hard kunnen zingen en praten
en ik wil wel eens weg uit de kou.

Er is een land waar ze niet meteen vloeken,
er is een land waar ik dikwijls van droom.
Daar zal ik zelf wel een meisje gaan zoeken,
tot verdriet van mijn vader en oom.

Willem Wilmink

Uit: *Verzamelde liedjes en gedichten*. Amsterdam, Uitgeverij Bert Bakker 1986.

E 7 Een plafond vol gedichten

In de hal van de Vrije Universiteit in Amsterdam hangen aan het plafond... gedichten! Ze zijn gemaakt door studenten en medewerkers tijdens het 'Decemberproject'. Hier volgen twee gedichten. Als je goed op de foto kijkt, zie je ze links en rechts aan het plafond hangen.

Soms sta ik
stil om te
luisteren
naar het
leven

Naar: *Ad Valvas*, 8 december 1994.

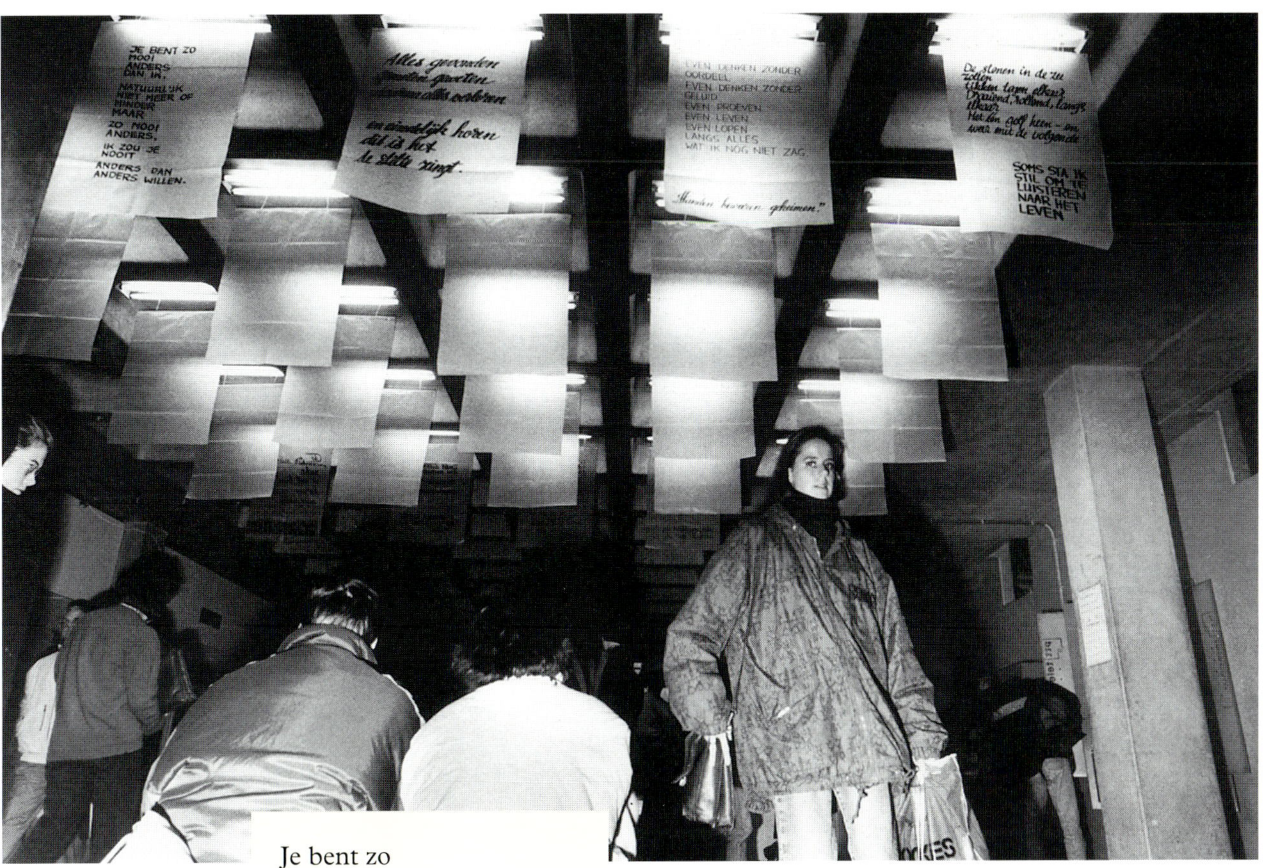

Je bent zo
mooi
anders
dan ik

natuurlijk
niet meer of
minder
maar

zo mooi
anders

ik zou je
nooit
anders dan
anders willen

Hans Andreus.

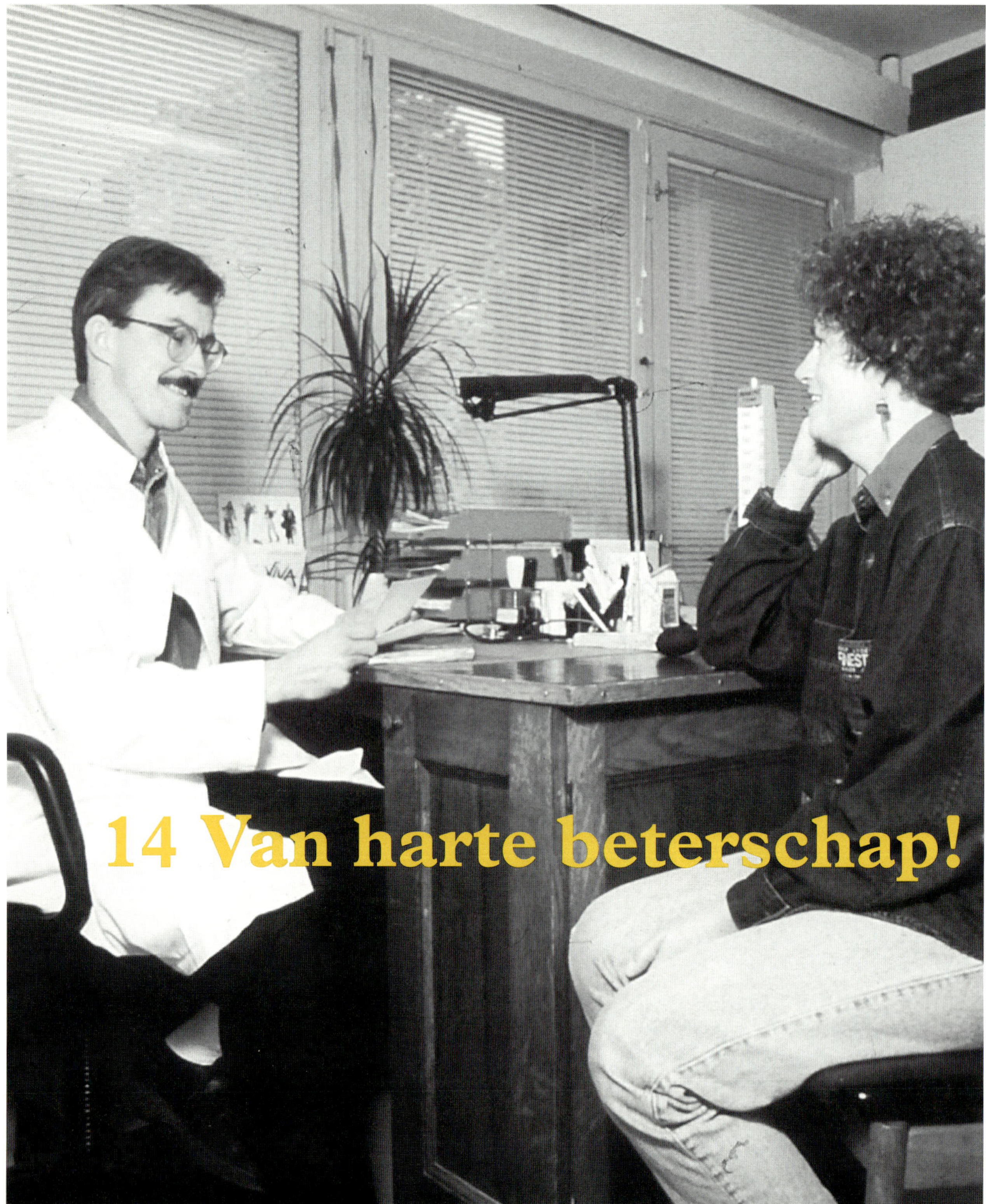

14 Van harte beterschap!

A 1 Bij de huisarts

dokter Mulder Mevrouw Werner.
Margret Werner Ja.

dokter Mulder Goedemorgen, mevrouw Werner.
Margret Werner Dag dokter.
dokter Mulder Wat kan ik voor u doen?
Margret Werner Ik heb de laatste tijd zo'n last van hoofdpijn. Ja, iedereen heeft natuurlijk wel eens hoofdpijn, maar dit is wel wat anders, want het gaat maar niet over. Daar maak ik me een beetje zorgen over.
dokter Mulder Hoe lang heeft u daar al last van?
Margret Werner Eh... een paar weken.
dokter Mulder Heeft u het de hele dag?
Margret Werner Nee, vooral op mijn werk.
dokter Mulder Wat doet u voor werk?
Margret Werner Ik werk op een kantoor. Ik zit regelmatig achter een computer.
dokter Mulder Bent u vaak verkouden?
Margret Werner Af en toe.
dokter Mulder Last van duizeligheid?
Margret Werner Nee.
dokter Mulder Heeft u moeite met lezen?
Margret Werner Ja, af en toe.
dokter Mulder Dan zullen we eerst de bloeddruk eens meten ... Hm, die is goed. Buig nu uw hoofd eens naar voren. Doet dat pijn?
Margret Werner Nee, dat doet geen pijn.
dokter Mulder Ik denk dat u hoofdpijn heeft omdat uw ogen achteruitgegaan zijn. Waarschijnlijk heeft u een bril nodig.
Margret Werner O, gelukkig.
dokter Mulder Hoezo?
Margret Werner Nou, ik was bang dat het iets ernstigs was.
dokter Mulder Nee, daar lijkt het niet op. Ik zal u een verwijsbriefje voor de oogarts geven. Hoe bent u verzekerd, eh... ziekenfonds of particulier?
Margret Werner Ziekenfonds.
dokter Mulder Alstublieft.
Margret Werner Dank u wel. Tot ziens dokter.
dokter Mulder Dag mevrouw Werner.

de huisarts
de dokter
wat kan ik voor u doen?
last hebben van
de hoofdpijn
overgaan
zich zorgen maken (over)
het kantoor
regelmatig
verkouden
af en toe
de duizeligheid
de bloeddruk
buigen
het hoofd
naar voren
pijn doen
achteruitgaan
waarschijnlijk
de bril
gelukkig
ernstig
de verwijsbrief
de oogarts
verzekerd
het ziekenfonds
particulier

Sorge/Unruhe ausdrücken

Ik ben bang dat ...

– Wat ben je toch stil vandaag, is er iets?
– Ja, ik ben bang dat ik de test niet goed heb gemaakt.

– Waarschijnlijk heeft u een bril nodig.
– O, gelukkig! Ik was bang dat het iets ernstigs was.

Ik ben bang voor ...

– Hoe is de situatie nu in jouw land?
– Nou, ik ben echt bang voor oorlog.

– Bent u niet bang voor de concurrentie van videofilmers?
– Nee, daar ben ik niet bang voor.

Ik maak me zorgen over ...

– Hoe is het met je moeder?
– Nou, ik maak me zorgen over haar. Het gaat niet zo goed.

– Wat kan ik voor u doen?
– Ik heb zo'n last van hoofdpijn. Daar maak ik me zorgen over.

Schmerzen beschreiben

Ik heb last van ...

– Ik heb last van mijn hand.
– Dan zou ik even naar de dokter gaan.

– Heeft u last van duizeligheid?
– Af en toe.

Ik heb pijn in mijn ...

– Ik heb pijn in mijn knie.
– O, hoe komt dat?

– Wat is er met je?
– Ik heb zo'n pijn in mijn hoofd. Ik ga maar naar huis, denk ik.

Het/Dat doet pijn ...

– Heeft u last van uw knie als u loopt?
– Ja, dat doet pijn.

– Buig uw hoofd eens naar voren. Doet dat pijn?
– Nee, dat doet geen pijn.

A 2 Het lichaam

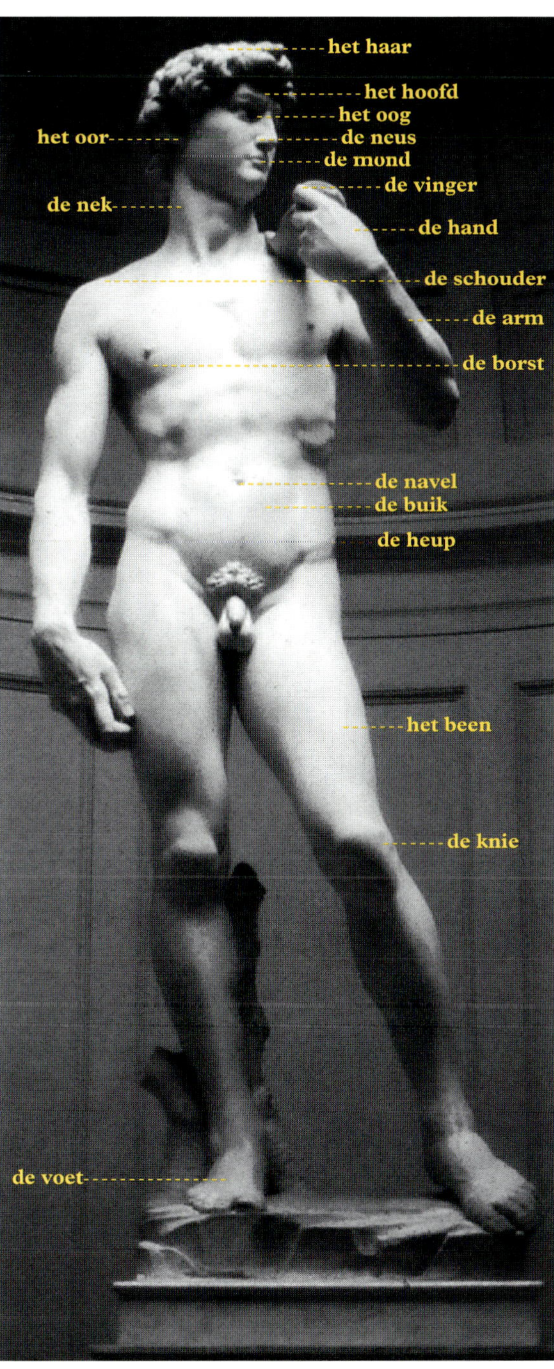

het haar	de schouder
het hoofd	de arm
het oog	de borst
het oor	de navel
de neus	de buik
de mond	de heup
de vinger	het been
de nek	de knie
de hand	de voet

B 3 Een afspraak maken

telefoniste Polikliniek Sint Jan. Afsprakenbureau.

Margret Werner Goedemorgen, met mevrouw Werner. Ik wilde een afspraak maken met dokter Lim, de oogarts. Hopelijk hoef ik niet al te lang te wachten.

telefoniste Het kan over twee weken.

Margret Werner O, dat valt mee.

telefoniste Donderdagmiddag 14 april, kan dat?

Margret Werner Eh… ik kan nooit op donderdag. Zou het op een andere dag kunnen?

telefoniste Nee, het spijt me, dokter Lim heeft hier alleen spreekuur op donderdag.

Margret Werner Nou, dan moet het maar op donderdag.

telefoniste Goed, dan noteer ik u voor donderdag 14 april, 15.00 uur. Kunt u uw naam nog een keer zeggen?

Margret Werner Mevrouw Werner.

telefoniste Ik wil ook graag uw adres en telefoonnummer hebben.

Margret Werner Draadzegge 33, in Laren, telefoon 035-5391976.

telefoniste Dank u wel.

de afspraak
de polikliniek
het afsprakenbureau
hopelijk
de donderdagmiddag
het spreekuur
het moet maar
noteren

Erleichterung ausdrücken

O, gelukkig.

– Irene heeft de trein nog gehaald, hoor.
– O, gelukkig!

– Waarschijnlijk heeft u een bril nodig.
– O, gelukkig. Ik was bang dat het iets ernstigs was.

Dat valt mee.

– Er rijden weer bussen vandaag hè?
– O, dat wist ik niet. Nou, dat valt mee. Dan kan ik vanmiddag toch naar de oogarts.

– Het kan over drie weken.
– Nou, dat valt mee.

C 4 Bij het ziekenhuis

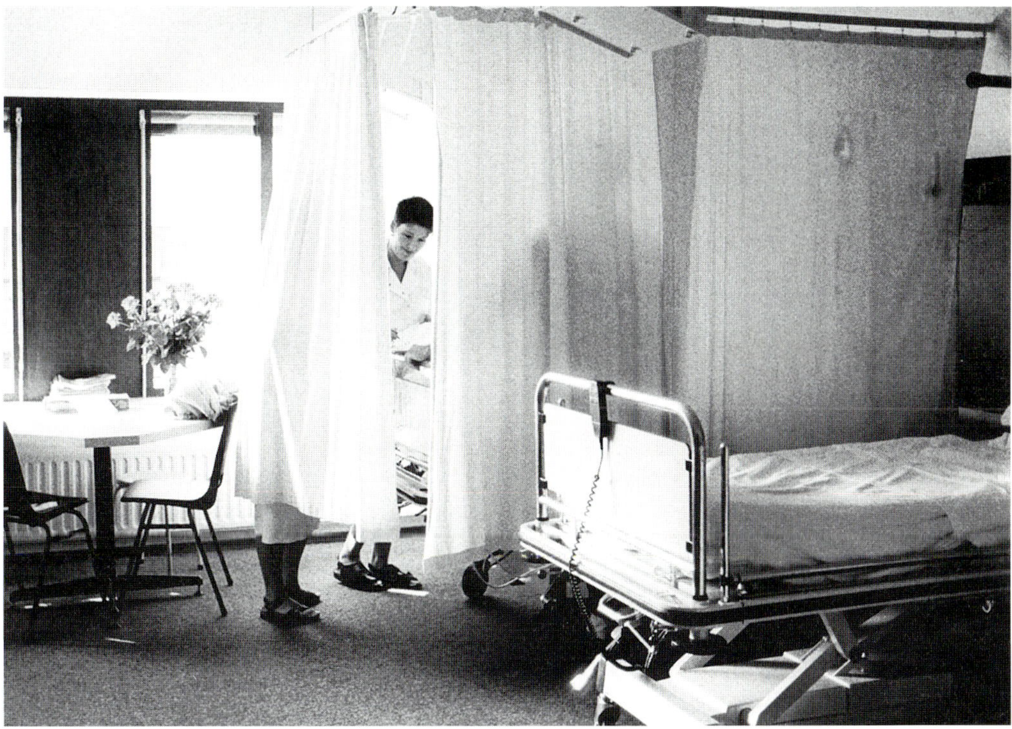

Jeannette Hé, hallo Michel, tijd niet gezien, zeg! Hoe gaat het ermee?
Michel Goed, dank je.
Jeannette En met Andrea?
Michel Nou, niet zo goed. Ze ligt al een paar weken in het ziekenhuis.
Jeannette O ja? Wat scheelt haar?

Michel Ze heeft een ongeluk gehad. Ze ging even boodschappen doen op de fiets en toen heeft een auto haar aangereden. Die man keek niet goed uit.

Jeannette Wat vreselijk! Wat had ze?

Michel Een gebroken been en verder een flinke wond aan haar hoofd.

Jeannette Nee! Wat hebben ze gedaan?

Michel Ze hebben haar geopereerd en een plaat in haar been gezet. Ze heeft heel veel pijn gehad.

Jeannette Moet ze nog lang in het ziekenhuis blijven?

Michel Ik hoop dat ze volgende week weer thuiskomt.

Jeannette Wens haar in ieder geval beterschap van me.

Michel Dat zal ik doen.

Jeannette En jij ook het beste, Michel.

Michel Bedankt. En de groeten aan Robert.

Jeannette Zal ik doen. Dag.

het ziekenhuis	uitkijken	de plaat
tijd niet gezien!	vreselijk	thuiskomen
het ongeluk	breken	wensen
boodschappen doen	flink	in ieder geval
de fiets	de wond	(doe) de groeten aan …
aanrijden	opereren	(dat) zal ik doen

Nach dem gesundheitlichen Befinden fragen

Wat heeft u?

– Wat heeft u precies, als ik vragen mag?
– Ik heb erge pijn in mijn nek.

– Ze heeft een ongeluk gehad.
– Wat vreselijk! Wat had ze?
– Een gebroken been en een wond aan haar hoofd.

Wat scheelt …?

– Jorge, wat scheelt jou?
– Ik voel me gewoon niet zo lekker vandaag.

– Andrea ligt al een paar weken in het ziekenhuis.
– O ja? Wat scheelt haar?

Gute Besserung wünschen

Het beste

– Je hebt dat gesprek morgen?
– Ja, morgenmiddag.
– Nou, het beste hè?

– En jij ook het beste, Michel.
– Bedankt.

(Van harte) beterschap

– Ik hoop dat je je gauw wat beter voelt. Van harte beterschap hoor!
– Dank je wel.

– Wens haar in ieder geval beterschap van me.
– Zal ik doen.

Hoffnung ausdrücken

Ik hoop dat …

– Ik hoop dat Rob vanavond ook komt.
– Ja, dat zou leuk zijn.

– Moet Andrea nog lang in het ziekenhuis blijven?
– Ik hoop dat ze volgende week weer thuiskomt.

Hopelijk

– Hopelijk is de staking morgen over.
– Ja, dat hoop ik ook.

– Hopelijk hoef ik niet al te lang te wachten?
– Het kan over twee weken.
– O, dat valt mee.

Ausdrücken, dass man etwas sehr schlimm findet

Nee!

– Fernando heeft zijn rijbewijs wéér niet gehaald.
– Nee!

– Ze heeft een gebroken been en een wond aan haar hoofd.
– Nee!

Wat vreselijk!

– Hij heeft de laatste tijd veel last van zijn hart.
– Wat vreselijk!

– Andrea heeft een ongeluk gehad.
– O, wat vreselijk!

D 5

Samen met haar opa

In Zuid-Uganda, bij het Victoriameer, ligt een klein plaatsje, Gwanda. Vroeger had niemand van Gwanda gehoord. Nu is het wereldberoemd geworden. Veel mensen zijn namelijk aan aids gestorven.

Het meisje op de foto (uit 1986) is, samen met haar opa, de enige van haar familie die nog leeft. Binnen twee jaar hebben zij iedereen verloren.

Naar: Stichting NOT, *Leerlingenmagazine Aids*, z.j.

de opa	sterven
vroeger	verliezen
wereldberoemd	

D 6

De strijd

In 1981 werd voor het eerst in de Verenigde Staten de ziekte aids geconstateerd. Vanaf dat moment zijn er meer dan 20.000 Amerikanen aan de ziekte gestorven en zijn er anderhalf miljoen Amerikanen met de ziekte besmet. Maar niet alleen in Amerika zorgt aids voor slachtoffers. Ook in de rest van de wereld is de ziekte een enorm probleem aan het worden.

Op dit ogenblik is nog niet duidelijk hoeveel mensen op de wereld de ziekte hebben en/of besmet zijn. Heel veel landen hebben niet de mogelijkheden om dit te onderzoeken. Andere landen willen dit niet. Men denkt dat op dit ogenblik over de hele wereld zo'n 500.000 mensen de ziekte hebben of al gestorven zijn. En dat ongeveer 5 tot 10 miljoen mensen besmet zijn.

De ziekte aids krijg je niet alleen via seks. Ook via bloed kun je besmet worden. Iedereen kan aids krijgen. Maar veel mensen realiseren zich dat niet. 'Aids is een homo-ziekte,' zeggen nog steeds veel mensen. Homo's waren wel de eersten, maar niet de enigen die aids kregen. Al heel snel bleken ook andere groepen het slachtoffer. Zoals junks. Ook kregen mensen in ziekenhuizen besmet bloed van anderen. Wie volgt?

De strijd tegen aids is inmiddels begonnen. Internationaal houdt de Wereld Gezondheidsorganisatie (WHO) zich bezig met aids. Veel Europese landen begonnen tegelijk een anti-aids-campagne. Belangrijk is ook dat mensen leren omgaan met aids. Iedereen, ziek of gezond, dat maakt niet uit. Want misschien is aids over enige tijd een algemene ziekte…

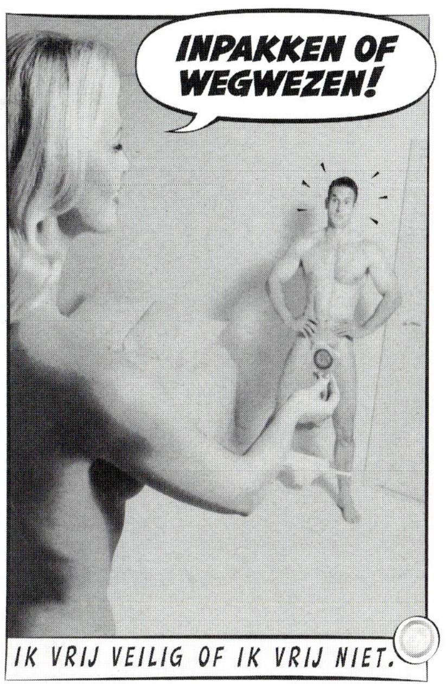

Naar: Stichting NOT, *Leerlingenmagazine Aids*, z.j.

de strijd	via	de junk	de anti-aids-campagne
de ziekte	de seks	volgen	omgaan met
vanaf	het bloed	inmiddels	ziek
de rest	zich realiseren	internationaal	gezond
enorm	de homo(seksueel)	zich bezighouden met	algemeen
besmet	blijken	tegelijk	

Wegfall von Subjekt (und Verb) nach *en*

Wenn das Subjekt zweimal in einem Satz auftaucht, kann es das zweite Mal wegfallen. Dies geschieht oft zusammen mit der Verbform.

Ik zit lekker op de bank en (ik) lees een mooi boek.
Die jas is erg duur en (die jas) heeft bovendien niet de goede kleur.
Hij gaat naar de markt en (hij gaat) ook nog even langs Michel.
Ze hebben haar geopereerd en (ze hebben) een plaat in het been gezet.

E 7 Weekenddiensten

Weekenddiensten voor zaterdag 3 en zondag 4 december

Alarm
Algemeen alarmnummer politie, brandweer en ambulance (als elke seconde telt): tel.06-11.
Eigen alarmnummers: politie Leiden tel: 224444, politie Leiderdorp tel: 414441; politie Oegstgeest tel: 410041; brandweer tel: 212121; ambulance tel: 233233.

Huisarts
Leiden: De waarnemende artsen houden spreekuur van 12.00-12.30 uur (alleen spoedeisende medische hulp). Waarneming artsen Crul, A. Hammerstein, D. Hammerstein, De Lorm, De Jong, Kooijman, Prince, Reinders, Wiersma: **zaterdag 8.00 tot zondag 8.00 uur: Dr. Birnie, tel. 06-52780434; zondag na 8.00 uur: S. Kooijman, tel. 06-52708618.** Waarneming artsen Goslinga, Taytelbaum, Van Luyk, Rus, Kruis, Bergmeijer, Nering Bögel, Middendorp, Pufkus, W. de Ruijter, Bakker en De Lange: **zaterdag 8.00 tot zondag 8.00 uur: J. Rus, tel. 132500; zondag na 8.00 uur: F.B. Kruis, tel. 126371.** Waarneming artsen Boels, Delver, Lely, W. de Bruyne, J. de Bruyne, Fogelberg, Huibers, Van den Muijsenbergh, Schaaf en Jurgens: **zaterdag 8.00 tot zondag 8.00 uur: J. de Bruyne, tel. 125245; zondag na 8.00 uur: E.K. Fogelberg, tel. 132877.** Waarneming artsen Van Wingerden, Bénit, Van Rijn, Nieuwenhuis, Horn, Lahr, J. Zaaijer, R. Zaaijer, De Kanter, Paulides en Lodder: **zaterdag 8.00 tot zondag 8.00 uur: E.H. Nieuwenhuis-Smalbraak, tel. 768918; zondag na 8.00 uur: J.G. Zaaijer, tel. 316009.** Waarneming artsen Alkema, Baars, Groeneveld, Janssen, Van leeuwen, Maris, Van der Meer, Meijer, J. de Ruijter, Van Schie, Verhage, Visser: **zaterdag van 8.00 tot 8.00 uur: Y. Groeneveld, tel. 225757; zondag na 8.00 uur: H.A.M.M. Meijer/C.E. v.d. Meer, tel. 225757.**
Leiderdorp: zaterdag na 8.00 uur: R. van Velzen, tel. 891100. Zondag: O. du Ry, tel. 891100.
Oegstgeest: zaterdag: J.W. de Haan, tel. 170605; zondag: D.L.P. van Overvest, tel. 173994.
Alkemade: praktijken Sleeuw, Van Blooijs, Lardenoije: vr. 17.00 tot ma. 01.00 uur: J.G. Lardenoije, tel. 01721-8269. Praktijken Beekhuis, Brock/Roelen, Van Mierlo, Saeys: vr. 17.00 tot ma. 08.00 uur: W. en G. Beekhuis, tel. 01712-8202.
Homeopathisch arts Leiden: P.M.C. van Kempen, tel. 123001.

Apotheek

Tot Hulp der Mensheid, Rosmolen 13, Leiden, tel. 211611. Stevenshof, Theda Mansholtstraat 1, Leiden, tel. 313234. Haanraadts, Hoofdstraat 4, Leiderdorp, tel. 419196. Apotheek Alkemade, Rembrandt van Rijnsingel 31, Roelofarendsveen, tel. 01713-19100.

Tandarts
J.L.M. Fokke, Hof van Roomburgh 4-6, Leiden, tel. 414233 (t/m 4-12). R. van Eck, Geversstraat 46, Oegstgeest, tel. 174326 (5-11 dec.). Spreekuur om 13.00 uur. Via de telefoonnummers 01713-13798,-15555,-13084 en 13475 verneemt men welke tandarts in Alkemade dienst heeft.

Spoedhulp
Bereikbaarheidsdienst buiten kantooruren van het Algemeen Maatschappelijk Werk. Tel: 06-8212141.

Kruiswerk
Leiden: Thuiszorg Groot Rijnland, tel. 161415 (werkdagen 8.30-17.00 uur). Na 17.00 uur en in weekend tel. 120745. Uitleencentrale verpleegartikelen Van Vollenhovekade 25, tel: 121894. Openingstijden ma-vrij. 9.30-17.00 uur, za 15.00-17.00 uur.
Oegstgeest: bereikbaar via tel: 06-52701363.

Dierenarts
Leiden/ Leiderdorp: A.W. Helder, Hermelijnvlinder 36, Leiden, tel. 220513. **Leiden:** H. Vestjens, Rijn en Schiekade 23, Leiden, tel. 120241. Dierenartsenpraktijk De Mare, mevr. S. Stibbe, Bronkhorststraat 13, tel. 218393. Oegstgeest: Praktijk Duijn/Brandt: R.J.W. Duijn/D.J. Brandt, President Kennedylaan 260, tel. 156161. Praktijk Heemskerk: B.C. Heemskerk, De Kempenaerstraat 21, tel. 176761. Dierenartspraktijk De Wetering, Rembrandt van Rijnsingel 33, Roelofarendsveen, tel. 01713-12540.

Dierenhulp
Voor hulp en vervoer gewond geraakte dieren tel: 174141.

Storingsnummer EWR
Water (niet in leiderdorp) electriciteit, gas en steadsverwarming tel: 06-0677.

Geslachtsziekten/aids
GGD tel: 143604.

Verloskunde
Op te roepen via dokterstelefoon 071-122222.

Uit: *Leids Nieuwsblad*, 2 december 1994.

E 8 Wereldrecord hoesten

Tekst aan de muur van de Stadsschouwburg Brugge (België):
We hebben een zachte winter achter de rug. Toch krijgt de directie van de schouwburg veel klachten van publiek en artiesten over hoesten tijdens de voorstelling. Een boze bezoeker telde tijdens de mooie voorstelling *Amadeus* 112 hoestbuien in vijftien minuten! Bij acteurs staat Brugge inmiddels bekend als 'een verkouden stad'. Er blijken mensen in de zaal te zijn die niet begrijpen dat allerlei lawaai (ook biepende horloges) erg storend is. Daarom een vriendelijke vraag aan alle schouwburg-bezoekers om het hoesten en ander lawaai dat storend is zoveel mogelijk te vermijden.

Naar: *Stadsschouwburg Leiden*, info-krant seizoen 1994-95.

E 9 Hij ligt in de regen

Zijn kattenkeeltje spint
niet meer.
Zijn zachte vachtje glanst
niet meer.
Zijn rode rugje rekt
niet meer.
Zijn open oortje hoort
niet meer
dat ik hem roep.
Nu roep ik hem
niet meer.

Sieneke de Rooij

15 Moet dat echt?

A 1 In een buurthuis

Santiago Ledesma Ik wil graag informatie over de cursussen Nederlands.

Renske Tollenaar Wat wilt u weten?

Santiago Ledesma Wanneer beginnen de cursussen?

Renske Tollenaar Dat hangt ervan af. Wilt u zich opgeven voor een beginners- of een gevorderdencursus?

Santiago Ledesma Ik weet het niet precies. Misschien een beginnerscursus.

Renske Tollenaar Maar u spreekt al wat Nederlands. Volgens mij kunt u beter een cursus voor gevorderden doen.

Santiago Ledesma O, maar ik spreek maar een heel klein beetje Nederlands.

Renske Tollenaar Maar u bent ook geen echte beginner meer. De beginnerscursus is voor mensen die nog helemaal geen Nederlands spreken.

Santiago Ledesma Wanneer begint die gevorderdencursus?

Renske Tollenaar Volgende week.

Santiago Ledesma Oh, dat is goed.

Renske Tollenaar Nee, nee, dat gaat niet. Alles zit bijna vol. Ik weet niet of er nog plaats is. Dat moet ik eerst even nakijken.

Santiago Ledesma Op welke dag is de cursus?

Renske Tollenaar We hebben een cursus op maandag, dinsdag en donderdag.

Santiago Ledesma Drie keer per week?

Renske Tollenaar Nee, de cursus is één keer per week, op maandagochtend, dinsdagmiddag of donderdagmiddag.

Santiago Ledesma Niet ’s avonds?

Renske Tollenaar Nee, alleen overdag. Maar het is niet zeker of we nog plaats hebben. Ik kijk even. Nee, het spijt me, alles is al vol.

Santiago Ledesma Wanneer beginnen de volgende cursussen?

Renske Tollenaar Dat is pas over een half jaar.

Santiago Ledesma Kan ik nu toch niet meedoen?

Renske Tollenaar Nee, dat kan echt niet. Ik kan u wel op de wachtlijst zetten.

Santiago Ledesma Nou, doet u dat maar.

het buurthuis	de beginner
de cursus	vol zitten
zich opgeven (voor)	de maandagochtend
de beginnerscursus	de dinsdagmiddag
de gevorderdencursus	de wachtlijst

A 2 Buurthuis 'de Pancrat'

Kom ook naar buurthuis 'de Pancrat'! Er zijn nog plaatsen voor de volgende cursussen:

Dansen voor kinderen

Elke dinsdagmiddag van 16.00 – 17.00 uur. Voor kinderen van 5 t/m 8 jaar. 12 lessen kosten *f* 30,–.

Jongeren: theater & muziek

Elke vrijdag van 14.00 – 17.00 uur. Samen met anderen werken aan een voorstelling: teksten, muziek en decors maken. Hartstikke leuk dus. Het kost niets, alleen tijd!

Kunst

Voor iedereen die meer van kunst wil weten. Het programma maken we met elkaar. We zullen samen ook enkele musea bezoeken. Docent: Omar Sialiti. 6 avonden voor *f* 60,– (inclusief musea).

Koken

Hoe lang moet u aardappels koken? Hoe maakt u een lekkere maaltijd met vis?
Deze vragen komen aan de orde in de cursus 'Koken'. De Hollandse keuken vormt de basis van deze cursus, maar we kunnen natuurlijk ook andere 'landen' proberen! De maaltijden die u maakt, kunt u naar huis meenemen.
Docent: Carolien Zwart.
8 lessen voor *f* 40,–. Elke woensdag van 19.30 – 22.00 uur.

Alleen dames

Zin om de avond even alleen met vrouwen door te brengen? Dat kan in buurthuis 'de Pancrat'! Elke dinsdag van 20.00 – 22.30 uur is er een gezellige avond voor vrouwen. Het programma maken we met elkaar. Het kost *f* 10,– per maand.

Alle cursussen beginnen in de eerste week van maart. U kunt zich inschrijven tot 1 maart. Voor informatie kunt u terecht bij: Buurthuis 'de Pancrat', Middelstegracht 58, 1081 VH Amstelveen, (020)6404362.

dansen	hartstikke	de basis	doorbrengen
de tekst	de kunst	meenemen	gezellig
het decor	aan de orde komen	de dame	zich inschrijven

Unsicherheit ausdrücken

Het is niet zeker of ...
- Heb je Theo ook uitgenodigd?
- Ja, maar het is niet zeker of hij komt.

- Is de cursus niet 's avonds?
- Nee, alleen overdag. Maar het is niet zeker of we nog een plaats voor u hebben.

Ik weet niet of ...
- Ga je morgen ook naar Audrey?
- Ja, maar ik weet niet of ik met jullie meega.

- Wanneer begint de gevorderdencursus?
- Volgende week. Maar ik weet niet of er nog plaats is.

Dat hangt van ... af.
- Hoe laat neem je de bus?
- Dat hangt ervan af hoe laat de les begint.

- Wanneer beginnen de cursussen?
- Dat hangt ervan af. Een beginners- of een gevordencursus?

- Koop je dat leren jack nog?
- Dat hangt van de prijs af. Als het meer dan *f* 500,– kost, doe ik het niet.

Etwas ablehnen

Dat gaat niet.
- Kan ik hier even bellen?
- Nee, dat gaat niet. Ik wacht namelijk op een telefoontje.

- Ik kom volgende week.
- Nee, dat gaat niet. Dan ben ik op vakantie.

Het kan niet.

Ober, kunnen we bestellen?
- Het kan niet meer. We gaan zo sluiten.

- Kan ik nu toch niet meedoen?
- Nee, dat kan echt niet. De cursus is vol.

Dat is niet mogelijk.
- Mag ik deze broekjes even passen?
- Nee mevrouw, het is niet mogelijk ondergoed te passen.

- Kan ik ook later betalen?
- Nee meneer, dat is niet mogelijk. Het spijt me.

B 3 Op een technische school

Abderrahim Badr Ik heb me laatst opgegeven voor Elektrotechniek. Kunt u mij inlichtingen geven over het toelatingsexamen?

Kees Stellingwerf Wat is uw naam?

Abderrahim Badr Abderrahim Badr.

Kees Stellingwerf Moment, dan pak ik even uw formulier. U bent Marokkaan, zie ik?

Abderrahim Badr Dat klopt.

Kees Stellingwerf Nou, in ieder geval moet u dan een examen Nederlands doen.

Abderrahim Badr Maar…, ja, ik woon al twee jaar in Nederland. Moet dat echt?

Kees Stellingwerf Ja, u moet toch dat examen afleggen. Wat is uw vooropleiding?

Abderrahim Badr Ik heb in Marokko de middelbare school gedaan.

Kees Stellingwerf O ja, dat zie ik hier staan. Heeft u uw diploma bij u?

Abderrahim Badr Nee, dat is nog in Marokko.

Kees Stellingwerf Maar we moeten weten met welke cijfers u geslaagd bent.

Abderrahim Badr Is dat echt nodig?

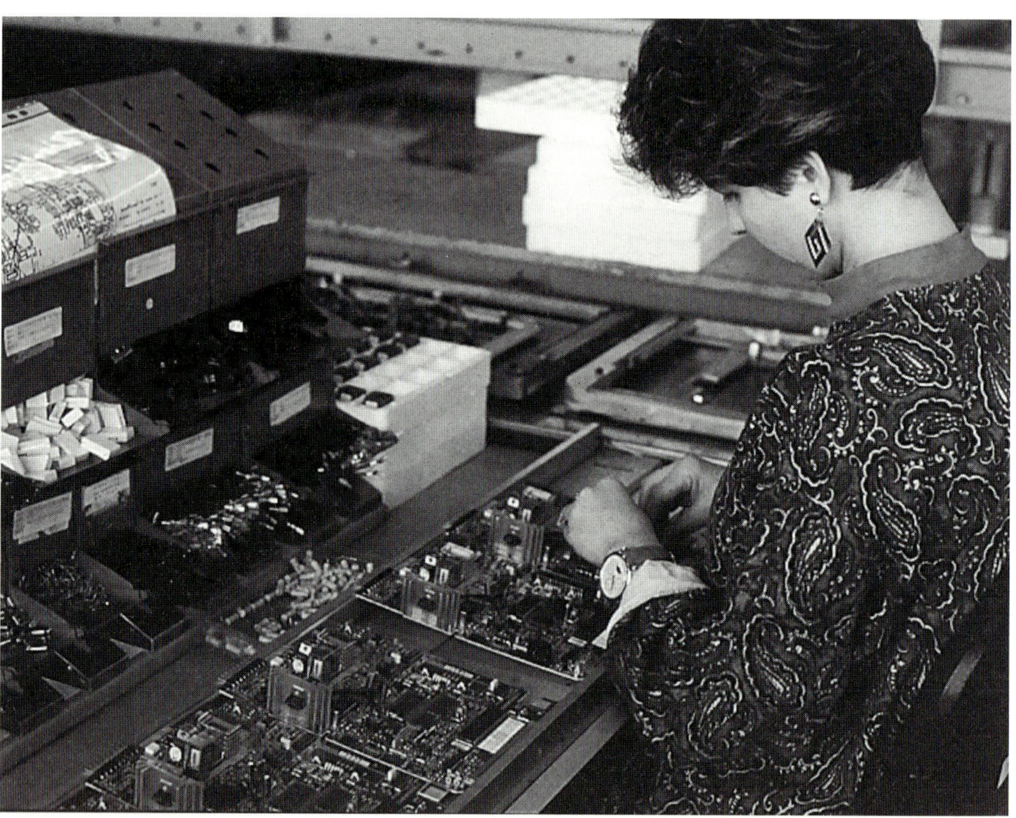

Kees Stellingwerf Ja, als u voor wiskunde, natuurkunde en Engels lage cijfers had, moet u ook nog in die vakken examen doen.

Abderrahim Badr O, maar ik had allemaal goede cijfers.

Kees Stellingwerf Dan hoeft u geen examen in die vakken te doen. Maar we willen dat toch even controleren.

Abderrahim Badr Dus ik moet echt mijn diploma laten zien?

Kees Stellingwerf Ja, dat kan niet anders.

Abderrahim Badr Wanneer is het examen Nederlands?

Kees Stellingwerf Dat is dit jaar op 23 en 24 juni. Maar zorgt u nu eerst dat wij uw diploma krijgen.

Abderrahim Badr Kan ik hier anders niet studeren?

Kees Stellingwerf Nee, nee, dat is niet mogelijk.

Abderrahim Badr Goed, ik zal mijn best doen. Bedankt voor uw informatie.

Kees Stellingwerf Graag gedaan, dag meneer Badr.

technisch
de elektrotechniek
het toelatingsexamen
de Marokkaan
het examen
een examen afleggen
de vooropleiding
de middelbare school
het diploma
het cijfer
slagen
de wiskunde
de natuurkunde
laag
het vak
examen doen
controleren
je best doen

Nach der Notwendigkeit fragen

Moet ... (echt)?

- Sorry meneer, u heeft geen geldig plaatsbewijs. Dat kost u *f* 60,–.
- Moet het echt? Kan ik niet een extra zone afstempelen?

- Dus ik moet echt mijn diploma laten zien?
- Ja.

Is dat (echt) nodig?

- Wilt u de bon meenemen als u iets terugbrengt?
- Is dat echt nodig? U kent me toch?

- Ja, wij willen graag weten met welke cijfers u geslaagd bent.
- Is dat echt nodig?

Eine Notwendigkeit ausdrücken

U moet ...

– Ik heb geen legitimatie bij me.
– Dan kan ik u geen geld geven. U moet zich legitimeren.

Het kan niet anders.

– Meneer, u kunt niet meer naar binnen. De voorstelling is al begonnen.
– Maar ik heb al kaartjes gekocht!
– Het spijt me, meneer, maar het kan niet anders.

Hoeven + Verneinung (+ *te*)

Wird *moeten* verneint: *hoeven* + *geen/niet* (+ *te*)

– Moet ik even brood halen?
– Nee hoor, dat hoeft niet. Er is nog genoeg.

– Moet ze lang in het ziekenhuis blijven?
– Nee, ze hoeft niet zo lang te blijven. Een paar dagen.

– Moeten we nog even boodschappen doen?
– Nee hoor, jullie hoeven geen boodschappen meer te doen.

C 4 Een telefoongesprek

Gilberto Riveira Ja.
Harm-Jan Heddema Met Harm-Jan Heddema. Spreek ik met Gilberto?
Gilberto Riveira Ja.
Harm-Jan Heddema Ik heb je advertentie gelezen over Portugese les. Ik heb daar wel belangstelling voor.
Gilberto Riveira O, leuk. Maar heb je begrepen dat ik dan van jou Nederlandse les wil?
Harm-Jan Heddema Ja, dat vind ik juist een prima idee. Maar jij spreekt al goed Nederlands, zeg!
Gilberto Riveira Ja, redelijk, maar ik maak nog heel veel fouten. Heb je al eerder lesgegeven?
Harm-Jan Heddema Nee, nog nooit, maar ik studeer Nederlands.

473894

Braziliaan geeft lessen Portugees in ruil voor conversatie Nederlands. Gilberto, 010-8765432

Gilberto Riveira O, maar ik wil absoluut geen grammatica, hoor. Ik wil alleen maar vloeiend Nederlands leren praten.

Harm-Jan Heddema Heb jij wel eens lesgegeven?

Gilberto Riveira Ja, ik geef regelmatig conversatieles. En in Brazilië was ik onderwijzer. Spreek jij al een beetje Portugees?

Harm-Jan Heddema Nee, nog niet. Maar ik ga van de zomer met vakantie naar Brazilië. En dan is het handig om een paar woorden Portugees te kunnen praten.

Gilberto Riveira Zullen we een afspraak maken? Kun je donderdagavond?

Harm-Jan Heddema Nee, dan heb ik altijd conditietraining. Wat denk je van dinsdagavond?

Gilberto Riveira Nee, dan kom ik heel vaak laat thuis. Maandagavond misschien?

Harm-Jan Heddema Dat is goed. Doen we het bij jou of bij mij?

Gilberto Riveira Kom maar naar mij toe. Ik woon in de Kruisstraat 54.

Harm-Jan Heddema Zal ik dan om een uur of half acht komen?

Gilberto Riveira Eh, liever iets later, acht uur, half negen. Ik eet meestal niet zo vroeg.

Harm-Jan Heddema Goed, dan kom ik om acht uur. Tot dan, hè.

Gilberto Riveira Ja, tot ziens.

het telefoongesprek	redelijk	de conversatieles	de dinsdagavond
de Braziliaan	de fout	de onderwijzer	de maandagavond
Portugees	lesgeven	van de zomer	om een uur of ...
in ruil voor	de grammatica	met vakantie gaan (naar)	vroeg
de conversatie	vloeiend	de conditietraining	tot dan

Adverbien der Häufigkeit

nooit
wel eens, soms, af en toe
vaak
meestal
regelmatig
altijd, steeds

Heb je al eerder lesgegeven?
– Nee, nog nooit. En jij? Heb jij wel eens les gegeven?
– Ja, ik geef regelmatig conversatieles.

– Wat denk je van dinsdagavond?
– Nee, dan kom ik vaak heel laat thuis.
– En donderdagavond?
– Nee, dan heb ik altijd conditietraining.

D 5 Het onderwijs in Nederland

Leerplicht

Elk kind dat in Nederland woont heeft vanaf vier jaar het recht om naar school te gaan. Maar Nederland kent ook de leerplicht, dat betekent dat ouders de plicht hebben om hun kinderen in de leeftijd tussen vijf en zestien jaar onderwijs te laten volgen. Zij mogen hun kinderen dus niet thuis houden.

Hoe is het onderwijs in Nederland geregeld?

Kinderen van vier tot twaalf jaar gaan naar de *basisschool.* Na de basisschool kunnen de leerlingen overstappen naar het voortgezet onderwijs. Er zijn *twee vormen* van voortgezet onderwijs:

1 *algemeen voortgezet onderwijs*, in dit onderwijs worden de leerlingen nog niet voorbereid op een beroep;

2 *beroepsgericht onderwijs*, hier leren de leerlingen een vak of worden ze op een bepaald beroep voorbereid.

In het voortgezet onderwijs beginnen de leerlingen met de basisvorming. De basisvorming duurt drie jaar. Op alle scholen zijn de lessen in de basisvorming (bijna) hetzelfde. Op die manier krijgen alle leerlingen dezelfde basis en kunnen ze gemakkelijk naar een ander schooltype overstappen.

Het algemeen voortgezet onderwijs
Tot het algemeen voortgezet onderwijs behoren:
1 *het middelbaar algemeen vormend onderwijs* (mavo), deze school duurt vier jaar en geeft toegang tot het middelbaar beroepsonderwijs;
2 *het hoger algemeen vormend onderwijs* (havo), deze school duurt vijf jaar en geeft toegang tot het hoger beroepsonderwijs;
3 *het voorbereidend wetenschappelijk onderwijs* (vwo); het vwo duurt zes jaar en geeft toegang tot de universiteit.

Het beroepsonderwijs
In het beroepsonderwijs worden de leerlingen direct opgeleid voor een vak of beroep. Er zijn *drie niveaus*:
1 *voorbereidend beroepsonderwijs* (vbo),
2 *middelbaar beroepsonderwijs* (mbo),
3 *hoger beroepsonderwijs* (hbo).
In het beroepsonderwijs kunnen de leerlingen kiezen uit verschillende richtingen, zoals technisch onderwijs, economisch en administratief onderwijs of agrarisch onderwijs.

Naar: *Het Koninkrijk der Nederlanden, feiten en cijfers*, Voorlichtingsdienst Buitenland van het Ministerie van Buitenlandse Zaken in samenwerking met diverse overheidsinstanties. 's-Gravenhage, 1990.

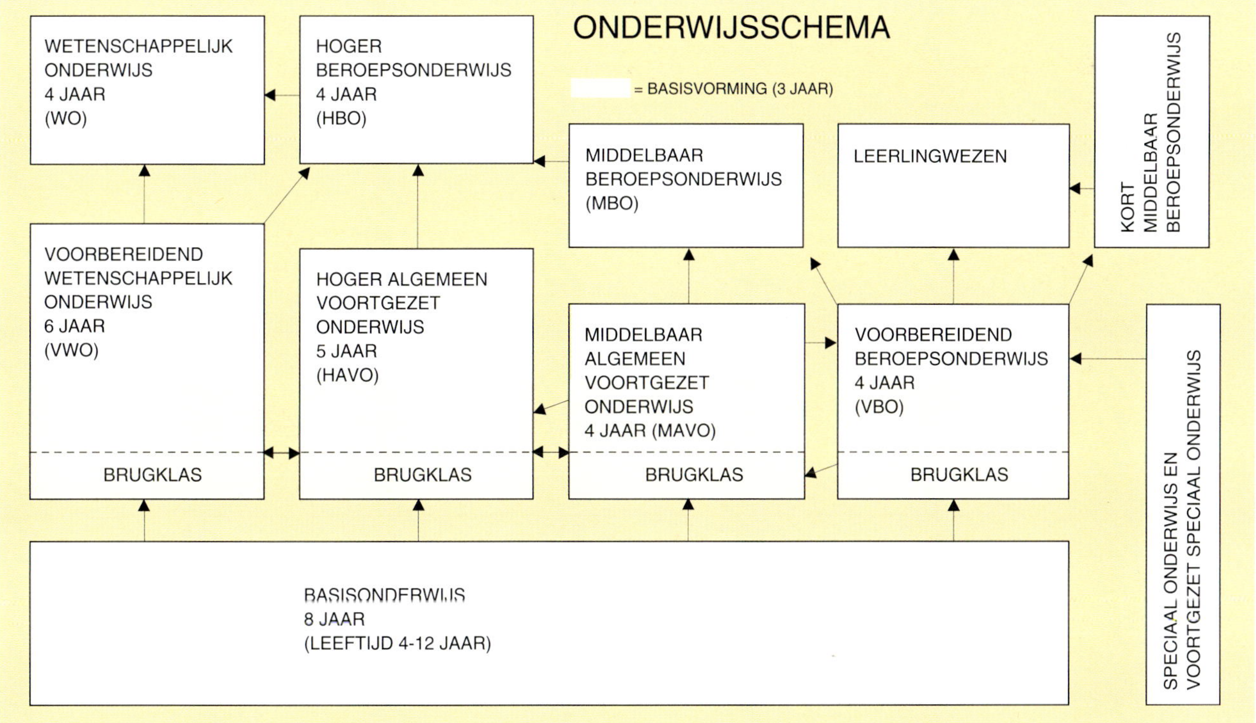

de leerplicht
de leeftijd
de basisschool
de leerling
overstappen
voortgezet
de vorm
voorbereiden
het beroep
beroepsgericht
de basisvorming
op die manier
dezelfde
gemakkelijk
het schooltype
behoren tot
toegang geven (tot)
het beroepsonderwijs
voorbereidend
wetenschappelijk
de universiteit
direct
opleiden
het niveau
de richting
administratief
agrarisch

E 6 Foxtrot of tango?

Elke zwemleraar(es) die bij ons les geeft, is OFFICIEEL BEVOEGD

VIJF MEIBAD (woensdag, vrijdag)

zwembad DE ZIJL (dinsdag, donderdag, zaterdag)

Zwemlessen vanaf 4 jaar tot verder elke leeftijd!

NÙ OPGEVEN voor de komende serie zwemlessen geen wachtlijst

U kunt bellen: 141881 of 213660

NBD DANSCENTRUM

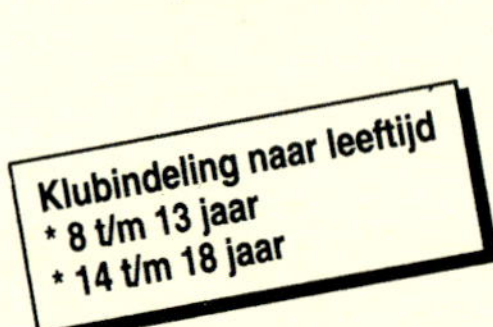

Inlichtingen en inschrijving

voor de danslessen
Dagelijks van 19.00-21.00 uur tel. 071-123583

Hooigracht 87 - 2312 KP Leiden **071-123583**

EENDAGSTHEORIECURSUS AB

3 december

LID BOVAG AUTO

08380-18027 KERKHOFLAAN 1 - EDE

Ook in: Arnhem - Duiven - Westervoort
Diemen - Wageningen - Veenendaal

E 7 Sport en muziek op school

Op basisschool 'De Viersprong' in Leiden kunnen leerlingen zich opgeven voor een *verlengde* schooldag. Eén keer per week kunnen ze na de 'gewone' les sporten, techniek doen, muziek maken, zich bezighouden met kunst of computeren. Leerlingen van verschillende leeftijden zitten in deze groepen door elkaar. Een vakdocent leert de kinderen op een speelse manier met materialen, sport en elkaar om te gaan. 'Veel kinderen van onze school hebben een taalachterstand. Dat betekent dat een kind minder ver is in taal dan andere kinderen van zijn leeftijd. Op deze manier proberen we die achterstand minder groot te maken. Hopelijk gaat het kind ook beter leren. Verder vinden we het belangrijk dat kinderen leren van elkaar en dat ze elkaar helpen. School moet een plaats zijn waar ze graag komen. Niet alleen een plaats waar hoge cijfers belangrijk zijn en waar ze uren moeten zitten.' Dat zegt Fryja Zandbergen, leider van het project 'Verlengde schooldag'.

Naar: *Leids Nieuwsblad*, 2 december 1994.

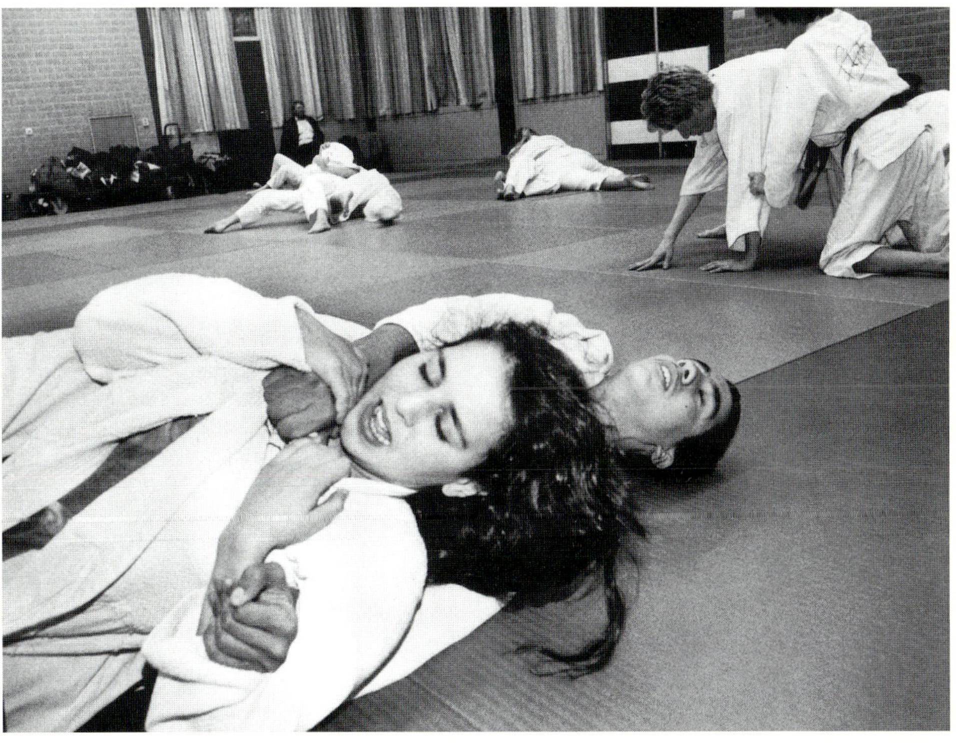

16 Wat voor werk doet u?

A 1 Bij een uitzendbureau

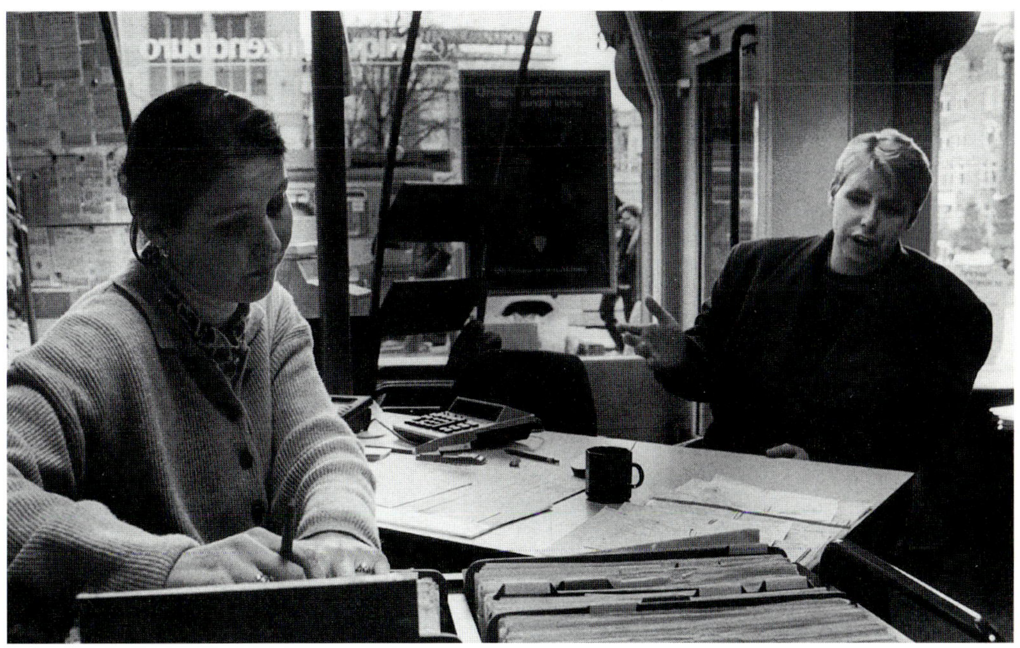

Humphrey Tamara Goedemiddag, ik zoek een baantje.

medewerker Wat is uw beroep?

Humphrey Tamara Ik ben student.

medewerker En wat voor werk zoekt u?

Humphrey Tamara Dat maakt niet uit.

medewerker In welke periode bent u beschikbaar? Zoekt u vakantiewerk?

Humphrey Tamara Ja, ik zoek iets in juni en juli.

medewerker Hm, moeilijk. Wilt u schoonmaakwerk doen?

Humphrey Tamara Heeft u niets anders? Ik heb dat vorig jaar ook al gedaan, maar dat is me toen slecht bevallen.

medewerker Ja, u bent natuurlijk niet de enige die in die periode iets zoekt. Heeft u een rijbewijs?

Humphrey Tamara Nee, maar ik heb wel een typediploma. Heeft u ergens op een kantoor of zo geen werk voor me?

medewerker Nee, niets, alleen schoonmaakwerk. O, wacht even. Dit bedrijf zoekt iemand voor administratief werk. Misschien is dat iets voor u. Het is wel buiten de stad.

Humphrey Tamara O, dat doet er niet toe. Van wanneer tot wanneer is het?

medewerker Van 15 juni tot 15 augustus.

Humphrey Tamara Nee, in augustus ben ik al weg.

medewerker Niet in augustus. Wanneer wilt u beginnen?

Humphrey Tamara Dat kan me niet schelen. Nu, als het moet. Krijgt u nog ander werk binnen, denkt u?

medewerker Tja, dat is moeilijk te zeggen. U kunt het beste dit formulier invullen. Dan kunnen we u bellen, als we iets geschikts voor u hebben. En misschien moet u het ergens anders nog eens proberen.

Humphrey Tamara Ja, dat zal ik doen, dank u wel.

Vakantiewerk

ASB uitzendbureau
zoekt m/v:

havo/vwo eindexamen-kandidaten

die op verschillende projecten in Amsterdam gedurende de zomermaanden administratief werk gaan verrichten.
Van de kandidaten wordt verwacht:
- havo en/of vwo met wiskunde of economie
- leeftijd 18 tot 20 jaar
- in teamverband willen werken
- beschikbaar vanaf 29 mei t/m 21 juli of vanaf 24 juli t/m 15 september a.s.

Geinteresseerden kunnen contact opnemen met ASB uitzendburreau, Middenweg 1-3, 1098 AA Amsterdam, telef. 020-926416. U kunt vragen naar Yvonne Knape.

het uitzendbureau	het vakantiewerk	het typediploma	binnenkrijgen
de baan	het schoonmaakwerk	wacht even	tja
de periode	niets anders	het bedrijf	dat is moeilijk te zeggen
beschikbaar zijn	bevallen	het is (n)iets voor u	geschikt

Gleichgültigkeit ausdrücken

Het doet er niet toe.

– Wilt u een baantje in juli of augustus?
– O, het doet er niet toe.

– Het is een baantje buiten de stad.
– Dat doet er niet toe.

Dat kan me niet(s) schelen.

– Wilt u dinsdag of donderdag?
– O, dat kan me niet schelen.

– Wanneer wilt u beginnen?
– Het kan me niets schelen.

Iets-niets, iemand-niemand, ergens-nergens

1 *bei Sachen:* **iets, niets**

- Kan ik iets voor je doen?
- Nee hoor, dank je.

- Hebt u op een kantoor geen werk voor me?
- Nee, ik heb niets, alleen schoonmaakwerk.

bei Personen: **iemand, niemand**

- Kan iemand mij even helpen?
- Ja, momentje.

- Ik wil dat je het tegen niemand zegt, okee?
- Natuurlijk!

örtlich: **ergens, nergens**

- De Tulpenlaan moet hier ergens in de buurt zijn.
- Ja, maar waar?

- Ik kan Michel nergens meer vinden.
- Nee, dat klopt. Hij is net naar huis gegaan.

2 **iets, niemand, ..., + anders**

- Wilt u schoonmaakwerk doen?
- Hebt u niets anders?

- Misschien moet u het ergens anders nog eens proberen.
- Ja, dat zal ik doen, dank u wel.

3 **iets/niets** + *Adjektiv* + **s**

- Heb je nog wat gekocht in de stad?
- Nee, ik heb echt niets moois gezien.

- We bellen u, als we iets geschikts voor u hebben.
- Ja, prima.

A 2 Als niemand luistert...

als niemand
luistert
naar niemand
vallen er doden
in plaats van
woorden

Jana Beranová

in plaats van

B 3 Gesprek met een treinconducteur

interviewer Meneer Smeets, wat voor werk doet u precies?

Twan Smeets Ik ben conducteur bij de Nederlandse Spoorwegen.

interviewer En hoe lang doet u dit werk nu?

Twan Smeets Ik ben nu twaalf jaar conducteur, maar ik werk al zestien jaar bij de NS.

interviewer Wat deed u daarvoor?

Twan Smeets Voordat ik conducteur werd, bedoelt u? Toen werkte ik als stationsassistent.

interviewer En waarom bent u conducteur geworden?

Twan Smeets Tja, een baan op kantoor leek me niks en ik wist dat de NS een goede werkgever was, dus toen ze conducteurs nodig hadden, heb ik gesolliciteerd.

interviewer En daar hebt u achteraf geen spijt van?

Twan Smeets Nee, beslist niet, want ik vind het een leuk beroep. Ik kom elke dag met veel mensen in contact, ik heb aardige collega's en het is een afwisselend beroep.

interviewer U knipt niet alleen kaartjes?

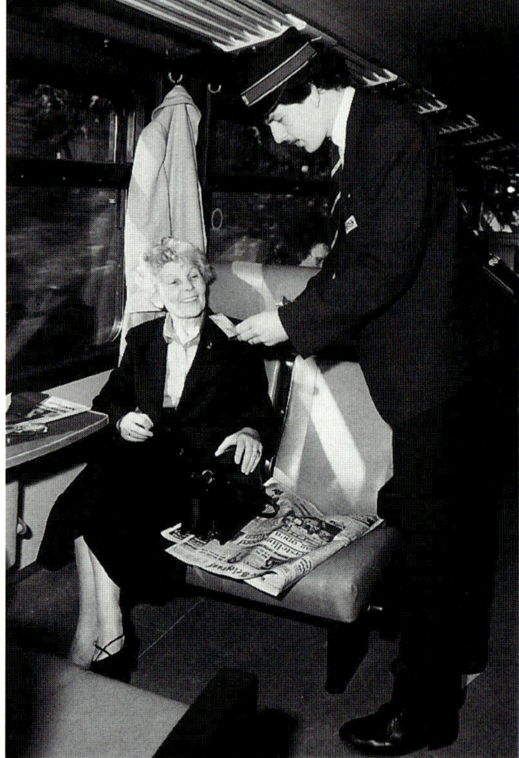

Twan Smeets Nee, ik voel me meer een soort gastheer in de trein. Als conducteur help je de reizigers, je geeft informatie en je bent verantwoordelijk voor de orde en veiligheid in de trein.

interviewer Vindt u het een zwaar beroep?

Twan Smeets Nee, lichamelijk is het geen zwaar beroep, nee. Maar je moet wel stevig in je schoenen staan voor dit werk.

interviewer Hoe bedoelt u?

Twan Smeets Nou, probeert u maar eens de kaartjes te controleren van een groep voetbalsupporters. Nou, dan moet je heel tactisch optreden.

interviewer En bent u tevreden over uw salaris?

Twan Smeets Ach, een mens wil natuurlijk altijd meer. Maar door mijn onregelmatige diensten heb ik recht op een extra toeslag. Op die manier is het een goed betaald beroep.

interviewer Dus u bent niet op zoek naar ander werk?

Twan Smeets Nee, ik wil dit werk graag blijven doen.

de (trein)conducteur
daarvóór
de stationsassistent
het lijkt me niets
de werkgever
solliciteren
achteraf
spijt hebben van
beslist niet
in contact komen met
afwisselend
kaartjes knippen
zich voelen
de gastheer
de reiziger
verantwoordelijk (voor)
de veiligheid
lichamelijk
stevig in je schoenen staan
de voetbalsupporter
tactisch
optreden
tevreden
het salaris
onregelmatig
recht hebben (op)
de toeslag

Nach dem Beruf fragen

Wat is uw beroep?

– Wat is je beroep?
– Ik geef les. En jij?

– Wat is uw beroep?
– Ik ben conducteur.

Wat (voor werk) doe je?

– Wat doe je?
– Ik werk bij een bank. Jij?

– Wat voor werk doet u precies?
– Ik ben conducteur bij de Nederlandse Spoorwegen.

C 4 Op zoek naar werk

Gerard:
'Mijn naam is Gerard, ik ben 32 jaar en ik heb mavo. Ik werk al jaren als assistent inkoper bij een technisch bedrijf. Promotiekansen binnen het bedrijf heb ik eigenlijk niet. Mijn chef is maar twee jaar ouder dan ik, dus als ik moet wachten totdat die met pensioen gaat... Ik heb al verschillende keren gesolliciteerd. Ik heb natuurlijk veel praktijkervaring, maar ja, ik kan geen diploma's laten zien. Gelukkig ben ik nog nooit één dag werkloos geweest, maar ik vraag me toch af: 'Is er voor mij nou niet een mogelijkheid om hogerop te komen?'

Marijke:
'Ik ben Marijke, 19 jaar. Toen ik twee jaar geleden m'n havo-diploma haalde, sprong ik een gat in de lucht. Nou, ik kan je wel zeggen dat ik nu weer met beide benen op de grond sta. D'r zijn wel banen, maar ja, net niet iets voor mij. Overal vragen ze iemand met ervaring. Ik wil het liefst iets met m'n handen doen. Timmeren of meubelmaken, dat lijkt me nou echt leuk. Voor mijn kamer heb ik een tafeltje en een boekenkast gemaakt. Maar nu nog naar het mbo? Dat zie ik echt niet zitten. Maar ja, wat dan wel...?'

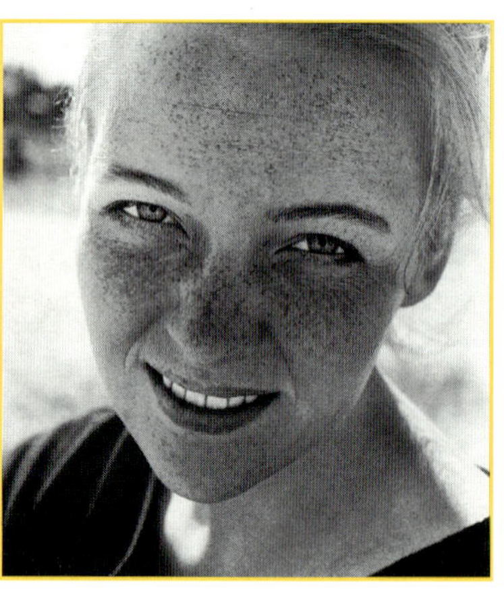

Harmen:
'Ik ben Harmen, 26, en ik heb op school altijd vreselijk gebaald. De laatste tijd heb ik verschillende baantjes gehad. Eerst administratief medewerker, maar dat was niks. Magazijnbediende bij een handelaar in levensmiddelen beviel me beter. Maar toen het slechter ging met het bedrijf, kreeg ik ontslag. Het laatst gekomen, dus het eerst eruit. Nu repareer ik geluidsinstallaties en oude televisies voor vrienden en kennissen. Elektrotechniek is net iets voor mij. Er zijn ook wel vacatures in die branche, maar tot nu toe heb ik nog niks geschikts gevonden.'

Cor:
'Ik ben Cor, ik ben 24 en ik ben net klaar met mijn studie medicijnen. Je denkt misschien dat het voor mij gemakkelijk is om werk te vinden? Nou, vergeet het maar. Ja, ik heb bollen gepeld, tomaten geplukt en in een papierfabriek gewerkt. Want stil zitten kan ik niet. Daar heb ik thuis trouwens ook nooit tijd voor gehad. Mijn vader had een melkzaak, dus daar was altijd wel wat te doen. En al die klussen zijn voor een tijdje best leuk, maar het is nou niet precies wat ik me van de toekomst heb voorgesteld.'

de assistent	een diploma halen	de handelaar	bollen pellen
de inkoper	een gat in de lucht springen	de levensmiddelen	tomaten plukken
de promotiekans	met beide benen op de grond staan	ontslag krijgen	de papierfabriek
de chef	timmeren	de geluidsinstallatie	trouwens
totdat	meubelmaken	de kennis	de vader
met pensioen gaan	de boekenkast	de vacature	de melkzaak
de praktijkervaring	het vbo	de branche	de klus
zich afvragen	iets zien zitten	tot nu toe	de toekomst
hogerop komen	balen	de studie medicijnen	
twee jaar geleden	de magazijnbediende	vergeet het maar	

Gefallen ausdrücken

Dat is iets voor mij.

– Hoe vind je mijn jas?
– Ja, dat is nou echt iets voor jou.

– En wat denkt u van elektrotechniek?
– Ja, dat is net iets voor mij.

Het bevalt me.

– Hoe is het in je nieuwe huis?
– Nou, het bevalt me wel.

– Eerst administratief medewerker, maar dat was niets. Magazijnbediende bij een handelaar in levensmiddelen beviel me beter.

Dat lijkt me leuk/goed/...

– Zullen we vanavond naar de film gaan?
– Dat lijkt me hartstikke leuk.

– Wat vind je van timmeren of meubelmaken?
– Het lijkt me heel leuk.

Missfallen ausdrücken

Dat is niets voor mij.

- Hoe vind je dat lekkere stuk daar aan de bar?
- O nee, dat is niets voor mij.

- Vind je administratief werk leuk?
- Nee, dat is niets voor mij.

Dat bevalt me niet/slecht/...

- Gaat het goed op die nieuwe afdeling?
- Nou, het bevalt me niet zo goed.

- Wilt u schoonmaakwerk doen?
- Nee, dat is me vorig jaar slecht bevallen.

Het lijkt me niet leuk/goed/...

- Zullen we Gerard dan ook uitnodigen?
- Nou, dat lijkt me niet zo leuk.

- Waarom bent u conducteur geworden?
- Een baan op kantoor leek me niets en ik wist dat de NS een goede werkgever was, dus toen ze conducteurs nodig hadden, heb ik gesolliciteerd.

D 5

Leven en laten leven?

De één heeft lang haar, de ander kort. De één draagt een baard, de ander een snor. Mannen met lang haar vinden we al lang niet meer vies of raar. Veertig jaar geleden was dat nog wel zo. De meeste mannen hadden kort geknipt haar. Lang haar was voor meisjes. Mannen met lang haar konden vaak moeilijk een baan vinden. Trouwens, nog steeds kan lang haar, een baard of een snor een leuke baan in de weg staan.

Een Amerikaanse vrouw kreeg haar ontslag omdat ze te veel haar op haar bovenlip had. De vrouw werkte in een hotel. Een vrouw met een snor was daar niet gewenst. De chef van de vrouw heeft inmiddels ook zijn ontslag gekregen. Hij had de vrouw advies moeten geven om haar snor weg te halen. 'Ze kan zich immers scheren?' werd er gezegd. De vrouw en haar chef hebben nu een klacht ingediend bij de Raad voor Gelijke Behandeling. De Raad kijkt nu na wat de wet hierover zegt.

Naar: *De Toonzetter*, juli/augustus 1994.

leven
de baard
de snor
vies
raar
het meisje
in de weg staan
de bovenlip
het hotel
immers
zich scheren
een klacht indienen
de wet

D 6 Bouwbedrijf Gürçay: bijzonder, betaalbaar en snel

Vanaf 1992 zit bouwbedrijf Gürçay in Leiden. Turan Gürçay is 'de motor' van het bedrijf. Hij komt uit Turkije en heeft daar een opleiding architectuur en bouwkunde gevolgd. Van 1981 tot 1985 had Gürçay een bouwbedrijf in Libië. In 1985 kwam hij naar Nederland waar hij nu woont en werkt.

Gürçay heeft van zijn hobby – ontwerpen en (ver)bouwen – zijn beroep gemaakt. Zowel in Amsterdam als in Leiden heeft hij inmiddels een groot aantal huizen gebouwd en verbouwd. 'Ik ben graag met mijn handen bezig,' zegt Gürçay. Hij kent zijn vak dan ook goed: hij kan niet alleen ontwerpen, hij kan het meeste zelf ook maken. 'Het gebeurt in Nederland niet zo vaak dat die twee dingen door één persoon worden gedaan.'

Gürçay ziet graag tevreden klanten. 'Daarom moeten we bijzonder, betaalbaar en snel zijn. Want verbouwen is meestal niet goedkoop en men verbouwt niet iedere dag.'

Naar: *HET op zondag*, 18 september 1994.

het bouwbedrijf	de opleiding	ontwerpen
bijzonder	de architectuur	verbouwen
betaalbaar	de bouwkunde	bouwen
de motor	de hobby	

E 7 Blues on tuesday

Geen geld.
Geen vuur.
Geen speed.

Geen krant.
Geen wonder.
Geen weed.

Geen brood.
Geen tijd.
Geen weet.

Geen klote.
Geen donder.
Geen reet.

J.A. Deelder

Uit: *Renaissance, gedichten '44-'95*, Amsterdam 1994.

E 8 Vacatures

ACADEMISCH ZIEKENHUIS LEIDEN

Gemeenschappelijke Bedrijfsgezondheidsdienst voor AZL en RUL

De Gemeenschappelijke Bedrijfsgezondheidsdienst voor AZL en RUL vraagt:

arts m/v

(38 uur per week)

Vac.nr. 95.R.08.05.NRC

met belangstelling voor bedrijfsgezondheidszorg.

De Gemeenschappelijke Bedrijfsgezondheidsdienst (GBGD) is verantwoordelijk voor de bedrijfsgezondheidszorg van meer dan 10.000 werknemers van het Academisch Ziekenhuis en de Rijksuniversiteit te Leiden. De GBGD telt 21 medewerkers (waaronder zes bedrijfsartsen en vier bedrijfsmaatschappelijk werkers). De dienst zoekt voor een half jaar een waarnemer voor één van de bedrijfsartsen; het dienstverband gaat in per 1 april a.s.

Taak: de gevraagde arts verricht in een vaste sector alle taken op het gebied van ziekteverzuimbegeleiding, sociaal-medisch overleg, aanstellingskeuringen en periodiek onderzoek. De arts krijgt daarbij begeleiding van een geregistreerde bedrijfsarts.

Functie-eisen: wij zoeken een arts met aantoonbare belangstelling voor de bedrijfsgezondheidszorg. Ervaring in de sociale verzekeringsgeneeskunde of in de bedrijfsgezondheidszorg strekt tot aanbeveling.

De aanstelling geschiedt in tijdelijke dienst voor zes maanden; er is géén uitzicht op een vast dienstverband.

Salaris: maximaal f 5.989,- bruto per maand, afhankelijk van ervaring.

Informatie: nadere inlichtingen worden gaarne verstrekt door de heer J.H.W. Maasen, bedrijfsarts/hoofd GBGD (071 - 26 80 15).

Reacties gaarne binnen 2 weken na verschijningsdatum van deze advertentie.

Bij indiensttreding is de Algemeen Burgerlijke Pensioenwet van toepassing.
Vakantietoelage 8%.
U kunt solliciteren door een brief te zenden aan de directeur van de dienst sociale zaken AZL, Postbus 9600, 2300 RC Leiden. Graag op de brief en envelop het vacaturenummer vermelden.

Dille & Kamille Amersfoort, gevestigd in een historisch pand in de binnenstad, zoekt op korte termijn voor ± **30** uur per week een

---

enthousiaste

verkoopmedewerkster

---

van ± 20 jaar, die bereid is zich in onze specifieke winkelomgeving voor de volle 100% in te zetten.

Graag spoedige schriftelijke reakties aan Dille & Kamille, t.a.v. Ellen Heilijgers, Krommestraat 36, 3811 CC Amersfoort

Handels- en Konstruktiebedrijf

H. HARDEMAN B.V.

te Veenendaal neemt een vooraanstaande positie in op het gebied van het bouwen van industriële en agrarische bedrijfshallen.

Voor onze afdeling Verkoop zoeken wij een

Commercieel medewerker

(binnendienst)

Zijn taak zal bestaan uit calculeren en telefonisch verkopen van ons produkt.

Ervaring met systeembouw is van groot belang.

Kandidaten met een goede spreekvaardigheid in de duitse en engelse taal genieten de voorkeur.

Uitsluitend schriftelijke sollicitaties richten aan:

Handels- en Konstruktiebedrijf
H. Hardeman BV
t.a.v. de heer H. Hardeman
Postbus 376
3900 AJ VEENENDAAL

E 9

Ik heb geen zin om op te staan

Het is weer tijd om op te staan.
Maar ik heb geen zin
(hij heeft geen zin)
om naar m'n baas te gaan.
Met m'n blote voeten
op het kouwe zeil.
(met z'n grote blote voeten
op het kouwe zeil)
Ik heb geen zin om op te staan. (2x)
Was jij maar hier,
was jij maar hier.
Want het is zo fijn
(het is zo fijn)
om hier met jou te zijn.
Met m'n voeten tegen je pyjama aan.
(met z'n grote voeten
tegen je pyjama aan)
Ik heb geen zin om op te staan. (2x)

Ik blijf in bed, de hele dag.
Want ik heb geen zin
(hij heeft geen zin)
om d'r nou nog uit te gaan.
Met m'n blote handen
naar m'n baas te gaan.
(met z'n grote blote handen
naar z'n baas te gaan)
Ik heb geen zin om op te staan. (5x)

Het

Liste unregelmäßiger Verben

In dieser Liste wurden keine zusammengesetzten Verben aufgenommen. Wird das Perfekt mit zijn *gebildet, steht nach dem Partizip* zijn *in Klammern.*

Infinitiv	*Präteritum (Singular/Plural)*	*Partizip*	*Übersetzung*
bakken	bakte, bakten	gebakken	*backen*
beginnen	begon, begonnen	begonnen (zijn)	*anfangen, beginnen*
begrijpen	begreep, begrepen	begrepen	*verstehen, begreifen*
bespreken	besprak, bespraken	besproken	*besprechen*
bestaan	bestond, bestonden	bestaan	*bestehen, existieren*
bevallen	beviel, bevielen	bevallen (zijn)	*gefallen*
bieden	bood, boden	geboden	*bieten*
blijken	bleek, bleken	gebleken (zijn)	*sich zeigen, sich herausstellen*
blijven	bleef, bleven	gebleven (zijn)	*bleiben*
breken	brak, braken	gebroken	*brechen*
brengen	bracht, brachten	gebracht	*bringen*
buigen	boog, bogen	gebogen	*beugen, biegen*
denken	dacht, dachten	gedacht	*denken*
doen	deed, deden	gedaan	*tun*
dragen	droeg, droegen	gedragen	*tragen*
drinken	dronk, dronken	gedronken	*trinken*
eten	at, aten	gegeten	*essen*
gaan	ging, gingen	gegaan (zijn)	*gehen*
geven	gaf, gaven	gegeven	*geben*
hangen	hing, hingen	gehangen	*hängen*
hebben	had, hadden	gehad	*haben*
helpen	hielp, hielpen	geholpen	*helfen*
heten	heette, heetten	geheten	*heißen*
hoeven	hoefde, hoefden	gehoeven	*brauchen*
houden	hield, hielden	gehouden	*halten*
kiezen	koos, kozen	gekozen	*wählen*
kijken	keek, keken	gekeken	*sehen, schauen*
komen	kwam, kwamen	gekomen (zijn)	*kommen*
kopen	kocht, kochten	gekocht	*kaufen*
krijgen	kreeg, kregen	gekregen	*bekommen*
kunnen	kon, konden	gekund	*können*
laten	liet, lieten	gelaten	*lassen*
lezen	las, lazen	gelezen	*lesen*
liggen	lag, lagen	gelegen	*liegen*
lijden	leed, leden	geleden	*leiden*
lijken	leek, leken	geleken	*ähneln, erscheinen*
lopen	liep, liepen	gelopen	*laufen*

Infinitiv	*Präteritum (Singular/Plural)*	*Partizip*	*Übersetzung*
meten	mat, maten	gemeten	*messen*
moeten	moest, moesten	gemoeten	*müssen*
mogen	mocht, mochten	gemogen	*dürfen*
nemen	nam, namen	genomen	*nehmen*
rijden	reed, reden	gereden (zijn/hebben)	*fahren*
roepen	riep, riepen	geroepen	*rufen*
schieten	schoot, schoten	geschoten	*schießen*
schrijven	schreef, schreven	geschreven	*schreiben*
slapen	sliep, sliepen	geslapen	*schlafen*
sluiten	sloot, sloten	gesloten	*schließen*
spijten	speet (het), -	gespeten	*leid tun*
spreken	sprak, spraken	gesproken	*sprechen*
springen	sprong, sprongen	gesprongen	*springen*
staan	stond, stonden	gestaan	*stehen*
steken	stak, staken	gestoken	*stechen*
trekken	trok, trokken	getrokken	*ziehen*
treden	trad, traden	getreden	*treten*
vallen	viel, vielen	gevallen (zijn)	*fallen*
verbinden	verbond, verbonden	verbonden	*verbinden*
verbreken	verbrak, verbraken	verbroken	*zerbrechen, abbrechen*
vergeten	vergat, vergaten	vergeten (zijn/hebben)	*vergessen*
verkopen	verkocht, verkochten	verkocht	*verkaufen*
verlaten	verliet, verlieten	verlaten	*verlassen*
vertrekken	vertrok, vertrokken	vertrokken (zijn)	*abfahren, abreisen*
vinden	vond, vonden	gevonden	*finden*
vragen	vroeg, vroegen	gevraagd	*fragen*
willen	wou/wilde, wouden/wilden	gewild	*wollen*
worden	werd, werden	geworden (zijn)	*werden*
zeggen	zei, zeiden	gezegd	*sagen*
zien	zag, zagen	gezien	*sehen*
zijn	was, waren	geweest (zijn)	*sein*
zitten	zat, zaten	gezeten	*sitzen*
zoeken	zocht, zochten	gezocht	*suchen*
zullen	zou, zouden	-	*werden (Hilfsverb), sollen*

Übersicht der behandelten Grammatik

Die Zahlen verweisen auf die Lektionen.

Code Nederlands 1 – Wortschatzliste

Das niederländisch-deutsche Wörterverzeichnis enthält den Wortschatz Lektion für Lektion in alphabetischer Reihenfolge. Die Wörter aus den E-Teilen sind nicht aufgenommen.
AB = Arbeitsbuch

1 Hoe heet u?

A

aan	an
acht	acht
achtentwintig	achtundzwanzig
de achternaam	Nachname
achttien	achtzehn
het adres	Adresse
het alfabet	Alphabet

B

de bar	Bar
België (AB)	Belgien
Berlijn (AB)	Berlin
Brazilië	Brasilien
best/e (<goed)	beste/r/s
de buurman	Nachbar

C

het café	Lokal, Kneipe

D

Dag.	Guten Tag.
dat is	das ist
de	der, die, das *(niederländischer Artikel: männlich, weiblich)*
dertien	dreizehn
dertig	dreißig
dit is	dies ist
drie	drei
drieëntwintig	dreiundzwanzig
driehonderd	dreihundert
Duitsland (AB)	Deutschland
duizend	tausend

E

een	ein, eine *(unbestimmter Artikel)*
een	ein, eins *(Zahlwort)*
eenentwintig	einundzwanzig
elf	elf
Engeland	England
en	und
even	(eben) mal

F

het feest, het feestje	Fest

G

de geboortedatum	Geburtsdatum

H

het	*(niederländischer Artikel: sächlich)*
het	es
heten	heißen
hij	er
hoe	wie
honderd	hundert
het huis (AB)	Haus

I

ik	ich
in	in
India	Indien

J

ja	ja
je	du
jij	du *(betont)*

K

de kaart	Karte
het kaartje	Kärtchen
de kapper	Friseur
kennismaken	Bekanntschaft machen, kennen lernen
het kenteken (AB)	(Auto)Kennzeichen
Keulen (AB)	Köln
komen	kommen
kunnen	können

L

het land	Land
leren	lernen
de les	(Unterrichts)stunde
het loket	Schalter

M

maar (1)	aber
Marokko	Marokko
Mag ik me even voorstellen?	Darf ich mich (mal) vorstellen?
maken	machen, tun
me	mir, mich

de meneer	Herr
meneer Overmeer	Herr Overmeer
met	mit
de mevrouw	Frau
mevrouw Overmeer	Frau Overmeer
mijn	mein/e
het miljoen	Million

N

de naam	Name
Nederlands	niederländisch
Nedersaksen (AB)	Niedersachsen
nee	nein
negen	neun
negenentwintig	neunundzwanzig
negentien	neunzehn
negentig	neunzig
nog	noch
Noordrijn-Westfalen (AB)	Nordrhein-Westfalen
nul	null
het nummer	Nummer

O

o ja	oh ja
ook	auch
op	auf

P

de postcode	Postleitzahl
prettig	angenehm
Prettig met u kennis te maken.	Sehr erfreut (Sie kennen zu lernen).

R

de receptie	Empfang

S

het schrift	Heft
schrijven	schreiben
spellen	buchstabieren
de straat	Straße
de student	Student

T

tachtig	achtzig
te	zu
het telefoonnummer	Telefonnummer
tien	zehn
twaalf	zwölf
twee	zwei
tweeëntwintig	zweiundzwanzig
tweehonderd	zweihundert
twintig	zwanzig

U

u	Sie *(Höflichkeitsform)*
uit	aus
uw	Ihr/e *(Possessivpronomen, Höflichkeitsform)*

V

vandaan (*siehe:* waar)	
veertien	vierzehn
veertig	vierzig
vier	vier
vierentwintig	vierundzwanzig
vijf	fünf
vijfentwintig	fünfundzwanzig
vijftien	fünfzehn
vijftig	fünfzig
de voornaam	Vorname
zich voorstellen	sich vorstellen
de vriend	Freund
de vriendin	Freundin

W

waar	wo
waar (...) vandaan	woher
wat	was
welk/e	welche/r/s
werken	arbeiten
werkloos	arbeitslos
wonen	wohnen
de woonplaats	Wohnort
het woord	Wort

Z

ze	sie *(Personalpronomen, weiblich, Sing.)*
zes	sechs
zesentwintig	sechsundzwanzig
zestien	sechzehn
zestig	sechzig
zeven	sieben
zevenentwintig	siebenundzwanzig
zeventien	siebzehn
zeventig	siebzig
zij	sie *(Personalpronomen, weiblich Sing., betont)*
zijn	sein

2 Hoe gaat het ermee?

A

de april	April
Dag.	Wiedersehen. / Tschüs.
de augustus	August
de avond	Abend
’s avonds	abends

B

bestellen	bestellen
bij	bei
het broodje	Brötchen

C

het concert	Konzert

D

de dag	Tag
dan (1)	dann
danken	danken
dank je/u	danke
de december	Dezember
de dinsdag	Dienstag
doen	tun
de donderdag	Donnerstag
drinken	trinken

E

er zijn	es gibt
ergens	irgendwo
ermee	
Hoe gaat het ermee?	Wie geht’s so?

F

de februari	Februar
de film	Film

G

gaan	gehen
Hoe gaat het (met u)?	Wie geht es (Ihnen)?
geen	kein/e
goed	gut
Goedemiddag	Guten Tag *(Begrüßung am (Nach)Mittag)*
Goedemorgen	Guten Morgen
Goedenavond	Guten Abend
graag	gerne

H

hallo	hallo
hebben	haben
heel veel	sehr viel/e
de herfst	Herbst
hoor	*(Verstärkung)*
Goed hoor!	Gut, wirklich gut!

J

de januari	Januar
jarig	
Ik ben jarig.	Ich habe Geburtstag.
je	dir/dich
jou	dir/dich *(betont)*
de juli	Juli
de juni	Juni

K

de kantine	Kantine
de koffie	Kaffee
kopen	kaufen

L

laten	lassen
Laten we naar café Bos gaan.	Laß uns doch zum Café Bos gehen.
lekker	*hier:* prima
de lente	Frühling
leuk	nett

M

de maand	Monat
de maandag	Montag
de maart	März
maken	machen
Hoe maakt u het?	Wie geht es Ihnen?
de markt	Markt
meegaan	mitgehen
de mei	Mai
de meneer	Herr
meneer Potter	Herr Potter
de mens	Mensch
de mensen	Leute
de middag	Mittag, Nachmittag
’s middags	mittags, nachmittags
misschien	vielleicht
morgen	morgen
de morgen	Morgen
’s morgens	morgens
morgenavond	morgen Abend
morgenochtend	morgen früh

N

naar	zu, zum, zur
de nacht	Nacht
’s nachts	nachts
niet	nicht
nou	nun, ...
de november	November

O

de ochtend	Morgen
’s ochtends	morgens
okee	okay

de oktober	Oktober
om	um
overdag	tagsüber

P

het park	Park

S

de school	Schule
het seizoen	Jahreszeit
de september	September
de stad	Stadt

T

thuisblijven	zu Hause bleiben
tot	bis
Tot ziens	Auf Wiedersehen
de trek	Appetit
trek hebben (in)	Appetit haben (auf)

U

uitgaan	ausgehen
uitnodigen	einladen
uitstekend	ausgezeichnet
het uur	Stunde
om twee uur	um zwei Uhr

V

van	von
vanavond	heute Abend
vandaag	heute
vanmiddag	heute (Nach)Mittag
vanmorgen	heute Morgen
vannacht	heute Nacht
vanochtend	heute Morgen
veel	viel
vinden	finden
volgend/e	nächste/r/s
de vrijdag	Freitag

W

wanneer	wann
we	wir
de week	Woche
het weekend	Wochenende
wel	
Het gaat wel.	Es geht schon. / Es geht so.
Ik zie wel.	Ich werde mal sehen.
het werk	Arbeit
weten	wissen
wie	wer
willen	wollen
de winter	Winter
de woensdag	Mittwoch

Z

de zaterdag	Samstag
zien	sehen
Tot ziens	Auf Wiedersehen
de zin	Lust
zin hebben (om … te …)	Lust haben zu …
de zomer	Sommer
de zondag	Sonntag
zullen	sollen, werden *(Modalverb)*

3 Ja, lekker!

A

aankomen	(an)kommen
de alcohol	Alkohol
alsjeblieft	bitte *(„Du"-Form)*
alstublieft	bitte *(„Sie"-Form)*
het appelsap	Apfelsaft

B

bedanken	sich bedanken
bedankt	danke
het bier	Bier
bij u	zu Ihnen
bitter	bitter
de borrel	Schnaps
boven	
Er gaat niets boven een haring.	Es geht nichts über einen Hering.
het brood	Brot

C

de chips	Chips
de citroen	Zitrone
de cola	Cola

D

daar	dort
de dagschotel	Tagesmenü, Tagesgericht
dan (2)	als *(Komparativ)*
dank je/u wel	Vielen Dank
de dorst	Durst

E

eten	essen
het eten	Essen

F

de fles	Flasche
de friet	Pommes Frites
fris	frisch

G

geven	geben
het glas	Glas
graag	*hier:* bitte
Voor mij een tonic, graag.	Für mich bitte ein Tonic.

H

de ham	Schinken
de haring	Hering
hè?	oder? was?
heerlijk	herrlich
hem	ihm/ihn
hier	hier
de honger	Hunger
houden (van)	lieben, gerne mögen

I

iets	etwas
het ijs, het ijsje	Eis

J

jong	jung
jullie	ihr *(Personalpronomen)*

K

de kaas	Käse
de kabeljauw	Kabeljau
kiezen	wählen
het kind	Kind
het kopje	Tasse

L

lekker	prima, toll, lecker
de lievelingsdrank	Lieblingsgetränk
liever (<graag)	lieber
lopen	laufen, gehen

M

maar (2)	nur
Mag ik ... ? *(Verb:* mogen)	Darf ich / Kann ich ... haben?
de melk	Milch
het menu	Menü
de menukaart	Speisekarte
mij	mir/mich
moeten	müssen
mogen	dürfen

N

natuurlijk	natürlich
nemen	nehmen
niets	nichts

O

de ober	Ober
of	oder

P

de/het pils	Pils
proost	Prost

R

reserveren	reservieren
Hebt u gereserveerd?	Haben Sie reserviert?
het restaurant	Restaurant
rood	rot

S

de sla	Salat
de smaak	Geschmack
Eet (u) smakelijk!	Guten Appetit!
smaken	schmecken

de spa	Mineralwasser
de suiker	Zucker

T

de tafel	Tisch
het terras	Straßencafé, Terrasse
de thee	Tee
thuis	zu Hause
de tonic	Tonicwasser
de tosti	Toast

U

uitmaken	ausmachen
Het maakt mij niet uit.	Das ist mir egal.
u	Ihnen/Sie

V

verschillen	sich unterscheiden
vinden	finden
de vis	Fisch
de visboer	Fischhändler
het vlees	Fleisch
voor	für
wat voor …	was für ein/e/en …
vragen	fragen

W

wachten	warten
het water	Wasser
wij	wir *(betont)*
de wijn	Wein
wit	weiß

Z

ze	sie *(Personalpronomen, Plural)*
zeggen	sagen
Zegt u het maar.	Sagen Sie nur, was Sie möchten. *(Aufforderung)*
zij	sie *(Personalpronomen, Plural, betont)*
zitten	sitzen
zo	sofort, gleich; so
zoet	süß, süße Sachen
de zoetekauw	eine Person, die gerne etwas Süßes isst
zout	salzig, gesalzene Sachen
zuur	sauer, saure Sachen

4 Wat bedoelt u?

A

de aanbieding	Angebot
alles	alles
als	wenn
ander/e	andere/r/s
de asbak	Aschenbecher

B

bakken	braten, backen
bedoelen	meinen
een beetje	ein bisschen
de belangstelling	Interesse
belangstelling hebben voor	Interesse haben für
betekenen	bedeuten
beter (<goed)	besser
de bioscoop	Kino
het boek	Buch
de boekenclub	Buchklub
de boterham	Butterbrot
de buurt	Gegend, Umgebung, Nachbarschaft

C

de caissière	Kassiererin
de champignonsoep	Champignonsuppe
de club	Klub
de colporteur	Vertreter, der Sachen auf der Straße / an der Haustür verkauft

D

donderdagavond	Donnerstagabends
duur	teuer
die	diese (dort) *(Plural)*

E

echt niet	wirklich nicht
het eetcafé	Esslokal
het ei	Ei
het einde	Ende

F

de folder	Prospekt, Faltblatt

G

goedkoop	billig, preiswert
de groentesoep	Gemüsesuppe
de gulden	Gulden

H

haar	ihr/sie
hard	laut
de helft	Hälfte
hem	ihm/ihn
het (...)st	am (...)sten
het liefst	am liebsten
hun/hen	ihnen/sie *(betont, für Personen)*

I

instappen	einsteigen
interessant	interessant
de interesse	Interesse
zich interesseren voor	sich interessieren für

J

het jaar	Jahr
je	dir/dich
jou	dir/dich *(betont)*
jullie	euch

K

de kassa	Kasse
de keer	Mal
nog een keer	noch mal
de kerk	Kirche
kijken	schauen, sehen
kosten	kosten
krijgen	bekommen
de kroket	Krokette

L

langzaam	langsam
de lever	Leber
lezen	lesen
het lid	Mitglied
het liefst (<graag)	am liebsten
luisteren	(zu)hören

M

me	mir/mich
meer (<veel)	mehr
het meest (<veel)	am meisten
mij	mir/mich *(betont)*
het milieu	Umwelt
minder (<weinig)	weniger
het minst (<weinig)	am wenigsten
de moskee	Moschee
het museum	Museum
de muziek	Musik

N

naast	neben
nu	nun, jetzt

O

het ogenblik	Augenblick, Moment
onderweg	unterwegs
ons	uns

P

paar	paar
een paar	ein paar
pardon	Entschuldigung, Verzeihung
per	pro
de persoon	Person
per persoon	pro Person
de plaats	Platz
de politiek	Politik
praten	reden
de prijs	Preis

R

de reis	Reise
de rosbief	Roastbeef

S

de salami	Salami
de serveerster	Kellnerin
slecht	schlecht
snel	schnell
de soep	Suppe
sorry	Entschuldigung, Verzeihung
sporten	Sport treiben

T

de taxi	Taxi
de taxichauffeur	Taxifahrer
de televisie	Fernsehen
televisie kijken	fernsehen
tennissen	Tennis spielen
het theater	Theater
het tientje	Zehnguldenschein
de tijd	Zeit
de tomatensoep	Tomatensuppe
de tuin	Garten

U

u	Ihnen/Sie
uitslapen	ausschlafen
de uitsmijter	strammer Max
uitverkocht	ausverkauft
uitzoeken	aussuchen

V

ver	weit
verder	weiter
de vereniging	Verein, Vereinigung
verstaan	verstehen
voetballen	Fußball spielen
volledig	vollständig, ganz
de voorstelling	Vorstellung
vrij	frei

W

wandelen	spazieren gehen
wat	was
Wat duur!	Wie teuer!
weinig	wenig
de wijk	Viertel, Stadtteil
het woordenboek	Wörterbuch
worden	werden

Z

ze	ihnen/sie *(unbetont)*
zich	sich

5 Anders nog iets?

A

aantrekken	anziehen
de aardappel	Kartoffel
aardig	nett
al	schon
allebei	beide/s
alleen	nur
altijd	immer
anderhalf	eineinhalb
anders	sonst
Anders nog iets?	Sonst noch was?

B

belegen kaas	mittelalter Käse
bestaan uit	bestehen aus
de beurt	Reihe
aan de beurt zijn	an der Reihe sein
Wie is er aan de beurt?	Wer ist an der Reihe?
de boter	Butter
blauw	blau
de bloem (AB)	Mehl
het briefje	Geldschein
de broek	Hose
buiten (de deur)	draußen
buitenlands	ausländisch

C

de cent	Cent

D

daarvan, daar (...) van	davon
dat	diese/r/s dort, jene/r/s *(bei* „het"*-Wörtern)*
de deur	Tür
deze	diese/r/s *(bei* „de"*-Wörtern)*
dicht	zu, geschlossen
die	diese/r/s dort, jene/r/s *(bei* „de"*-Wörtern)*
dit	diese/r/s *(bei* „het"*-Wörtern)*
dragen	tragen
de druif	Traube
het dubbeltje	10-Cent-Münze

E

eens	(ein)mal
eerste	erste
eigenlijk	eigentlich
het eiwit (AB)	Eiweiß
elkaar	
bij elkaar	zusammen
extra	extra, zusätzlich

F

het fruit	Obst

G

gaar koken (AB)	gar kochen
geel	gelb
het geld	Geld
genoeg	genug
het gram	Gramm
groen	grün
de groente	Gemüse
de groenteboer	Gemüsehändler
de groentewinkel	Gemüseladen
groot	groß

H

halen	holen
half	halb
helemaal geen	überhaupt kein/e
helemaal niet	ganz und gar nicht, überhaupt nicht
hoeveel	wieviel
Hollands	holländisch

I

ietsje meer	etwas mehr

J

ja hoor	ja, so ist es *(Verstärkung)*
jammer	schade
de joet	Zehner, Zehnguldenschein

K

de karbonade	Kotelett
de kilo	Kilo
het kilogram	Kilogramm
de kist	Kiste
klein	klein
het kleingeld	Kleingeld
de knoflook (AB)	Knoblauch
de koekenpan (AB)	Bratpfanne
de koffer	Koffer
koken	kochen
kort	kurz
het krat	Kasten
een krat limonade	ein Kasten Limonade
het kwartje	25-Cent-Münze

L

lang	lang
de limonade	Limonade
de lunch	Lunch, Mittagsimbiss

M

de maaltijd	Mahlzeit
de maat	Größe
maat 42	Größe 42
meestal	meistens
meevallen	nicht so schlimm sein, besser sein als man vorher gedacht hat
f 59,75? Dat valt mee.	f 59,75? Das ist in Ordnung. *hier:* Das ist gar nicht so teuer.
mooi	schön
de munt	Münze

O

het ons	100 Gramm
het ontbijt	Frühstück
overal	überall

P

het paar	Paar
het pakje	Päckchen
de pan	Topf
de paprika	Paprika
passen	anprobieren
de peper (AB)	Pfeffer
het pond	Pfund
de pot	Topf
de prei (AB)	Lauch
proberen	probieren

R

het recept	Rezept
de reis	Reise
de rijksdaalder	$2^{1/2}$-Gulden-Münze
de rijst	Reis
roeren (AB)	rühren
de rookworst	Rauchwurst
de roti	Braten

S

schillen (AB)	schälen
de schoen	Schuh
de schoenenwinkel	Schuhgeschäft
smal	schmal
smelten (AB)	schmelzen
snijden (AB)	schneiden
de spekblokjes	Speckwürfel
de spijkerbroek	Jeans
de sportschoen	Sportschuh
de stamppot	Eintopfgericht
stijf kloppen (AB)	steif klopfen
de stuiver	5-Cent-Münze
het stuk	Stück
Surinaams	surinamisch

T

het tientje	Zehnguldenschein
toevoegen (AB)	hinzufügen
het toetje	Nachtisch

V

vegetarisch	vegetarisch
de verdieping	Stockwerk, Etage
verhitten (AB)	erhitzen
de verkoopster	Verkäuferin
verkopen	verkaufen
de verkoper	Verkäufer
het vijfje	5-Gulden-Münze
voorkomen	vorkommen

W

het warenhuis	Warenhaus
warm	warm
wassen	waschen
wegen	wiegen
de winkel	Laden, Geschäft
wisselen	wechseln
de worst	Wurst

Z

zitten	*hier:* passen
zoeken	suchen
de zuurkool	Sauerkraut
zwaar	schwer
zwart	schwarz

6 Hoe heet dat ook al weer?

A

aanbieden – anbieten
de accessoires – Zubehör

B

de bandplooi – Bundfalte
de beha – BH
bijvoorbeeld – zum Beispiel
binnen – herein, hinein
de blondine – Blondine
de blouse – Bluse
de body – Body
de bon – Kassenzettel
brengen – bringen
bruin – braun

C

de ceintuur – Gürtel
de centimeter – Zentimeter, Meterband
het colbert – Jackett, Sakko
de collega – Kollege, Kollegin

D

daarom – darum, deshalb
de das – Krawatte
de decimeter – Dezimeter
denken – denken
het ding – Ding
duren – dauern
dus – also

E

eerder – früher
eruitzien – aussehen
de etalage – Schaufenster, Auslage

G

gewoon – einfach (so)
het gordijn – Vorhang
de Gouden Gids – Gelbe Seiten

H

haar – ihr/e *(Possessivpronomen, Singular)*
de hak – Absatz
de hakkenbar – Absatzbar
de handschoen – Handschuh
hangen – hängen
de hoed – Hut
hoeven – brauchen
Dat hoeft niet. – Das ist nicht nötig.
hopen – hoffen
het huis – Haus
hun – ihr/e *(Possessivpronomen, Plural)*

I

het idee – Idee
geen idee – keine Ahnung
iemand – jemand
innemen – kürzer machen

J

het jack – *(kurze)* Jacke
de jas – Jacke
je – dein/e
jouw – dein/e *(betont)*
jullie – euer, eure
de jurk – Kleid

K

kapot – kaputt
de kilometer – Kilometer
klaar – fertig
de kleding – Bekleidung
de kledingzaak – Kleidergeschäft
de kleermaker – Schneider
de kleren – Kleider, Kleidung
de kleur – Farbe
de knoop – Knopf
de kous – Strumpf

L

de laars – Stiefel
lachen – lachen
het leer – Leder
Het Leger des Heils – Heilsarmee
leggen – legen
liever gezegd – besser gesagt …
liggen – liegen
de lingerie – Damenwäsche
lukken – gelingen, glücken
Het lukt niet. – Das klappt nicht.

M

mankeren – fehlen, mangeln
Wat mankeert eraan? – Was ist damit nicht in Ordnung?
de mantel – Mantel
de medewerker – Mitarbeiter, Kollege
meteen – sofort
meten – messen
de meter – Meter
de millimeter – Millimeter
morgenmiddag – morgen (nach)mittag
de muts – Mütze

N

nieuw – neu
nodig – nötig, erforderlich
nooit – nie, niemals

O

de oma	Oma
het ondergoed	Unterwäsche
ongeveer	ungefähr
onze,ons	unser/e
oud	alt
overhebben	übrig haben
het overhemd	Hemd

P

pakken	nehmen
precies	genau
de plooi	Falte
het probleem	Problem

R

de regenjas	Regenjacke
repareren	reparieren
de riem	Gürtel
de rok	Rock
het rubber	Gummi

S

de schoenmaker	Schuster
de sjaal	Schal
de sok	Socke
sommige	einige, manche
soms	manchmal
staan	stehen
Het staat je goed.	Es steht dir gut.
de stomerij	Reinigung
straks	bald, gleich

T

toch	doch
de trui	Pullover

V

veranderen	(ver)ändern
het vest	Weste
vlug	schnell, rasch
vriendelijk	freundlich
de vrouw	Frau

W

de want	Fausthandschuh
want	denn
weer	wieder
de weg	Weg
op weg gaan	sich auf den Weg machen
wijd	weit

Z

de zaak	Geschäft
zeker	sicher
zeker weten	aber sicher
zelf	selbst
zijn	sein/e
zoiets	so etwas
zo'n	solch ein/e
de zool	Sohle

7 Bent u hier bekend?

A

afstempelen — abstempeln
alle — alle

B

beginnen — beginnen, anfangen
bekend — bekannt
Bent u hier bekend? — Kennen Sie sich hier aus?
betalen — bezahlen
binnen een week — innerhalb einer Woche
de bus — Bus

C

het centrum — Zentrum
de controleur — Kontrolleur

D

de dienst — Dienst
Tot uw dienst. — Bitte schön, Gern geschehen.
de dienstregeling — Fahrplan

E

eens kijken / even kijken / eens even kijken — mal schauen / mal sehen
elk/e — jede/r/s
erbij — dazu

F

het formulier — Formular

G

gebruiken — benutzen, verwenden, nehmen
geldig — gültig
graag gedaan — Bitte schön, Gern geschehen
de grens — Grenze

H

de hand — Hand
aan de hand zijn — los sein
helpen — helfen
de hoek — Ecke

J

je — dich, euch *(Reflexivpronomen)*
de jongere — Jugendliche

K

kloppen — stimmen
dat klopt — das stimmt
kwalijk nemen — übelnehmen
Neem(t) (u) me niet kwalijk. — Entschuldige(n Sie) bitte.
het kwart — Viertel
kwart voor — viertel vor
kwart over — viertel nach
het kwartier — Viertelstunde

L

laat — spät
zich legitimeren — sich ausweisen
het leven — Leben
aan uw linkerhand — links von Ihnen
de linkerkant — die linke Seite
aan de linkerkant — auf der linken Seite
links — links
linksaf — nach links
de lokettist — Schalterbeamte

M

me — mich *(Reflexivpronomen)*
het medicijn — Medikament
men — man
de minuut — Minute
het moment — Moment, Augenblick

N

na — nach *(zeitlich)*
niets — nichts

O

om — um
ons — uns *(Reflexivpronomen)*
oversteken — überqueren

P

het plaatsbewijs — Fahrkarte

R

rechtdoor — geradeaus
aan uw rechterhand — rechts von Ihnen
de rechterkant — die rechte Seite
aan de rechterkant — auf der rechten Seite
rechts — rechts
rechtsaf — nach rechts
reizen — reisen
het retour — Rückfahrkarte
het rijbewijs — Führerschein
rijden — fahren

S

de seconde — Sekunde
slapen — schlafen
spelen — spielen
spijten — leid tun
Het spijt me. — Es tut mir leid.
het spoor — Gleis

het station	Bahnhof
stempelen	stempeln
het stoplicht	Ampel
stoppen	anhalten
de streekbus	Überlandbus
studeren	studieren
T	
tot en met	bis einschließlich
de tram	Straßenbahn
de trein	Zug
U	
u	sich *(Höflichkeitsform, Reflexivpronomen)*
V	
veel	viel
te veel op hebben	*hier:* zu viel getrunken haben
verdelen	aufteilen
vertrekken	abfahren
vooruit dan maar	also los
de vraag	Frage
W	
waarheen, waar (...) heen	wohin
waarnaartoe, waar (...) naartoe	wohin
Z	
zich	sich
de zone	Zone

8 Met wie spreek ik?

A

aangetekend – eingeschrieben
aangeven – anzeigen
aantekenen – einschreiben
aanvragen – beantragen
het abonnement – Abonnement
de afdeling – Abteilung
de ansichtkaart – Ansichtskarte

B

de balie – Schalter, Theke *(bei Bank, Post ...)*
de bank – Bank
bellen – anrufen, telefonieren
de bestemming – Bestimmung, Bestimmungsort
de betaalpas – Scheckkarte
de bibliotheek – Bibliothek
het binnenland – Inland
de brief – Brief
de brievenbus – Briefkasten
buiten – draußen
het buitenland – Ausland
de buitenlander – Ausländer

D

de dinar – Dinar
doorsturen – weiterschicken, weiterleiten
doorverbinden – durchstellen, verbinden
draaien – wählen *(am Telefon)*

E

Engels – englisch
er – dort, da *(unbetont)*
erop – d(a)rauf
per expres – mit Express

F

het filiaal – Filiale

G

de geboorte – Geburt
het gesprek – Gespräch
in gesprek – besetzt *(am Telefon)*
de girorekening – Girokonto

I

de informatie – Information
de inlichting – Auskunft
de instelling – Institution, Einrichtung
openbare instelling – öffentliche Einrichtung
invullen – ausfüllen

J

jawel – jawohl
jazeker – ja sicher

K

kennen – kennen
de klant – Kunde
kletsen – schwatzen, plaudern
de koers – Kurs
de koning – König
de krant – Zeitung

L

de legitimatie – Legitimation

M

de moeder – Mutter

O

opbellen – anrufen, telefonieren
openbaar – öffentlich
opnemen – abheben *(Geld)*
overige – übrige
overige bestemmingen – andere Zielorte

P

het pakje – Päckchen
het paspoort – Paß
het pond – (englisches) Pfund
de porto – Porto
de post – Post
de postbode – Briefträger
het postkantoor – Postamt
de postzegel – Briefmarke
de pret – Spaß, Vergnügen
Het is geen pretje. – Es ist kein Vergnügen.

R

de rekening – Konto
roepen – rufen

S

spreken – sprechen
het stadhuis – Rathaus
de streekpost – Post innerhalb der Region
de strippenkaart – Mehrfahrtenkarte

T

telefoneren – telefonieren
de telefoniste – Telefonistin
de telefoon – Telefon
de telefooncel – Telefonzelle
de telefoongids – Telefonbuch
de telefoonkaart – Telefonkarte
terugbellen – zurückrufen *(am Telefon)*

het toestel	Apparat
trouwen	heiraten

V

de valuta	Währung
het verhuisbericht	Nachsendeauftrag
verhuizen	umziehen
verkeerd	verkehrt, falsch
versturen	verschicken, versenden
vertellen	erzählen, sagen
zich vervelen (AB)	sich langweilen
vervelend	ärgerlich, unangenehm
vreemd	fremd

W

de wachtende	Wartende

Z

zoals	wie
Zou u … kunnen … ?	Könnten Sie … ?

9 Wat staat er in de krant?

A

aanzetten — einschalten
ach — ach
de achtergrond-informatie — Hintergrundinformation
achttiende — achtzehnte/r
achtste — achte/r
de actie — Aktion
alleen maar — nur
allerlei — allerlei
zich amuseren — sich amüsieren
het ANP — Algemeen Nederlands Persbureau (niederländische Nachrichtenagentur)
het artikel — Artikel

B

het beeld — Bild
behalve — außer
belangrijk — wichtig
bepaald — bestimmt
het bericht — Bericht
de beslissing — Entscheidung
de bespreking — Besprechung
de betrekking — Beziehung
bieden — bieten
bijna — beinahe
bijvoorbeeld — zum Beispiel
binnenkomen — eintreffen
het blad — Blatt
de boel — Menge
een boel geld — eine Menge Geld
bovendien — außerdem
de buschauffeur — Busfahrer

C

het commentaar — Kommentar
het conflict — Konflikt
cultureel — kulturell

D

het dagblad — Tageszeitung
depressief — depressiv
derde — dritte/r
dertiende — dreizehnte/r
dertigste — dreißigste/r
door — von *(Passiv)*
duidelijk — klar, deutlich
duizendste — tausendste/r

E

economisch — ökonomisch
eens — einmal; einverstanden
het eens zijn met — einverstanden sein mit
eerste — erste/r
eigen — eigene
eisen — fordern
elfde — elfte/r
enzovoort — und so weiter

F

het familieblad — Familienzeitschrift
favoriet — Lieblings...
mijn favoriete krant — meine Lieblingszeitung
de folder — Faltblatt, Prospekt
de foto — Foto
Frans — französisch

G

gauw — rasch
gebeuren — sich ereignen, geschehen
gelijk hebben — Recht haben
gepast — passend
de gezondheid — Gesundheit
de groep — Gruppe

H

het hobbyblad — Hobbyzeitschrift
het hoe en waarom — das wie und warum
honderdste — hundertste/r
de house-party — House-Party

I

inderdaad — in der Tat

K

de kamer — Zimmer
de kans — Chance, Möglichkeit
de kiosk — Kiosk
de krantenkop — Zeitungsüberschrift
de krantenwinkel — Zeitungsladen
de kritiek — Kritik
kunnen — können
er niets aan kunnen doen — nichts daran ändern können

L

lastig — unangenehm
de lezer — Leser
lijken — ähneln
op elkaar lijken — einander ähneln
los kopen — einzeln, lose kaufen *(nicht im Abonnement)*

M

menen — meinen
de mening — Meinung
de migrantenweek — Woche der Migranten
het milieuprobleem — Umweltproblem

de minister	Minister
het ministerie	Ministerium
multicultureel	multikulturell

N

negende	neunte/r
negentiende	neunzehnte/r
net	gerade
niet alleen ..., maar ook ...	nicht nur ..., sondern auch ...
het nieuws	Nachrichten

O

of zo	oder so
het onderwijs	Unterricht
de ontspanning	Unterhaltung, Entspannung
de oorlog	Krieg
open	geöffnet
het opinieblad	meinungsbildende (politische) Zeitschrift
de oplossing	Lösung
opnieuw	erneut
opschieten	sich beeilen
de organisatie	Organisation
organiseren	organisieren

P

de pers	Presse
de plaats	
in de eerste plaats	an erster Stelle, in erster Linie
de politie	Polizei
het principe	Prinzip
in principe	im Prinzip
professioneel	professionell
het protest	Protest
de protestactie	Protestaktion

R

de radio	Radio
de radionieuwsdienst	Nachrichtensendung des Rundfunks
het roddelblad	Sensations-, Revolverblatt

S

de samenleving	Gesellschaft
het sensatieverhaal	Sensationsbericht
serieus	seriös
de situatie	Situation
het slot	Schluss
ten slotte	schließlich
tot slot	zum Schluss
staken	streiken
de staking	Streik
de stichting	Stiftung
de sticker	Aufkleber
sturen	schicken, senden

T

tamelijk	ziemlich
tegenover	gegenüber
ten eerste	erstens
ten slotte	schließlich
terechtkunnen (bij)	sich wenden (können) (an)
tiende	zehnte/r
het tijdschrift	Zeitschrift
de titel	Titel
tussen	zwischen
twaalfde	zwölfte/r
tweede	zweite/r
twintigste	zwanzigste/r

V

vaak	oft
het vakblad	Fachzeitschrift
vast	*hier:* sicher
veertiende	vierzehnte/r
verschijnen	erscheinen
verschillend	verschieden
verzorgen	*hier:* zusammenstellen
vierde	vierte/r
vijfde	fünfte/r
vijftiende	fünfzehnte/r
vooral	vor allem
het voorbeeld	Beispiel
vormen	bilden
de vrede	Frieden

W

waarom	warum
wekelijks	wöchentlich
de werktijd	Arbeitszeit
de winkelier	Ladenbesitzer, Geschäftsinhaber

Z

zeggen	sagen
zeg ...	sag mal, hör mal ...
zesde	sechste/r
zestiende	sechzehnte/r
zevende	siebte/r
zeventiende	siebzehnte/r
zogenaamd	sogenannt

10 Wat vind jij?

A

de aandacht	Beachtung, Aufmerksamkeit
aandacht krijgen	Beachtung finden
het aantal	(An)zahl
absoluut	absolut, unbedingt
absoluut niet	ganz bestimmt nicht
de administratie	Verwaltung
het advies	Rat, Empfehlung
afnemen	abnehmen
afwachten	abwarten
het apparaat	Apparat

B

bang zijn (voor)	Angst haben (vor)
begrijpen	begreifen, verstehen
beroemd	berühmt
de buis	Röhre, *hier:* Fernseher

C

het cadeau (AB)	Geschenk
de cassetterecorder	Kassettenrecorder
de compactdisc-speler	CD-Player
de computer	Computer
de conclusie	Schlussfolgerung
de concurrent	Konkurrent
de concurrentie	Konkurrenz
constateren	feststellen

D

daardoor	dadurch
dalen	abnehmen, sinken
dik	dick
de duur	Dauer
op den duur	auf Dauer

E

eenvoudig	einfach
eerst	zuerst
enige	einige
de ervaring	Erfahrung

F

de filmer	Filmemacher
de filmproducent	Filmproduzent
het filmvak	Filmgewerbe

G

het gasstel	Gaskocher, Gasherd
het gebruik	Verwendung, Nutzung
gelden	gelten
de gelegenheid	Gelegenheit
geloven	glauben
de grammofoon	Plattenspieler

H

de heer	Herr
de hifi-set	Hifi-Anlage
hoofdzakelijk	hauptsächlich

I

iedereen	jeder
ineens	auf einmal
integendeel	im Gegenteil
het interview	Interview
de interviewer	Interviewer

J

joh	
Veel te duur, joh.	Viel zu teuer, Mensch.
juist	*hier:* gerade

K

de kabeltelevisie	Kabelfernsehen
het kanaal	Kanal
de kleuren-tv	Farbfernseher
de knuffelbeer	Stoffbär
de koelkast	Kühlschrank
de korting (AB)	Preisnachlaß

L

later	später

M

de magnetron	Mikrowellenherd
moeilijk	schwierig
de mogelijkheid	Möglichkeit

N

de Nederlander	Niederländer
net zo	genau so
nodig	notwendig, erforderlich
nodig hebben	brauchen, benötigen

O

omdat	weil
het onderzoek	Untersuchung
onderzoeken	untersuchen
ongetwijfeld	zweifelsohne
ontdekken	entdecken
de ontwikkeling	Entwicklung
de oorzaak	Ursache

P

het procent	Prozent

R

de relatie	Verhältnis, Beziehung
het resultaat	Ergebnis
rustig	ruhig

S

steeds	immer, ständig
spectaculair	spektakulär
de stofzuiger	Staubsauger
het strijkijzer	Bügeleisen
het stripboek	Comic-Heft
de studio	Studio

T

het talent	Talent
tegen	gegen
tegenkomen	begegnen, treffen
tegenwoordig	augenblicklich, heutzutage
het teken	Zeichen
terwijl	während
een tijdlang	eine Zeit lang
de toename	Zunahme
tweedehands	gebraucht
de tv	Fernsehen, Fernseher

V

vaststellen	feststellen
de video	Video
de videocamera	Videokamera
de videofilmer	Videofilmer
de videorecorder	Videorecorder
volgens mij ...	meiner Meinung nach ...

W

de walkman	Walkman
de wasautomaat	Waschautomat, Waschmaschine
het waspoeder (AB)	Waschpulver

Z

zoveel	so viele
zitten	
Hoe zit het met ...?	Wie steht es um ..., wie sieht es aus mit ...?

11 Daar ben ik tegen

A

actie voeren	eine Aktion gegen etwas unternehmen, Kampagne führen
de actiegroep	Initiativgruppe, Bürgerinitiative
de activist/e	Aktivist/in
de auto	Auto
de autotentoonstelling	Autoausstellung

B

de belasting	Steuer
beslissen	entscheiden
een beslissing nemen	eine Entscheidung treffen
besteden	ausgeben, aufwenden
de besteding	Ausgaben, *hier:* Staatsausgaben
de bewapening	Rüstung, Bewaffnung
bezuinigen	einsparen
de bijeenkomst	Treffen, Versammlung, Tagung
de boom	Baum

C

christelijk	christlich
de christen	Christ
constitutioneel	konstitutionell
de controlefunctie	Kontrollfunktion

D

daarmee	damit
daarover	darüber
daartegen	dagegen
de democratie	Demokratie
democratisch	demokratisch
denken	denken
iemand aan het denken zetten	jemanden zum Denken anregen
de derde wereld	Dritte Welt
de dichter	Dichter
doodgaan	sterben
Duits	deutsch

E

enkele	einige
de enquête	Umfrage, Meinungsbefragung
erg	sehr, arg
erover	darüber
ervan	davon

G

genoeg	genug
het geweld	Gewalt
het gezicht	Gesicht
grappig	lustig
de grond	Boden
de grondwet	Grundgesetz

H

hoezo	wieso
horen (bij)	gehören (zu)
de hulp	Hilfe

I

de invloed	Einfluß

J

de journalist	Journalist

K

de Eerste Kamer	Erste Kammer des niederländischen Parlaments
de Tweede Kamer	Zweite Kammer des niederländischen Parlaments
de kamerverkiezing	Parlamentswahl
de koningin	Königin

L

de lezing	Vortrag, Lesung

M

makkelijk	einfach, leicht
meedoen	mitmachen
de meerderheid	Mehrheit
meetellen	mitzählen, mit eine Rolle spielen
de milieugroep	Umweltschutzinitiative
de monarchie	Monarchie

N

met name	besonders
nadenken	nachdenken
namelijk	nämlich

O

omdat	weil
omvallen	umfallen
onder andere	unter anderem
opvallen	auffallen
de overheid	Staat

P

het parlement	Parlament
parlementair	parlamentarisch
de partij	Partei
pas	gerade, (so)eben
het percentage	Prozentsatz
plaatsen	*hier:* zuordnen

de plicht	Pflicht
de politicus	Politiker
de politiek	Politik
politiek	politisch
het programma	Programm
protesteren (tegen)	protestieren (gegen)

R

de reactie	Reaktion
het recht	Recht
regelen	regeln
de regen	Regen
zure regen	saurer Regen
de regering	Regierung

S

het slachtoffer	Opfer
de/het soort	Art
het staatshoofd	Staatsoberhaupt
het standpunt	Standpunkt
stellen	
een vraag stellen	eine Frage stellen
de stem	Stimme
stemmen	wählen
het stemrecht	Stimmrecht
de steun	Unterstützung

T

de taal	Sprache
tegen	gegen
ergens tegen zijn	gegen etwas sein
de tentoonstelling	Ausstellung
toen	damals, dann
de tomatenketchup	Tomatenketchup

U

de uitslag	Ergebnis

V

vergroten	vergrößern, erhöhen
het verkeersslachtoffer	Verkehrsopfer
de verkiezing	Wahl
het verkiezingsprogramma	Wahlprogramm
veroorzaken	verursachen
voeren	führen
actie voeren	Aktionen unternehmen
ergens	irgendwo
ergens voor/tegen zijn	für/gegen etwas sein
vooral	vor allem
voorlezen	vorlesen

W

waaraan	woran
waarop	worauf
waarover	worüber
waartegen	wogegen
want	denn
de wereld	Welt

Z

zeggen	
dat wil zeggen	das heißt
de zetel	Sitz
zetten	
iemand aan het denken zetten	jemanden zum Denken anregen
zonder	ohne
zowel … als	sowohl … als auch

12 Mag ik jullie even onderbreken?

A

het akkoord	Vereinbarung
akkoord gaan (met)	einverstanden sein (mit)
allemaal	alle/s, *hier:* lauter

B

bespreken	besprechen
het bestuur	Vorstand, Leitung
bezig zijn (met)	beschäftigt sein (mit)
blijven	bleiben
de blik	Blick
het boeddhisme	Buddhismus
de boeddhist	Buddhist

D

daarna	danach
dezelfde/hetzelfde	der-,die-, dasselbe
de docent	Dozent
doorgaan	fortfahren
droog	trocken

E

de ene …, de andere …	der eine …, der andere …

G

gang	
Ga je gang.	Nur zu! Mach nur!
het gebaar	Geste, Gebärde
gek	verrückt
de godsdienst	Religion
de graad	Grad

H

het hapje	Häppchen, Imbiss
hetzelfde	dasselbe
het huiswerk	Hausaufgaben

J

de jongen	Junge

K

de kans	Chance, Möglichkeit
kans op mist	möglicherweise Nebel

L

langskomen	vorbeikommen
leeg	leer
de lieverd	Liebling

M

maken	
Daar heb ik niets mee te maken.	Das geht mich nichts an.
meerijden	mitfahren
de middagtemperatuur	Mittagstemperatur
midden (in)	mitten (in)
het milieu	Umwelt
de mist	Nebel
de mistbank	Nebelbank
mogelijk	möglich(erweise)

N

nadat	nachdem
nakijken	nachsehen
de neus	Nase

O

de oefening	Übung
onderbreken	unterbrechen

P

de pagina	Seite
het plan	Plan
prima	prima
het punt	Punkt

R

de Raad van Bestuur	Vorstand
rond	rund
rond 8 graden	um die 8 Grad

S

schoon	sauber
storen	stören

T

het taoïsme	Taoismus
terwijl	während *(Konjunktion)*
de test	Test
tijdens	während *(Präposition)*
toenemend	zunehmend
Turkije	Türkei

U

uitdelen	austeilen
uitleggen	erklären
uitspreken	aussprechen
uitsteken	ausstrecken

V

vegen	wischen, fegen
verder gaan (met)	fortfahren (mit)
de vergadering	Versammlung
vergeten	vergessen
vlak bij	gleich bei
voelen	fühlen
voordat	bevor
het voorhoofd	Stirn
de voorzitter	Vorsitzende
vorig/e	letzte/r/s

W

het weer	Wetter
het weeroverzicht	Wetterbericht
de wijsvinger	Zeigefinger
wijzen	zeigen
de wind	Wind
het wolkenveld	Wolkenfeld

13 Viel het mee of tegen?

A

achter	hinter
achttiende	achtzehnte
zich afspelen	sich abspielen
het alarmnummer	Notruf
all-in	inklusive
de Amerikaan	Amerikaner
antiek	antik

B

het balkon	Balkon
de bank	Couch
de begane grond	Erdgeschoß
het begin	Beginn, Anfang
in het begin	am Anfang
belachelijk	lächerlich
beneden	unten
het benedenhuis	Parterrewohnung
bij	
4 bij 5 meter	4 x 5 Meter
de boerderij	Bauernhof
het bos	Wald
de bovenwoning	Wohnung im Obergeschoß
de brand	Brand
de brandpreventieweek	Woche zur Feuervorbeugung
de brandweer	Feuerwehr
het bureau	Schreibtisch
de buur	Nachbar

C

de combinatie	Kombination
het contact	Kontakt

D

dagelijks	täglich
de dode	Tote
donkerbruin	dunkelbraun
dood	tot
doodslaan	totschlagen
de douche	Dusche
de douchecabine	Duschkabine

E

de eeuw	Jahrhundert
het einde	Ende
iets het einde vinden	etwas wahnsinnig toll, unübertreffbar finden
elektrisch	elektrisch

F

de familie	Familie
de flat	Apartmenthaus

G

het gas	Gas
het gebouw	Gebäude
het geluid	Lärm, Geräusch
genezen	heilen
gesloten	geschlossen
de gewonde	Verletzte
glazen	gläsern
het goud	Gold
voor geen goud	um nichts in der Welt
grijs	grau
grond	
de begane grond	Erdgeschoß

H

handig	geschickt
hebben	
het hebben over	über/von etwas reden
het hofje	kleine Wohnsiedlung um einen Innenhof (mit Garten)
de hofjeswandeling	Spaziergang durch die „hofjes"
de hond	Hund
hoog	hoch
drie hoog	im dritten Stock
huren	mieten
de huur	Miete

I

inbegrepen	inklusive
inrichten	einrichten

K

de kachel	Ofen
de kandelaar	Kerzenleuchter, Kerzenständer
de kast	Schrank
de keuken	Küche
een open keuken	eine offene Küche
de kleine	Kleine
het klimaat	Klima
koud	kalt
kussen	küssen

L

landelijk	landesweit
leren	aus Leder
het licht	Licht
lui	faul, bequem

M

marmeren	aus Marmor
minstens	mindestens
missen	vermissen
modern	modern

de moeite	Mühe
de moeite waard zijn	sich lohnen, der Mühe wert sein

N

het nadeel	Nachteil
neer	nieder
niets	nichts
voor niets	umsonst
noemen	nennen
notenhouten	aus Nußbaumholz
nylon	Nylon

O

onmiddellijk	unmittelbar
ontzettend	wahnsinnig
op en neer	auf und nieder
oranje	orange
de ouders, de ouder	Eltern, Elternteil

P

paars	violett
de pan (*siehe:* vlam)	Topf, Pfanne
het plastic	Plastik
van plastic	aus Plastik
prachtig	prächtig, wunderschön

R

het raam	Fenster
de reden	Grund
de regel	Regel
rijk	reich
roken	rauchen
rond	rund
rose	rosa
de ruimte	Raum

S

schitterend	prächtig
slaan	schlagen
doodslaan	totschlagen
de slaapkamer	Schlafzimmer
sluiten	schließen
de snelweg	Autobahn
speciaal	speziell
stil	still
de stoel	Stuhl
streng	streng
de studentenflat	Studentenwohnheim

T

de tante	Tante
tegenvallen	enttäuschen, hinter den Erwartungen zurückbleiben
terug	zurück
toen	damals, dann *(in der Vergangenheit)* / als *(in der Vergangenheit)*
toevallig	zufällig
de trap	Treppe
de trap op	die Treppe hoch

V

vallen	fallen
verlaten	verlassen
de verwarming	Heizung
de centrale verwarming	Zentralheizung
het vierkant	Quadrat
vierkant	quadratisch
de vierkante meter	Quadratmeter
de vlam	*hier:* Feuer
de vlam in de pan	der Topf fängt Feuer
de vloer	(Fuss)Boden
het voordeel	Vorteil
voorkomen	vorbeugen, vermeiden, verhüten

W

waard	wert
de moeite waard zijn	der Mühe wert sein, sich lohnen
waarschuwen	warnen, benachrichtigen
de wandelwagen	Kinderwagen, Sportwagen *(für Kinder)*
het wandmeubel	Schrankwand
weg	weg
de woonkamer	Wohnzimmer

Z

zetten	
in elkaar zetten	zusammenbauen, zusammensetzen
zilveren	aus Silber
zoek	
op zoek naar	auf der Suche nach
de zolder	Speicher
de zolderkamer	Dachzimmer, Bodenkammer
zorgen	sorgen, aufpassen

14 Van harte beterschap!

A

aanrijden	anfahren
achteruitgaan	zurückgehen, sich verschlechtern
af en toe	ab und zu
de afspraak	Termin, Verabredung
het afsprakenbureau	Stelle zur Terminvereinbarung
algemeen	allgemein
de arm	Arm

B

het been	Bein
besmetten	anstecken, infizieren
beterschap	
Ik wens u (van harte) beterschap.	Ich wünsche Ihnen gute Besserung.
zich bezighouden met	sich beschäftigen mit
blijken	sich erweisen, sich zeigen
het bloed	Blut
de bloeddruk	Blutdruck
boodschappen (gaan) doen	Lebensmittel einkaufen (gehen)
de borst	Brust
breken	brechen
de bril	Brille
buigen	beugen, neigen
de buik	Bauch

C

de campagne	Kampagne

D

de dokter	Doktor, Arzt
de donderdagmiddag	Donnerstagmittag
duizelig	schwindlig
de duizeligheid	Schwindel

E

enorm	enorm, sehr groß
ernstig	ernst, ernsthaft
iets ernstigs	etwas Ernstes

F

de fiets	Fahrrad
flink	*hier:* stark, ziemlich groß

G

gelukkig	glücklich, glücklicherweise *hier:* Was ein Glück.
het geval	Fall
in ieder geval	auf jeden Fall
gezond	gesund
de groet	Gruß
(Doe) de groeten aan Henk.	Grüße Henk. / Viele Grüße an Henk.

H

het haar	Haar
de hand	Hand
het hart	Herz
van harte	herzlich
Van harte beterschap.	Gute Besserung.
de heup	Hüfte
de homo(sexueel)	Homosexuelle
het hoofd	Kopf
de hoofdpijn	Kopfschmerzen
hopelijk	hoffentlich
de huisarts	Hausarzt

I

ieder/e	jede/r/s
inmiddels	inzwischen
internationaal	international

J

de junk	Junkie

K

het kantoor	Büro
de keelpijn (AB)	Halsschmerzen
de knie	Knie

L

last hebben van	Beschwerden haben, leiden an
Ik heb last van mijn hand.	Meine Hand tut weh.
het lichaam	Körper

M

de maag (AB)	Magen
de mond	Mund

N

de navel	Nabel
de nek	Genick, Nacken, Hals
de neus	Nase
noteren	notieren

O

omgaan met	umgehen mit
het ongeluk	Unglück
het oog	Auge
de oogarts	Augenarzt
het oor	Ohr
de opa	Opa
opereren	operieren
overgaan	vorbei-, vorübergehen

P

particulier	privat
de pijn	Schmerz
pijn doen	weh tun
de plaat	Platte
de polikliniek	Poliklinik, Ambulanz

R

zich realiseren	sich realisieren
het recept (AB)	Rezept
regelmatig	regelmäßig
de rest	Rest

S

schelen	*hier:* fehlen
Wat scheelt je?	Was fehlt dir?
de schouder	Schultern
de seks	Sex, Sexualverkehr
de specialist (AB)	Facharzt
het spreekuur	Sprechstunde
sterven	sterben
de strijd	Kampf

T

de tabletten	Tabletten
tegelijk	zugleich, gleichzeitig
thuiskomen	nach Hause kommen

U

uitkijken	aufpassen

V

vanaf	ab
verkouden	erkältet
verliezen	verlieren
de verwijsbrief, het verwijsbriefje	Überweisungsschein
verzekeren	versichern
via	über
de vinger	Finger
de voet	Fuß
volgen	folgen
naar voren	nach vorne
vreselijk	fürchterlich, schrecklich
vroeger	früher

W

waarschijnlijk	wahrscheinlich
wensen	wünschen
wereldberoemd	weltberühmt
de wond	Wunde

Z

ziek	krank
het ziekenfonds	Krankenkasse
het ziekenhuis	Krankenhaus
de ziekte	Krankheit
de zorg	Sorge
zich zorgen maken (over)	sich Sorgen machen (um)
zullen	werden
Dat zal ik doen.	Das werde ich machen.

15 Moet dat echt?

A

de aardrijkskunde (AB)	Erdkunde
administratief	administrativ
afhangen van	abhängen von
Het hangt ervan af.	Es hängt davon ab.
afleggen	ablegen
een examen afleggen	ein Examen ablegen
agrarisch	landwirtschaftlich

B

de basis	Grundlage, Basis
de basisschool	Grundschule
de basisvorming	dreijähriges Basiscurriculum
de beginner	Anfänger
de beginnerscursus	Anfängerkurs
behoren tot	gehören zu
het beroep	Beruf
beroepsgericht	berufsorientiert
het beroepsonderwijs	Berufsschulunterricht, berufsbildender Unterricht
de biologie (AB)	Biologie
de Braziliaan	Brasilianer
het buurthuis	Nachbarschaftshaus, Bürgerhaus

C

het cijfer	Note
de conditietraining	Konditionstraining
controleren	kontrollieren
de conversatie	Konversation
de conservatieles	Konversationsunterricht
de cursus	Kurs

D

de dame	Dame
dansen	tanzen
het decor	Bühnendekoration, Bühnenbild
dezelfde/hetzelfde	der-, die-, dasselbe
de dinsdagavond	Dienstagabend
de dinsdagmiddag	Dienstagmittag
het diploma	Diplom
direct	direkt, unmittelbar
doorbrengen	verbringen

E

de elektotechniek	Elektrotechnik
het examen	Examen
een examen afleggen, doen	eine Prüfung ablegen

F

Frans (AB)	Französisch
de fout	Fehler

G

gemakkelijk	einfach, leicht
de geschiedenis	Geschichte
de gevorderdencursus	Fortgeschrittenenkurs
gezellig	gesellig, gemütlich
de grammatica	Grammatik

H

hartstikke	ganz, total
hartstikke leuk	ganz toll
havo	Hoger Algemeen Voortgezet Onderwijs (höher allgemeiner Unterricht auf weiterführendem Niveau, höhere Realschule)

I

zich inschrijven	sich einschreiben

K

de kunst	Kunst

L

laag	niedrig
de leeftijd	Alter
de leerling	Schüler
de leerplicht	Schulpflicht
de leraar	Lehrer
lesgeven	unterrichten

M

de maandagavond	Montagabend
de maandagochtend	Montag früh, Montagmorgen
de maatschappijleer (AB)	Gesellschaftslehre, Gemeinschaftskunde
de manier	Art
op die manier	auf diese Art und Weise
de Marokkaan	Marokkaner
de mavo	Middelbaar Algemeen Voortgezet Onderwijs (allgemeinbildender Sekundarunterricht, Realschulunterricht)
meenemen	mitnehmen
middelbaar	mittlere
middelbare scholen	weiterführende, höhere Schulen

N

de natuurkunde	Physik
het niveau	Niveau

O

om	um
om een uur of ...	um ungefähr ... Uhr
het onderwijs	Unterricht, Bildungswesen
de onderwijzer	(Grundschul)lehrer
zich opgeven (voor)	sich anmelden (für)
opleiden	ausbilden
de opleiding	Ausbildung
de orde	Reihe
aan de orde komen	an die Reihe kommen
overstappen	umsteigen

P

Portugees	Portugiese

R

redelijk	ziemlich gut
de richting	Richtung
de ruil	Tausch
in ruil voor	im Tausch für

S

de scheikunde (AB)	Chemie
het schooltype	Schultyp
slagen	bestehen
de spelling (AB)	Rechtschreibung

T

technisch	technisch
de tekst	Text
het telefoongesprek	Telefongespräch
de toegang	Zugang
toegang geven (tot)	Zugang geben (zu)
het toelatingsexamen	Zulassungsprüfung

U

de universiteit	Universität

V

het vak	Fach
de vakantie	Ferien
met vakantie gaan	in die Ferien gehen, Urlaub machen
van	
van de zomer	diesen, letzten Sommer
vloeiend	flüssig
vol (zitten)	voll, belegt (sein)
de volksuniversiteit (AB)	Volkshochschule
voorbereiden	vorbereiten
voorbereidend	vorbereitend
de vooropleiding	Vorbildung
voortgezet	weiterführend
de vorm	Form
vroeg	früh

W

de wachtlijst	Warteliste
wel eens	schon (ein)mal
wetenschappelijk	wissenschaftlich
de wiskunde	Mathematik

16 Wat voor werk doet u?

A

achteraf	hinterher
zich afvragen	sich fragen
afwisselend	abwechslungsreich
de architectuur	Architektur
de assistent	Assistent

B

de baan	Stelle, Arbeitsplatz
de baard	Bart
balen	etwas satt haben
het bedrijf	Firma, Betrieb
het been	
met beide benen op de grond staan	mit beiden Beinen auf der Erde stehen
beschikbaar zijn	zur Verfügung stehen
beslist	bestimmt
betaalbaar	bezahlbar
bevallen	gefallen
bijzonder	besonders
binnenkrijgen	hereinbekommen
de boekenkast	Bücherschrank
bollen pellen	Blumenzwiebeln schälen
het bouwbedrijf	Baufirma, Bauunternehmen
bouwen	bauen
de bouwkunde	Architektur
de bovenlip	Oberlippe
de branche	Branche

C

de chef	Chef
het contact	Kontakt
in contact komen met	in Kontakt kommen mit

D

daarvóór	davor
het diploma	Diplom
een diploma halen	ein Diplom/Zeugnis erwerben
doen	
Het doet er niet toe!	Das tut nichts zur Sache! / Und wenn schon!

G

de gastheer	Herr des Hauses, Gastgeber, Wirt
het gat (*siehe:* lucht)	
geleden	
een jaar geleden	vor einem Jahr
de geluidsinstallatie	Stereoanlage
geschikt	geeignet

H

de handelaar	Händler
de hobby	Hobby
hogerop komen	höher hinaus kommen
het hotel	Hotel

I

immers	ja, doch, zumindest
indienen	einreichen
de inkoper	Einkäufer

K

kaartjes knippen	Fahrkarten knipsen, lochen
de kennis	Bekannte
de klacht	Beschwerde, Klage
een klacht indienen	Beschwerde erheben, eine Klage einreichen
de klus	kleine Arbeit, Gelegenheitsjob
kontakt (*siehe:* contact)	

L

leven	leben
de levensmiddelen	Lebensmittel
lichamelijk	körperlich
lijken	(er)scheinen
Dat lijkt me niets.	Das gefällt mir nicht.
de lucht	Luft
een gat in de lucht springen	vor Freude an die Decke springen

M

de magazijnbediende	Lagerarbeiter
het mbo	Middelbaar Beroepsonderwijs (höherer berufsbildender Unterricht)
het meisje	Mädchen
de melkzaak	Milchgeschäft
meubelmaken	tischlern
de motor	Motor

N

nergens	nirgends, nirgendwo
niemand	niemand

O

onregelmatig	unregelmäßig
het ontslag	Kündigung, Entlassung
ontslag krijgen	entlassen werden
ontwerpen	entwerfen
de opleiding	Ausbildung
optreden	auftreten

P

de papierfabriek	Papierfabrik
pellen	schälen
het pensioen	Rente
met pensioen gaan	in Rente gehen

de periode	Periode, Zeitraum
in plaats van	an Stelle von
plukken	pflücken
de praktijkervaring	Praxiserfahrung
de promotiekans	Möglichkeiten zur Beförderung, zum beruflichen Aufstieg

R

raar	sonderbar
recht hebben (op)	Recht haben (auf)
de reiziger	der/die Reisende /r

S

het salaris	Gehalt
schelen	
Dat kan me niet schelen.	Das ist mir egal.
zich scheren	sich rasieren
het schoonmaakwerk	Putzjob
de snor	Schnurrbart
solliciteren	sich bewerben
de spijt	Bedauern
spijt hebben van	etwas bedauern
de stationsassistent	führt unterschiedliche Tätigkeiten am Bahnhof durch, z.B. laden und beladen von Gepäck, Hausmeistertätigkeiten
stevig	fest, solide
stevig in zijn schoenen staan	seiner Sache sicher sein
de studie	Studium
een studie medicijnen	Medizinstudium

T

tactisch	taktisch
tevreden	zufrieden
timmeren	zimmern
de toekomst	Zukunft
de toeslag	Zuschlag
de tomaat	Tomate
tot nu toe	bis jetzt
totdat	bis
de treinconducteur	Schaffner
trouwens	übrigens
het typediploma	Zeugnis für Maschinenschreiben

U

het uitzendbureau	Büro für Zeitarbeit

V

de vacature	offene Stelle
de vader	Vater
het vakantiewerk	Ferienarbeit
het vbo	Voorbereidend Beroepsonderwijs (Berufsschulunterricht)
de veiligheid	Sicherheit
verantwoordelijk (voor)	verantwortlich (für)
verbouwen	umbauen
vies	schmutzig, unappetitlich
zich voelen	sich fühlen
de voetbalsupporter	Fußballfan, Schlachtenbummler

W

de werkgever	Arbeitgeber
de wet	Gesetz

Z

zitten	
iets niet zien zitten	etwas nicht mögen, nicht akzeptieren

Alphabetische Wortliste

Abkürzungen:
aanw vn = aanwijzend voornaamwoord *(Demonstrativpronomen)*
betr vn = betrekkelijk voornaamwoord *(Relativpronomen)*
bez vn = bezittelijk voornaamwoord *(Possessivpronomen)*
bn = bijvoeglijk naamwoord *(Adjektiv)*
bw = bijwoord *(Adverb)*
lidw = lidwoord *(Artikel)*
mv = meervoud *(Plural)*
onb = onbepaald *(unbestimmt)*
pers vn = persoonlijk voornaamwoord *(Personalpronomen)*
telw = telwoord *(Zahlwort)*
tw = tussenwerpsel *(Ausrufewort, Interjektion)*
vn = voornaamwoord *(Pronomen)*
vw = voegwoord *(Konjunktion)*
vz = voorzetsel *(Präposition)*
wederk vn = wederkerend voornaamwoord *(Reflexivpronomen)*
ww = werkwoord *(Verb)*

Die Zahlen geben an, in welcher Lektion die Wörter zum ersten Mal vorkommen.

A
aan 1
aanbieden 6
de aanbieding 4
de aandacht 10
aangetekend 8
aangeven 8
aankomen 3
aanrijden 14
het aantal 10
aantekenen 8
aantrekken 5
aanvragen 8
aanzetten 9
de aardappel 5
aardig 5
het abonnement 8
absoluut 10
de accessoires 6
ach 9
acht 1
achtendertig 1
achtentwintig 1
achtenveertig 1
achter 13
achteraf 16
de achtergrondinformatie 9
de achternaam 1
achteruitgaan 14
achtste 9
achttien 1
achttiende 13
de actie 9
actie voeren 11
de actiegroep 11
de activiste 11
de administratie 10
administratief 15
het adres 1
het advies 10
af 14
af en toe 14
de afdeling 8
afhangen van 15
het hangt ervan af 15
afleggen 15
een examen afleggen 15
afnemen 10
zich afspelen 13
de afspraak 14
het afsprakenbureau 14
afstempelen 7
zich afvragen 16
afwachten 10
afwisselend 16
agrarisch 15
het akkoord 12
akkoord gaan (met) 12
al (bw) 5
alle 7
het alarmnummer 13
de alcohol 3
het alfabet 1
algemeen 14
all-in 13
allebei 5
alleen 5
alleen maar 9
allemaal 12
allerlei 9
alles 4
als (vw) 4
alsjeblieft 3
alstublieft 3
altijd 5
de Amerikaan 13
zich amuseren 9
ander (bn) 4
ander (onb vn) 4
onder andere 11
anderhalf 5
anders 5
de ansichtkaart 8
anti 14
antiek 13
het apparaat 10
het appelsap 3
april 2
de architectuur 16
de arm 14
het artikel 9
de asbak 4
de assistent 16
augustus 2
de auto 11
de autotentoonstelling 11
de avond 2
's avonds 2

B
de baan 16
de baard 16
bakken 4
balen 16
de balie 8
het balkon 13
de bandplooi 6
bang zijn (voor) 10
de bank 8
de bar 1
de basis 15
de basisschool 15
de basisvorming 15
bedanken 3
bedankt 3
bedoelen 4
het bedrijf 16
het beeld 9
het been 14
met beide benen op de grond staan 16
het beetje 4
het begin 13
beginnen 7
de beginner 15
de beginnerscursus 15
begrijpen 10
de beha 6
behalve 9
behoren tot 15
beide 16
bekend 7
belachelijk 13
belangrijk 9
de belangstelling 4
belangstelling hebben (voor) 4
de belasting 11
belegen 5
bellen 8
beneden 13
het benedenhuis 13
bepaald 9
het bericht 9
beroemd 10
het beroep 15
beroepsgericht 15
het beroepsonderwijs 15
beschikbaar 16
beschikbaar zijn 16
beslissen 11
de beslissing 9
een beslissing nemen 11
beslist 16
besmet 14
bespreken 12

de bespreking 9
best (<goed) 1
je best doen 15
bestaan uit 5
besteden 11
de besteding 11
bestellen 2
de bestemming 8
het bestuur 12
betaalbaar 16
de betaalpas 8
betalen 7
betekenen 4
beter (<goed) 4
de beterschap 14
van harte beterschap 14
de betrekking 9
de beurt 5
aan de beurt zijn 5
bevallen 16
de bewapening 11
bezig 12
bezig zijn (met) 12
zich bezig houden met 14
bezuinigen 11
de bibliotheek 8
bieden 9
het bier 3
bij 2
de bijeenkomst 11
bijna 9
bijvoorbeeld 6
bijzonder 16
binnen (bw) 6
binnen (vz) 7
binnenkomen 9
binnenkrijgen 16
het binnenland 8
de bioscoop 4
bitter 3
het blad 9
blauw 5
blijken 14
blijven 12
de blik 12
het bloed 14
de bloeddruk 14
de blondine 6
de blouse 6
de body 6
het boeddhisme 12
de boeddhist 12
het boek 4
de boekenclub 4
de boekenkast 16
de boel 9
een boel 9
de boerderij 13
de bol 16
de bon 6
dc boodschap 14
boodschappen doen 14
de boom 11
de borrel 3
de borst 14
het bos 13
de boter 5
de boterham 4
het bouwbedrijf 16
bouwen 16
de bouwkunde 16
boven 3
er gaat niets boven 3
bovendien 9
de bovenlip 16
de bovenwoning 13
de branche 16
de brand 13
de brandpreventieweek 13
de brandweer 13
de Braziliaan 15
breken 14
brengen 6
de brief 8
het briefje 5
de brievenbus 8
de bril 14
de broek 5
het brood 3
het broodje 2
bruin 6
buigen 14
de buik 14
de buis 10
buiten (bw) 8
buiten (vz) 5
het buitenland 8
de buitenlander 8
buitenlands 5
het bureau 13
de bus 7
de buschauffeur 9
de buur 13
de buurman 1
de buurt 4
het buurthuis 15

C

het café 1
de caissière 4
de campagne 14
de cassetterecorder 10
de ceintuur 6
de cent 5
de centimeter 6
centraal 13
de centrale verwarming
het centrum 7
de champignonsoep 4
de chef 16
de chips 3
christelijk 11
de christen 11
het cijfer 15
de citroen 3
de club 4
de cola 3
het colbert 6
de collega 6
de colporteur 4
de combinatie 13
het commentaar 9
de compactdiscspeler 10
de computer 10
het concert 2
de conclusie 10
de concurrent 10
de concurrentie 10
de conditietraining 15
de conducteur 16
het conflict 9
constateren 10
constitutioneel 11
het contact 13
in contact komen met 16
de controlefunctie 11
controleren 15
de controleur 7
de conversatie 15
de conversatieles 15
cultureel 9
de cursus 15

D

daar 3
daardoor 10
daarin 11
daarmee 11
daarna 12
daarom 6
daarop 11
daarover 11
daartegen 11
daarvan 5
daarvoor 16
daarvoor 16
dag 1
de dag 2
het dagblad 9
dagelijks 13
de dagschotel 3
dalen 10
de dame 15
dan (bw) 2
dan (vw) 3
danken 2
dank je/u 2
dank je/u wel 3
dansen 15
de das 6
dat (aanw vn) 1
dat (betr vn) 15
dat (vw) 6
de 1
december 2
de decimeter 6
het decor 15
de democratie 11
democratisch 11
denken 6
aan het denken zetten 11
depressief 9
derde 9
dertien 1
dertig 1
dertigste 9
de deur 5
deze 5
dezelfde 15
dicht 5
de dichter 11
die (aanw vn) 3
die (betr vn) 9
de dienst 7
tot uw dienst 7
dik 10
de dinar 8
het ding 6
de dinsdag 2
de dinsdagavond 15
de dinsdagmiddag 15

het diploma 15
een diploma halen 16
direct 15
dit (aanw vn) 1
de docent 12
de dode 13
doen 2
het is (niet) te doen 13
de dokter 14
de donderdag 2
de donderdagavond 4
de donderdagmiddag 14
donkerbruin 13
dood 13
al sla je me dood 13
doodgaan 11
door 9
doorbrengen 15
doorgaan 12
doorsturen 8
doorverbinden 8
de dorst 3
de douche 13
de douchecabine 13
draaien 8
dragen 5
drie 1
drieëntwintig 1
driehonderd 1
drinken 2
droog 12
de druif 5
het dubbeltje 5
duidelijk 9
Duits 11
de duizeligheid 14
duizend 1
duizendste 9
duren 6
dus 6
duur 4
de duur 10
op den duur 10

E

echt 4
economisch 9
een (lidw) 1
een (telw) 1
eenentwintig 1
eens (bw) 5
eens (bn) 9
het eens zijn met 9
eenvoudig 10
eerder 6
eerst (bw) 10
eerste (telw) 5
het eetcafé 4
de eeuw 13
het ei 4
eigen 9
eigenlijk 5
het einde 13
iets het einde vinden 13
eisen 9
elektrisch 13
de elektrotechniek 15
elf 1
elfhonderd 1
elk 7
elkaar 5
en 1
ene ..., andere ... 12
Engels 8
enig (bn) 16
enig (telw) 10
enkel 11
enorm 14
de enquête 11
enzovoort 9
er (bw) 5
eraan 6
erbij 7
erg 11
ergens 2
ermee 2
ernstig 14
iets ernstigs 14
erop 8
erover 11
ertoe 16
het doet er niet toe 16
eruit 6
eruitzien 6
ervan 11
de ervaring 10
de etalage 6
eten 3
eet smakelijk 3
het eten 3
even 1
het examen 15
per expres 8
extra 5

F

de familie 13
het familieblad 9
favoriet 9
februari 2
het feest 1
de fiets 14
het filiaal 8
de film 2
de filmer 10
de filmproducent 10
het filmvak 10
de fles 3
flink 14
de folder 9
het formulier 7
de foto 9
de fout 15
Frans 9
de friet 3
fris 3
het fruit 5

G

gaan 2
de gang 12
ga je gang 12
het gas 13
het gasstel 10
de gastheer 16
het gat 16
een gat in de lucht
springen 16
gauw 9
het gebaar 12
gebeuren 9
de geboorte 8
de geboortedatum 1
het gebouw 13
het gebruik 10
gebruiken 7
het gedicht 11
geel 5
geen 2
geen ... meer 9
gek 12
het geld 5
gelden 10
geldig 7
geleden 16
de gelegenheid 10
het gelijk 9
gelijk hebben 9
geloven 10
het geluid 13
de geluidsinstallatie 16
gelukkig 14
gemakkelijk 15
genezen 13
genoeg (bw) 5
genoeg (telw) 11
gepast 9
geschikt 16
gesloten 13
het gesprek 8
in gesprek 8
het geval 14
in ieder geval 14
geven 3
de gevorderdencursus 15
het geweld 11
de gewonde 13
gewoon 6
gezellig 15
het gezicht 11
gezond 14
de gezondheid 9
de girorekening 8
het glas 3
glazen 13
de godsdienst 12
goed 2
goedemiddag 2
goedemorgen 2
goedenavond 2
goedkoop 4
het gordijn 6
het goud 13
voor geen goud 13
de graad 12
graag 2
graag gedaan 7
het gram 5
de grammatica 15
de grammofoon 10
grappig 11
de grens 7
grijs 13
groen 5
de groente 5
de groenteboer 5
de groentesoep 4
de groentewinkel 5
de groep 9
de groet 14

de grond 11
de begane grond 13
met beide benen op de grond staan 16
de grondwet 11
groot 5
de gulden 4

H

ha 8
het haar 14
haar (bez vn) 6
haar (pers vn) 4
de hak 6
de hakkenbar 6
halen 5
half 5
hallo 2
de ham 3
de hand 7
aan de hand zijn 7
de handelaar 16
handig 13
de handschoen 6
hangen 6
het hapje 12
hard 4
de haring 3
het hart 14
van harte beterschap 14
hartstikke 15
hè 3
hebben 2
bij zich hebben 7
het ergens over hebben 13
heel 2
de heer 10
heerlijk 3
helemaal 5
de helft 4
helpen 7
hem 3
hen 4
de herfst 2
het (lidw) 1
het (pers vn) 1
heten 1
hetzelfde 12
de heup 14
hier 3
de hifi-set 10
hij 1
de hobby 16
het hobbyblad 9
hoe 1
het hoe en waarom 9
de hoed 6
de hoek 7
hoeveel 5
hoeven 6
hoezo 11
het hofje 13
de hofjeswandeling 13
hogerop 16
Hollands 5
de homo(seksueel) 14
de hond 13
honderd 1
honderdste 9
de honger 3
het hoofd 14
de hoofdpijn 14
hoofdzakelijk 10
hoog 13
drie hoog 13
hoor 2
hopelijk 14
hopen 6
horen (bij) 11
het hotel 16
houden (van) 3
de house-party 9
het huis 6
de huisarts 14
het huiswerk 12
de hulp 11
hun (bez vn) 4
hun (pers vn) 4
de huur 13

I

het idee 6
geen idee 6
ieder 14
iedereen 10
iemand 6
iets 3
het ijs 3
het ijsje 3
ik 1
immers 16
in 1
inbegrepen 13
inderdaad 9
indienen 16
ineens 10
de informatie 8
de inkoper 16
de inlichting 8
inmiddels 14
innemen 6
inrichten 13
zich inschrijven 15
instappen 4
de instelling 8
integendeel 10
interessant 4
de interesse 4
zich interesseren voor 4
internationaal 14
het interview 10
de interviewer 10
de invloed 11
invullen 8

J

ja 1
het jaar 4
het jack 6
jammer 5
januari 2
jarig 2
de jas 6
jawel 8
jazeker 8
je (bez vn) 2
je (pers vn) 1
je (wederk vn) 7
jij 1
de joet 5
joh 10
jong 3
de jongen 12
de jongere 7
jou 2
de journalist 11
jouw 6
juist 10
juli 2
jullie (bez vn) 6
jullie (pers vn) 3
juni 2
de junk 14
de jurk 6

K

de kaart 1
de kaas 3
de kabeljauw 3
de kabeltelevisie 10
de kachel 13
de kamer 9
de Eerste Kamer 11
de Tweede Kamer 11
de kamerverkiezing 11
het kanaal 10
de kandelaar 13
de kans 9
de kantine 2
het kantoor 14
kapot 6
de kapper 1
de karbonade 5
de kassa 4
de kast 13
de keer 4
kennen 8
de kennis 16
kennismaken 1
de kerk 4
de keuken 13
een open keuken 13
kiezen 3
kijk 13
kijken 4
de kilo 5
het kilogram 5
de kilometer 6
het kind 3
de kiosk 9
de kist 5
klaar 6
de klacht 16
een klacht indienen 16
de klant 8
de kleding 6
de kledingzaak 6
de kleermaker 6
klein 5
de kleine 13
het kleingeld 5
de kleren (mv) 6
uit de kleren gaan 6
kletsen 8
de kleur 6
de kleurentv 10
het klimaat 13
kloppen 7
dat klopt 7
de klus 16
de knie 14
knippen 16

de knoop 6
de koelkast 10
de koers 8
de koffie 2
koken 5
komen 1
de koning 8
de koningin 11
het kontakt 16
in kontakt komen met 16
kopen 2
het kopje 3
kort 5
kosten 4
het leven kosten 7
koud 13
de kous 6
de krant 8
de krantenkop 9
de krantenwinkel 9
het krat 5
krijgen 4
de kritiek 9
de kroket 4
kunnen 1
de kunst 15
kussen 13
kwalijk 7
neem(t) (u) me niet
kwalijk 7
het kwart 7
het kwartier 7
het kwartje 5

L

laag 15
de laars 6
laat 7
hoe laat 7
laatst 12
lachen 6
het land 1
landelijk 13
lang 5
langs 12
langskomen 12
langzaam 4
de last 14
last hebben van 14
lastig 9
laten 2
later 10
de leeftijd 15
leeg 12
het leer 6
de leerling 15
de leerplicht 15
leggen 6
de legitimatie 8
zich legitimeren 7
lekker 2
de lente 2
leren (bn) 13
leren (ww) 1
de les 1
lesgeven 15
leuk 2
het leven 7
het leven kosten 7
leven 16
de levensmiddelen (mv) 16
de lever 4
lezen 4
de lezer 9
de lezing 11
het lichaam 14
lichamelijk 16
het licht 13
het lid 4
liefst (<graag) 4
de lievelingsdrank 3
liever (<graag) 3
liever gezegd 6
de lieverd 12
liggen 6
lijken 9
de limonade 5
de lingerie 6
de linkerhand 7
de linkerkant 7
links 7
linksaf 7
het loket 1
de lokettist 7
lopen 3
los 9
de lucht 16
een gat in de lucht
springen 16
lui 13
luisteren 4
lukken 6
het lukt 6
de lunch 5

M

de maaltijd 5
de maand 2
de maandag 2
de maandagavond 15
de maandagochtend 15
maar (vw) 1
maar (bw) 2
maart 2
de maat 5
de magazijnbediende 16
de magnetron 10
maken 1
te maken hebben met 12
makkelijk 11
de man 6
de manier 15
op die manier 15
mankeren 6
de mantel 6
de markt 2
marmeren 13
de Marokkaan 15
de mavo 15
me (wederk vn) 1
me (pers vn) 4
de medewerker 6
het medicijn 7
meedoen 11
meegaan 2
meenemen 15
meer (<veel) 4
de meerderheid 11
meerijden 12
meest (<veel) 4
meestal 5
meetellen 11
meevallen 5
dat valt mee 5
mei 2
het meisje 16
de melk 3
de melkzaak 16
men 7
de meneer 2
menen 9
de mening 9
de mens 2
het menu 3
de menukaart 3
met 1
tot en met 7
meteen 6
meten 6
de meter 6
meubelmaken 16
de mevrouw 1
de middag 2
's middags 2
de middagtemperatuur 12
middelbaar 15
midden (in) 12
de migrantenweek 9
mij 3
mijn 1
het milieu 12
de milieugroep 11
het milieuprobleem 9
het miljoen 1
de millimeter 6
minder (<weinig) 4
de minister 9
het ministerie 9
minst (<weinig) 4
minstens 13
de minuut 7
misschien 2
missen 13
de mist 12
de mistbank 12
modern 13
de moeder 8
moeilijk 10
de moeite 13
de moeite waard zijn 13
moeten 3
mogelijk 12
de mogelijkheid 10
mogen 1
het moment 7
de monarchie 11
de mond 14
mooi 5
morgen 2
de morgen 2
's morgens 2
morgenavond 2
morgenmiddag 6
morgenochtend 2
de moskee 4
de motor 16
multicultureel 9
de munt 5
het museum 4
de muts 6
de muziek 4

N

na 7
de naam 1
met name 11
naar 2
naast 4
de nacht 2
's nachts 2
nadat 12
het nadeel 13
nadenken 11
nakijken 12
namelijk 11
de natuurkunde 15
natuurlijk 3
de navel 14
de Nederlander 10
Nederlands 1
nee 1
neer 13
op en neer 13
negen 1
negende 9
negenentwintig 1
negentien 1
negentig 1
de nek 14
nemen 3
nergens 16
net 9
net zo 10
de neus 12
niemand 16
niet 2
niet alleen..., maar ook... 9
niets 3
niets mee te maken 12
niet voor niets 13
nieuw 6
het nieuws 9
het niveau 15
nodig (bn) 6
nodig zijn 6
nodig (bw) 10
nodig hebben 10
noemen 13
nog 1
nooit 6
notehouten 13
noteren 14
nou 2
november 2
nu 4
de nul 1
het nummer 1
nylon 13

O

o 1
o ja 1
de ober 3
de ochtend 2
's ochtends 2
de oefening 12
of 3
of zo 9
het ogenblik 4
okee 2
oktober 2
om 2
de oma 6
omdat 10
omgaan met 14
omvallen 11
onder 11
onder andere 11
onderbreken 12
het ondergoed 6
onderweg 4
het onderwijs 9
de onderwijzer 15
het onderzoek 10
onderzoeken 10
het ongeluk 14
ongetwijfeld 10
ongeveer 6
onmiddellijk 13
onregelmatig 16
het ons 5
ons (pers vn) 4
ons (bez vn) 6
ons (wederk vn) 7
het ontbijt 5
ontdekken 10
het ontslag 16
ontslag krijgen 16
de ontspanning 9
ontwerpen 16
de ontwikkeling 10
ontzettend 13
het oog 14
de oogarts 14
ook 1
het oor 14
de oorlog 9
de oorzaak 10
op 1
de opa 14
opbellen 8
open 9
openbaar 8
opereren 14
zich opgeven 15
het opinieblad 9
opleiden 15
de opleiding 16
de oplossing 9
opnemen 8
opnieuw 9
opschieten 9
optreden 16
opvallen 11
oranje 13
de orde 15
aan de orde komen 15
de organisatie 9
organiseren 9
oud 6
de ouder 13
over 6
overal 5
overdag 2
overgaan 14
de overheid 11
het overhemd 6
overig 8
overstappen 15
oversteken 7

P

paar 4
een paar 4
het paar 5
paars 13
de pagina 12
het pakje 5
pakken 6
de pan 13
de vlam in de pan 13
de papierfabriek 16
de paprika 5
pardon 4
het park 2
het parlement 11
parlementair 11
particulier 14
de partij 11
pas 11
het paspoort 8
passen 5
pellen 16
het pensioen 16
met pensioen gaan 16
per 4
het percentage 11
de periode 16
de pers 9
de persoon 4
per persoon 4
de pijn 14
pijn doen 14
de/het pils 3
de plaat 14
de plaats 4
in plaats van 16
het plaatsbewijs 7
plaatsen 11
het plan 12
plastic 13
de plicht 11
de plooi 6
plukken 16
de polikliniek 14
de politicus 11
de politie 9
de politiek 4
politiek 11
het pond 5
de porto 8
Portugees 15
de post 8
de postbode 8
de postcode 1
het postkantoor 8
de postzegel 8
de pot 5
prachtig 13
de praktijkervaring 16
praten 4
precies 6
de pret 8
het is geen pretje 8
prettig 1
de prijs 4
prima 12
het principe 9
in principe 9
proberen 5
het probleem 6
het procent 10
professioneel 9
het programma 11

de promotiekans 16
proost 3
het protest 9
de protestactie 9
protesteren (tegen) 11
het punt 12

R

de raad 12
de Raad van Bestuur 12
het raam 13
raar 16
de radio 9
de radionieuwsdienst 9
de reactie 11
zich realiseren 14
de receptie 1
het recht 11
recht hebben (op) 16
rechtdoor 7
de rechterhand 7
de rechterkant 7
rechts 7
rechtsaf 7
redelijk 15
de reden 13
de regel 13
regelen 11
regelmatig 14
de regen 11
zure regen 11
de regenjas 6
de regering 11
de reis 4
reizen 7
de reiziger 16
de rekening 8
de relatie 10
repareren 6
reserveren 3
de rest 14
het restaurant 3
het resultaat 10
het retour 7
de richting 15
de riem 6
het rijbewijs 7
rijden 7
rijk 13
de rijksdaalder 5
de rijst 5
het roddelblad 9
roepen 8
de rok 6
roken 13
rond (vz) 12
rond (bn,bw) 13
rood 3
de rosbief 4
rose 13
de roti 5
het rubber 6
de ruil 15
in ruil voor 15
de ruimte 13
rustig 10

S

de salami 4
het salaris 16
de samenleving 9
schelen 14
wat scheelt je? 14
dat kan me niet schelen 16
zich scheren 16
schitterend 13
de schoen 5
de schoenenwinkel 5
de schoenmaker 6
de school 2
het schooltype 15
schoon 12
het schoonmaakwerk 16
de schouder 14
het schrift 1
schrijven 1
de seconde 7
het seizoen 2
de seks 14
het sensatieverhaal 9
september 2
serieus 9
de serveerster 4
de situatie 9
de sjaal 6
de sla 3
slaan 13
al sla je me dood 13
de slaapkamer 13
het slachtoffer 11
slagen 15
slapen 7
slecht 4
het slot 9
ten slotte 9
tot slot 9
sluiten 13
de smaak 3
smakelijk 3
eet smakelijk 3
smaken 3
smal 5
snel 4
de snelweg 13
de snor 16
de soep 4
de sok 6
solliciteren 16
sommige 6
soms 6
de/het soort 11
sorry 4
de spa 3
speciaal 13
spectaculair 10
spelen 7
spellen 1
de spijkerbroek 5
de spijt 16
spijt hebben van 16
spijten 7
het spijt me 7
het spoor 7
sporten 4
de sportschoen 5
het spreekuur 14
spreken 8
springen 16
een gat in de lucht springen 16
staan 6
het staat je goed 6
in de weg staan 16
het staatshoofd 11
de stad 2
het stadhuis 8
staken 9
de staking 9
de stamppot 5
het standpunt 11
het station 7
de stationsassistent 16
steeds 10
stellen 11
een vraag stellen 11
de stem 11
stemmen 11
stempelen 7
het stemrecht 11
sterven 14
de steun 11
stevig 16
stevig in je schoenen staan 16
de stichting 9
de sticker 9
stil 13
de stoel 13
de stofzuiger 10
de stomerij 6
het stoplicht 7
stoppen 7
storen 12
de straat 1
straks 6
de streekpost 8
streng 13
de strijd 14
het strijkijzer 10
het stripboek 10
de strippenkaart 8
de student 1
de studentenflat 13
studeren 7
de studie 16
de studio 10
de stuiver 5
het stuk 5
sturen 9
de suiker 3
Surinaams 5

T

de taal 11
tachtig 1
tactisch 16
de tafel 3
het talent 10
tamelijk 9
de tante 13
het taoïsme 12
de taxi 4
de taxichauffeur 4
te 1
technisch 15
tegelijk 14
tegen 10
ergens tegen zijn 11
tegenkomen 10
tegenover 9
tegenvallen 13
tegenwoordig 10
het teken 10

de tekst 15
telefoneren 8
de telefonist 8
de telefoon 8
de telefooncel 8
het telefoongesprek 15
de telefoongids 8
de telefoonkaart 8
het telefoonnummer 1
de televisie 4
ten 9
ten eerste 9
ten slotte 9
tennissen 4
de tentoonstelling 11
terecht 9
terechtkunnen (bij) 9
het terras 3
terug 13
terugbellen 8
terwijl 10
de test 12
tevreden 16
het theater 4
de thee 3
thuis 3
thuisblijven 2
thuiskomen 14
tien 1
tiende 9
het tientje 4
de tijd 4
tijdens 12
het tijdschrift 9
timmeren 16
de titel 9
toch 6
toe 14
af en toe 14
tot nu toe 16
de toegang 15
toegang geven (tot) 15
de toekomst 16
het toelatingsexamen 15
toen (bw) 11
toen (vw) 13
de toename 10
toenemend 12
de toeslag 16
het toestel 8
het toetje 5
toevallig 13
de tomaat 16
de tomatenketchup 11
de tomatensoep 4
de tonic 3
de tosti 3
tot 2
tot en met 7
tot nu toe 16
totdat 16
de tram 7
de trap 13
de trap op 13
de trein 7
de treinconducteur 16
de trek 2
trek hebben (in) 2
trouwen 8
trouwens 16
de trui 6
de tuin 4
tussen 9
de tv 10
twaalf 1
twee 1
tweedehands 10
tweeëntwintig 1
tweehonderd 1
twintig 1
twintigste 9
het typediploma 16

U

u (pers vn) 1
u (wederk vn) 7
uit 1
uitdelen 12
uitgaan 2
uitkijken 14
uitleggen 12
uitmaken 3
het maakt niet uit 3
uitnodigen 2
de uitslag 11
uitslapen 4
de uitsmijter 4
uitspreken 12
uitsteken 12
uitstekend 2
uitverkocht 4
het uitzendbureau 16
uitzoeken 4
de universiteit 15
het uur 2
uw 1

V

vaak 9
de vacature 16
de vader 16
het vak 15
de vakantie 15
met vakantie gaan (naar) 15
het vakantiewerk 16
het vakblad 9
vallen 13
de valuta 8
van 2
vanaf 14
vanavond 2
vandaag 2
vandaan 1
vanmiddag 2
vanmorgen 2
vannacht 2
vanochtend 2
vast 9
vaststellen 10
het vbo 16
veel 2
te veel op 7
veertien 1
veertig 1
vegen 12
vegetarisch 5
de veiligheid 16
ver 4
veranderen 6
verantwoordelijk (voor) 16
verbouwen 16
verdelen 7
verder 4
verder gaan (met) 12
de verdieping 5
de vereniging 4
de vergadering 12
vergeten 12
vergroten 11
het verhuisbericht 8
verhuizen 8
verkeerd 8
het verkeersslachtoffer 11
de verkiezing 11
het verkiezingsprogramma 11
de verkoopster 5
verkopen 5
de verkoper 5
verkouden 14
verlaten 13
verliezen 14
veroorzaken 11
verschijnen 9
verschillen 3
verschillend 9
verstaan 4
versturen 8
vertellen 8
vertrekken 7
vervelend 8
de verwarming 13
de centrale verwarming 13
de verwijsbrief 14
verzekeren 14
verzorgen 9
het vest 6
via 14
de video 10
de videocamera 10
de videofilmer 10
de videorecorder 10
vier 1
vierde 9
vierentwintig 1
vierkant 13
vierkante meter 13
vies 16
vijf 1
vijfde 9
vijfentwintig 1
het vijfje 5
vijftien 1
vijftig 1
vinden 3
de vinger 14
de vis 3
de visboer 3
vlak (bij) 12
de vlam 13
de vlam in de pan 13
het vlees 3
vloeiend 15
de vloer 13
vlug 6
voelen 12
zich te goed voelen (voor) 12
zich voelen 16
voeren 11
actie voeren 11
de voet 14
voetballen 4
de voetbalsupporter 16
vol 15

volgen 14
volgend 2
volgens 10
volledig 4
voor 3
ergens voor zijn 11
wat voor 3
vooral 9
het voorbeeld 9
voorbereiden 15
voorbereidend 15
voordat 12
het voordeel 13
het voorhoofd 12
voorkomen 5
voorlezen 11
de voornaam 1
de vooropleiding 15
zich voorstellen 1
de voorstelling 4
voortgezet 15
vooruit 7
de voorzitter 12
voren 14
naar voren 14
vorig 12
de vorm 15
vormen 9
de vraag 7
een vraag stellen 11
vragen 3
de vrede 9
vreemd 8
vreselijk 14
de vriend 1
vriendelijk 6
de vriendin 1
vrij 4
de vrijdag 2
vroeg 15
vroeger 14
de vrouw 6

W

waar (bw) 1
waar (vw) 7
waar (bn) 9
waaraan 11
waard 13
de moeite waard zijn 13
waarheen 7
waarin 11
waarnaartoe 7
waarom 9
waarop 11
waarover 11
waarschijnlijk 14
waarschuwen 13
waartegen 11
waarvandaan 1
wachten 3
de wachtende 8
de wachtlijst 15
de walkman 10
wandelen 4
de wandelwagen 13
het wandmeubel 13
wanneer (bw) 2
de want 6
want 6
het warenhuis 5
warm 5
de wasautomaat 10
wat (vr vn) 1
wat (bw) 4
wat (betr vn) 8
het water 3
wat voor 3
we 2
de week 2
het weekend 2
weer 6
het weer 12
het weeroverzicht 12
de weg 6
op weg gaan (naar) 6
in de weg staan 16
weg 13
wegen 5
weinig 4
wekelijks 9
wel 2
welk 1
wensen 14
de wereld 11
wereldberoemd 14
het werk 2
werken 1
de werkgever 16
werkloos 1
de werktijd 9
de wet 16
weten 2
wetenschappelijk 15
wie 2
wij 3
wijd 6
de wijk 4
de wijn 3
de wijsvinger 12
wijzen 12
willen 2
de wind 12
de winkel 5
de winkelier 9
de winter 2
de wiskunde 15
wisselen 5
wit 3
de woensdag 2
het wolkenveld 12
de wond 14
wonen 1
de woonkamer 13
de woonplaats 1
het woord 1
het woordenboek 4
worden 4
de worst 5

Z

de zaak 6
de zaterdag 2
ze 1
zeg 9
zeggen 3
dat wil zeggen 11
zeker 6
zelf 6
zes 1
zesde 9
zesendertig 1
zesentwintig 1
zestien 1
zestig 1
de zetel 11
zetten 11
aan het denken zetten 11
in elkaar zetten 13
zeven 1
zevende 9
zevenentwintig 1
zeventien 1
zeventig 1
zich 4
ziek 14
het ziekenfonds 14
het ziekenhuis 14
de ziekte 14
zien 2
tot ziens 2
iets zien zitten 16
zij 1
zijn (ww) 1
ergens voor/tegen zijn 11
zijn (bez vn) 6
zilveren 13
de zin 2
zin hebben (om ... te ...) 2
zitten 3
iets zien zitten 16
zo 3
zo'n 6
zoals 8
zoeken 5
op zoek naar 13
zoet 3
de zoetekauw 3
zogenaamd 9
zoiets 6
de zolderkamer 13
de zomer 2
de zondag 2
zonder 11
de zone 7
de zool 6
de zorg 14
zich zorgen maken (over) 14
zorgen 13
zout 3
zoveel 10
zowel 11
zowel... als 11
zullen 2
zuur 3
de zuurkool 5
zwaar 5
zwart 5